Jacques Berndorf
Der König der Eifel

Vom Autor bisher bei KBV erschienen:

Mords-Eifel (Hg.)
Der letzte Agent
Requiem für einen Henker
Der Bär
Tatort Eifel (Hg.)
Mond über der Eifel
Der Monat vor dem Mord
Tatort Eifel 2 (Hg.)
Die Nürburg-Papiere
Die Eifel-Connection
Eifel-Bullen
Eifel-Krieg

Jacques Berndorf ist das Pseudonym des 1936 in Duisburg geborenen Journalisten, Sachbuch- und Romanautors Michael Preute.

Sein erster Eifel-Krimi, *Eifel-Blues*, erschien 1989. In den Folgejahren entwickelte sich daraus eine deutschlandweit überaus populäre Romanserie mit Berndorfs Hauptfigur, dem Journalisten Siggi Baumeister. Dessen bislang jüngster Fall, *Eifel-Krieg*, erschien 2013 als Originalausgabe bei KBV.

Berndorf setzte mit seinen Romanen nicht nur die Eifel auf die bundesweite Krimi-Landkarte, er avancierte auch zum erfolgreichsten deutschen Kriminalschriftsteller mit mehrfacher Millionen-Auflage. Sein Roman *Eifel-Schnee* wurde im Jahr 2000 für das ZDF verfilmt. Drei Jahre später erhielt er vom »Syndikat«, der Vereinigung deutschsprachiger Krimi-Autoren, den »Ehren-Glauser« für sein Lebenswerk.

Jacques Berndorf

Der König
der Eifel

»Ein liebenswertes Paar« und »Wer liebt, geht über Leichen«
mit freundlicher Abdruckgenehmigung
Dörnersche Verlagsgesellschaft, Reinbek

Originalausgabe
© 2014 KBV Verlags- und Mediengesellschaft mbH, Hillesheim
www.kbv-verlag.de
E-Mail: info@kbv-verlag.de
Telefon: 0 65 93 - 998 96-0
Fax: 0 65 93 - 998 96-20
Umschlagillustration: Ralf Kramp
Unter Verwendung von: © RalfenByte - www.fotolia.de
Druck: CPI books, Ebner & Spiegel GmbH, Ulm
Printed in Germany
ISBN 978-3-95441-198-6

Inhalt

Döppekooche .... Seite 7

Hoffnungen .... Seite 23

Brief an eine ganz frische Witwe .... Seite 35

Nie wieder Lippstadt .... Seite 47

Brunkowski .... Seite 69

Der König der Eifel .... Seite 83

Minna, die Mumie .... Seite 95

Saumord .... Seite 103

Der Mann, der immer da war .... Seite 119

Eine gute Stunde .... Seite 133

Jonnys Coup .... Seite 153

Heerdegens Rache zu Werl .... Seite 157

Sie hieß Madeleine .... Seite 177

Kischkewitz ahnt etwas .... Seite 189

Die Sache mit Gitte .... Seite 205

Alfred, der Angeber .... Seite 215

Bernie .... Seite 235

Der Nachbar .... Seite 255

Kowalski .... Seite 279

Jim, Jonny und Jonas .... Seite 293

Wer liebt, geht über Leichen .... Seite 313

Rache .... Seite 321

Ein liebenswertes Paar .... Seite 333

Der Gast von Zimmer 316 .... Seite 343

Opherdicker Totenlegung .... Seite 351

Döppekooche

Als die Nachricht kam, jemand habe die alte Theresia Mockenhoff erschlagen, steckte ich gerade knietief in einem doppelten Espresso bei Thea Greif im *Kleinen Landcafé* und freute mich des Lebens.

»Du wirst es nicht glauben«, röhrte Rodenstock, »aber jemand hat in Walsdorf die alte Mockenhoff erschlagen. Einfach so, am helllichten Morgen, vor ungefähr zwei Stunden. Wahrscheinlich mit einer alten Milchkanne. Wer macht sowas?«

»Wenn du eine Antwort kriegst, hast du den Mörder«, sagte ich nicht sonderlich interessiert. »Ist denn irgendetwas geklaut worden? Oder hat jemand ihr Bargeld erobert? Und gleich noch eine Frage: Wer, zum Teufel, war denn Theresia Mockenhoff?«

»Das war die mit dem ewig betrunkenen Sohn, du weißt schon: Stubbi, die Flasche.«

»Keine Ahnung. Es gibt eine Million Stubbis in der Eifel.«

»Du lebst auf einem anderen Stern. Jeder kennt die Geschichte. Emma ist gerade da und kümmert sich um die Tochter.«

»Und die Tochter ist fünfundsiebzig und weint herzzerreißend.«

»Du bist ... du bist eine Nulpe, wenn man dir so zuhört.«

»Das macht mich so bezaubernd. Warum ist denn Emma dahingefahren?«

»Weil wir doch immer Kartoffeln von Theresia Mockenhoff kriegen«, antwortete er einfach.

»Noch einmal: Hat jemand irgendetwas geklaut? Ihr Bargeld erobert?«

»Nichts geklaut. Die alte Frau war in der alten, leeren Scheune. Warum, weiß kein Mensch. Dann ist jemand gekommen und hat sie erschlagen.«

»Warum rufst du mich an?«

»Fahr hin und sieh mal nach.«

»Rodenstock, das ist rücksichtslos, das ist Arbeit.«

»Tu was für deine Rente.«

»Ja, ja.«

Der Espresso war jetzt sowieso kalt, also zahlte ich und ging.

Der Tag war typisch für diesen Eifler Sommer. Eine Menge Wolken am Himmel, manchmal für Minuten die Sonne, immer ein kühler Wind, immer die Hoffnung, es könnte doch mal richtig warm werden.

Der Hof lag rechts von der Bundesstraße auf der Strecke von Hillesheim her, dicht oben am Abbaugebiet der Vulkanasche. Zu fragen brauchte ich nicht. Je näher der Tatort heranrückte, desto mehr Autos säumten die Straße, bis ich den Technikwagen der Mordkommission sah. Er war achtlos in die Einfahrt eines Feldweges gefahren worden, wahrscheinlich brauchte man ihn gar nicht.

Es war ein Trierer Einhaus. Alles unter einem Dach, in einer Front gebaut. Das Wohnhaus, in gleicher Flucht die große Scheune, irgendwo dazwischen die Stallungen, wahrscheinlich um 1870, hochgezogen aus massiven Feldsteinen, Mauern um die sechzig bis achtzig Zentimeter stark, kühl im Sommer, wärmend im Winter.

Der Leiter der Mordkommission, Kriminalrat Kischkewitz, stand neben dem Scheunentor und machte einen phlegmatischen, traurigen Eindruck.

»Du kommst umsonst«, sagte er. »Das Ding ist eigentlich nichts. Wahrscheinlich ist ein Penner vorbeigekommen, wollte ein Trinkgeld, wurde ausgeschimpft und hat wütend zugeschlagen.«

Die Limousine eines Bestatters kam herangefahren.

»Stimmt das mit der Milchkanne?«

»Das stimmt. Da standen zwei Kannen. Er hat die schwerere benutzt, er muss wütend gewesen sein. Die Dinger sind unhandlich und schwer. Emma ist auch da.«

»Und nichts gestohlen?«

»Nichts. Der Täter war nicht einmal im Wohnhaus. In der Küche lag ihr Geldbeutel auf dem Tisch, ziemlich gut gefüllt. Alles noch da.«

»Hat sie die Milchkanne gegen den Kopf gekriegt?«

»Hat sie. Mit ziemlicher Wucht. Sie wird nichts gespürt haben.«

Die Bestatter zogen eine Liege aus dem Fahrzeug und gingen damit in die Scheune.

»Ich mache eine Meldung«, sagte ich. »Wie hieß sie denn?«

»Theresia Mockenhoff«, sagte er, »geborene Jaax. Jahrgang 1936, Oktober, glaube ich. Verheiratet mit Theo Mockenhoff, Bauer. Zwei Töchter, ein Sohn. Die Töchter haben sich auch gekümmert. Sie hat den Mann vor acht Jahren verloren. Krebs. Eigentlich gehörte sie in ein Altenheim. Sie hatte Ausfälle, sie wusste nicht mehr, wie alt sie war und manchmal auch nicht mehr, wer sie war. Ihr Kreislauf, soviel ist sicher, war nicht mehr in Schuss. Als es ihr noch besser ging, galt sie als ein rüdes Weib. Immer die große freche Schnauze, immer feste druff.«

»Der Sohn. Er hatte einen Spitznamen. Was ist mit dem?«

»Stubbi, die Flasche. Lebt als Rentner in Daun. Den hat sie vom Hof gejagt. Das ging bis vors Gericht. Muss in den frühen Achtzigern gewesen sein. Der sollte den Hof weitermachen. Hat auch damit angefangen. Seine Familie hat hier gewohnt. Sie hatten drei Kinder. Stubbi fing an zu saufen, schlug seine Frau, drangsalierte die Kinder. Da hat sie den eigenen Sohn vom Hof gejagt und ihm das Haus verboten. Er hat daraufhin das Gericht angerufen. Die gaben der Mutter recht, der Mann kriegte die Auflage, mindestens dreißig Kilometer entfernt zu leben. Aus der Traum. Die Schwiegertochter hat irgendwann einen anderen Mann geheiratet und ist mit den Kindern an die Ahr gezogen. Seitdem lebte die alte Frau hier allein. In den letzten Jahren baute sie ab. Beginnende Demenz, hat ein Arzt gesagt. Sie ging seit Jahren nicht mehr zum Arzt, weil sie Angst hatte, er würde irgendeine Krankheit feststellen und sie in ein Heim einweisen. Ziemlich mühselig so ein Leben. Sie hatte kaum noch Kontakte, sie war aggressiv, ging auf Leute los, schimpfte rum. Ich nehme an, sie vereinsamte und kam damit nicht zurecht.«

»Und du glaubst an den zufällig vorbeikommenden Penner?«

»Findest du das unlogisch?«

»Ja, eigentlich schon. Ein Penner, das wissen wir genau, schaut sich vorher aufmerksam um. Er müsste also gewusst haben, dass die alte Frau allein hier lebte. Warum geht er dann nicht in das Haus und nimmt wenigstens das Geld mit?«

»Vielleicht hat er nach dem Ding mit der Milchkanne einen Schreck gekriegt und ist panisch geflüchtet.«

»Gibt es Fingerabdrücke?«

»Gibt es. Auf der Milchkanne. Aber unsere Computerliste zeigt keinen Treffer an. Da ist nichts.«

»Gab es irgendwelche Besonderheiten? War sie verschuldet?«

»Nichts bekannt. Sie hat vor vier Jahren drei Wiesen und einen Acker verkauft. An die Firma, die hier das Gestein abbaut. War ein gutes Geschäft, reichte noch für Jahre.«

»Vielleicht hatte sie Feinde?«

»Keine bekannt. Im Dorf weiß keiner was von irgendwelchen Feinden. Nur, dass sie früher ein rüdes Weib war und manchmal mit Prügeln gedroht hat, wenn ihr einer zu nahe kam. Aber deswegen schlägt niemand mit Milchkannen. Und sie war eine alte Frau.«

»Alte Frauen sind unberechenbar«, sagte ich. »Hatte sie denn eine Freundin hier im Dorf?«

»Weiß ich noch nicht, wird sich zeigen. Angeblich war sie mit der Frau des alten Bürgermeisters befreundet. Agnes Subier heißt die. Derselbe Jahrgang, also siebenundsiebzig Jahre alt.«

Die Bestatter trugen die Leiche aus der Scheune und ließen die Trage auf die Schienen gleiten. Dann fuhren sie davon. Das Land lag friedlich unter der Sonne.

»Tessa kommt gleich«; sagte Kischkewitz. »Sie ist die zuständige Staatsanwältin. Ich dachte, ihr habt telefoniert.«

»Haben wir nicht«, antwortete ich. »Ich fahr mal nach Hause und schreibe ein paar Zeilen.« Das klang peinlich, aber was sollte ich sonst sagen? Dass wir seit Wochen nicht mehr miteinander gesprochen hatten? Das ging Kischkewitz nichts an.

»Und wo finde ich diese Agnes Subier?«, fragte ich.

»Da vorne, der nächste Hof. Hundert Meter. Die hockten ihr Leben lang zusammen wie die Glucken«, antwortete er. »Dass sie nicht die Männer getauscht haben, ist ein Wunder.« Dann lachte er, als habe er einen Witz gemacht und setzte hinzu: »Aber vielleicht haben sie das ja auch.«

»Gibt es Fotos?«

»Ja, gibt es. Ganze Alben voll.«

»Dann sag Tessa bitte, dass ich zu Hause bin.«

»Das mache ich.«

Die Vogelbeeren färbten sich orange, Hahnenfuß machte die Wiesen gelb, im Süden über der Mosel türmten sich weiße und graue Gewitterwolken auf, an einem Waldrand rechts von mir stand eine Ricke mit ihrem Kitz und äste. Am Himmel waren zwei Milane, sie schrien hoch und dünn. Es war still.

Am hellen Tag. Mit einer Milchkanne.

Mein Kater Satchmo kam auf die Terrasse geschlichen, als sei das Leben eine Mühsal. Er sah mich, er maunzte kurz und hart und sprang dann auf die Bank neben mir. Dann drehte er sich ein paarmal auf einem Kissen, ehe es ihm passte und schloss die Augen.

»Du bist ein alter Mann«, sagte ich verächtlich. »Ein alter, fauler, bequemer Mann.«

Wie üblich antwortete er nicht. Bei derartigen Vorwürfen blinzelte er nicht einmal.

Ich rief Stephan Sartoris beim *Trierischen Volksfreund* an, und wir einigten uns auf hundertzwanzig Zeilen plus ein Foto der Toten. Wir einigten uns sogar auf die Titelzeile.
WER KANN BEI MYSTERIÖSEM VERBRECHEN HELFEN?

Ich telefonierte einige Male mit Menschen, die die Tote gekannt hatten, mit Leuten, die möglicherweise etwas wussten, mit der Polizei, die nach einem Unbekannten suchte, mit einem alten Mann aus Walsdorf, der sich an die Tote als junge Frau erinnern konnte und der vor Verwunderung und Furcht über diesen Tod mehrmals zu stottern begann. »Mit einer Milchkanne!«, sagte er erstaunt. »Das muss man sich mal vorstellen.«

Ich telefonierte auch noch einmal mit Kischkewitz, der mir sagte, dass der Pathologe zu dem Schluss gekommen sei, die Milchkanne sei mit großer Kraft gegen den Körper der Toten geschwungen worden und habe einen Halswirbel zertrümmert. »Irgendwie professionell!«, formulierte er.

Tessa kam nicht so einfach, Tessa rief gegen Abend an. Sie klang müde und erschöpft. »Ich bin hier. Kischkewitz sagte, du bist zu Hause.«

»Ja. Ich nehme an, du solltest vielleicht hier schlafen und nicht mehr nach Trier zurückfahren. Ich rücke dir auch nicht auf die Pelle.« Der letzte Satz war eine blöde Bemerkung.

Sie schwieg eine Weile, dann murmelte sie: »Ich komme vorbei.« Es klang dumpf.

Eine Weile später rollte sie auf meinen Hof, nahm eine Tasche aus dem Kofferraum und klingelte.

»Ich habe einen Kaffee«, sagte ich unsicher.

»Das ist gut«, sagte sie. Sie ließ die Tasche fallen und ging in das Wohnzimmer. Sie ließ sich auf ein Sofa fallen, streifte die Schuhe von den Füßen und zog die Beine unter den Körper.

»Ich war lange nicht mehr hier«, sagte sie. »Wie geht es dir?«

»So einigermaßen. Nichts Besonderes.«

Sie war noch immer der alte, schmale, sehr lebendige Kobold mit blitzenden Augen und sanften Bewegungen der Hände, noch immer das Energiebündel mit den rot gefärbten Haaren und den langen, rot lackierten Fingernägeln. Plötzlich fiel mir ein, dass es so lange noch nicht her war. Sechs Monate vielleicht, eine Ewigkeit.

»Hast du eine Freundin?«

»Nein, habe ich nicht. Wie geht es deinen Kindern?«

»Gut. Sie vertragen sich wieder mit meinem Ex, und das Leben fließt ruhig und gleichmäßig, alles in Ordnung.«

Ich holte ihr einen Becher Kaffee und setzte mich dann in den Sessel gegenüber. »Was glaubst du: Wer hat die alte Frau erschlagen?«

»Der große Unbekannte. Jemand kam vorbei, es passierte. Ein Streit um irgendetwas. Ein Penner war es nicht. Er ließ das Geld da und war nicht mal im Haus.«

»Aber was suchte sie in der Scheune?«, fragte ich.

»Da steht in einer Ecke ein alter Lanz-Schlepper. Eine Kostbarkeit. Steht da und verstaubt. Die Nachbarin sagt, sie wollte das Ding endlich verkaufen. Der stand schon da, als der Ehemann noch lebte. Vielleicht war jemand da, der ihn kaufen wollte?«

»Aber so jemand schlägt nicht mit einer Milchkanne zu. Was sollte er kosten?«

»Zwanzig ist gesagt worden. Die Dinger sind viel wert, der Markt ist wie leer gefegt Die Trecker-Treffen in der Eifel werden immer mehr zum Renner.«

»Hat sie den Schlepper denn zum Verkauf angeboten?«

»Hat sie nicht. Brauchte sie auch nicht. Sie hätte nur anzudeuten brauchen, dass sie vielleicht verkauft, und schon hätten die Freaks Schlange gestanden.«

»Kein Penner, kein Schlepper-Interessent. Wer also?«

»Ich weiß es nicht«, sagte sie und schloss die Augen. »Irgendjemand wird irgendwen gesehen haben. Morgen werden wir es wissen, vielleicht übermorgen. Ein Fremder geht dort nicht vorbei, ohne gesehen zu werden. Niemand geht dort vorbei, ohne dass irgendwer ihn sieht. Etwas Geduld.«

»Was passt denn zu der Milchkanne?«, fragte ich.

Sie schwieg eine Weile. »So etwas wie heftiger Ärger«, antwortete sie dann. »Plötzlicher, heftiger Ärger. Wut vielleicht.«

»Ich mache uns etwas zu essen«, schlug ich vor. »Du darfst dir was wünschen.«

»Bratkartoffeln«, schlug sie vor. »Bratkartoffeln aus rohen Kartoffeln. Mit Speck. Und einen Haufen Spiegeleier.«

»Nicht schon wieder«, sagte ich leise, nickte aber. »Kannst du haben.«

Es folgte eine Stunde heftiger Küchenarbeit, und als ich endlich Teller auftrug und meine Kostbarkeiten servieren wollte, war sie eingeschlafen und schnarchte leise. Man hat so seine Schwierigkeiten mit der arbeitenden Bevölkerung.

Der Duft der Kartoffeln, der Eier und des Specks weckten sie natürlich, und einen Augenblick lang sah sie aus wie ein kleines Mädchen, das sich morgens im Bett die Augen reibt.

»Es tut mir leid, dass ich nicht öfter angerufen oder mich gemeldet habe. Ich hätte auch häufiger nach Trier kommen sollen.«

Sie legte ihr Besteck sorgsam neben den Teller, sah mich an, deutete mit dem rechten Zeigefinger auf mich und sagte: »Baumeister, hör mir in Ruhe zu. Wir sind beide erwachsen, manchmal jedenfalls. Du hast nichts von dir hören lassen, du hast alle Kontakte erkalten lassen, du hast geschwiegen. Versuche nicht, das auf die Schnelle zu reparieren. Und ich schlafe hier nur, wenn ich das alte Bett im Dachgeschoss kriege. Ich schlafe allein. Damit das klar ist. Was ist los mit dir?«

»Ich weiß es nicht.«

»Aber ich weiß es. Du bist faul geworden, bequem. Du schläfst im Stehen ein. Du brauchst nicht mehr als das hier: Eifel, Bäume, Grün, manchmal einen Bach und irgendeine Kirchenglocke, die morgens und abends läutet. Das reicht dir. Siehst du eigentlich noch die Nachrichten? Weißt du, was da draußen los ist?«

»Es erreicht mich nicht mehr.«

»Das glaube ich. Schlaf weiter.« Sie stand auf, sie wischte sich den Mund mit der Serviette ab, sie nahm ihre Tasche. Sie sagte trocken: »Ich kenne den Weg« und verschwand die Treppe hinauf. Sie war sehr wütend.

Es wurde eine lange Nacht, weil ich nicht schlief, auf dem Rücken lag und gegen die Decke starrte. Sie hatte recht, und ich schämte mich.

Ich stand gegen sechs Uhr wieder auf und setzte einen Kaffee auf. Um sieben Uhr rief ich die Frau an, die wahrscheinlich als Einzige weiterhelfen konnte: Die Nachbarin Agnes Subier.

»Kann ich vorbeikommen, und wir gehen die Sache in Ruhe noch einmal durch?«

»Wenn Sie meinen«, sagte sie zögernd.

Ich schrieb einen Zettel für Tessa, dass der Kaffee fertig und alles andere im Kühlschrank zu finden war. Dann fuhr ich hinüber nach Walsdorf.

Agnes Subier hatte ein schönes, altes Gesicht, durchfurcht von einem langen Leben, mit erstaunlich hellen Augen und einem wohlgeordneten Schopf aus silbern schimmerndem Haar. Sie trug eine blassblaue Bluse über einer Jeans und spielte mit einer langen, dünnen, goldenen Kette, die sie um den Hals trug.

»Ich kann nur einen Kaffee anbieten. Sonst habe ich nichts im Haus«, sagte sie.

»Wasser aus dem Hahn wäre gut«, sagte ich. »Können Sie sich vorstellen, wer das getan haben könnte?«

»Kann ich nicht«, antwortete sie einfach und räumte ein Glas auf den Tisch. »Es ist ja so, dass wohl jemand vorbeigekommen ist. Vielleicht ein Streuner oder so was. Im Sommer gibt es das ja oft. Diese Leute ziehen durch, solange das Wetter warm ist.«

»Aber die Scheune. Wieso macht sie das Scheunentor auf? Da ist doch nichts.«

»Na ja, ein Träumerchen war sie schon immer.«

»Ein Träumerchen?«

»Ein Träumerchen. Hing alten Zeiten nach. Als der Karl noch lebte. Manchmal machte sie die Scheune auf und stand einfach da und guckte.«

»Was guckte sie?«

»Alte Zeiten. Sie sagte immer: Manchmal denke ich, ich mache das Scheunentor auf, und da steht Karl und fummelt an dem alten Schlepper rum. Das war natürlich Unsinn, aber so war sie nun mal. Karl hier, Karl da … Karl hat das gesagt … Karl hat das gemeint ... Einmal hat es nachts schwer gestürmt und da steht sie plötzlich vor meinem Bett und sagt: Karl muss irgendwo sein. Ich habe ihn rufen hören.«

»Kann es auch sein, dass jemand den Schlepper kaufen wollte?«

»Ja, das kann sein. Das habe ich den Damen und Herren von der Polizei auch schon gesagt. Ist ja ein kostbares Ding, das alte Hündchen. Wer hätte das gedacht?« Bis jetzt hatte sie gestanden und sich auf dem Küchentisch abgestützt, jetzt setzte sie sich.

»War die Ehe der beiden gut?«

Sie sah mich erstaunt an. »Das will ich meinen. Da beißt die Maus keinen Faden ab. Wieso? Was hat das mit dem zu tun, was da passiert ist?«

»Ich versuche einfach, mich da reinzudenken. Wieso geht sie am hellen Tag hin und macht die Scheune auf? In der Scheune ist nichts. Außer dem alten Schlepper.«

»Vielleicht hat sie Karl wieder rufen hören?«, fragte sie listig. Dann lächelte sie unvermittelt: »Die und ihr Karl. Gesponnen hat sie ja immer schon ein bisschen. Wenn Karl ein Furz quer saß, hat sie gleich die Nerven verloren und vom Krankenhaus geredet. Ich glaube, Karl war manchmal ganz verzweifelt mit ihr.«

»Hat er das jemals gesagt?«

Sie hatte ganz große Augen. »Oh nein, niemals. Karl doch nicht. Der sagte nie ein Wort gegen sie. Tut man ja auch nicht.«

»Und Ihr eigener Mann? Sagte der auch, Theresia wäre eine Träumerin?«

»Der hat sich für so was nicht interessiert. Der hat hier den Bürgermeister gemacht, jahrzehntelang, der war immer unterwegs von früh bis spät. Ich habe immer gesagt: Du kriegst nicht mal mit, wenn ich tot in der Küche liege.«

»Ist es jemals vorgekommen, dass Sie Theresia Mockenhoff erlebt haben, wie sie das Scheunentor aufgeschoben hat und einfach da stand und in die leere Scheune blickte?«

»Ja, sicher. Also zehn-, zwanzigmal ist das bestimmt passiert. Sie sprach ja auch immer mit Karl. Ganz laut. Nach seinem Tod, meine ich. Therese, habe ich gesagt, das kannst du doch nicht machen. Wenn jemand vorbeikommt und das hört. Das geht keinen was an, hat sie gesagt. Ich weiß nicht.«

»Sie war also ein phantasiebegabtes Mädchen«, sagte ich.

»Da kannste aber für!«, nickte sie.

»Sie steht also in der leeren Scheune, jemand kommt vorbei und schleudert ihr die Milchkanne gegen den Kopf. Das ist das, was wir wissen.«

»Tja, da kann ich nicht helfen.«

»War sie eine gute Mutter?«

»Ja, schon. Bisschen nervös, aber nervös war sie immer.«

»Hat sie gut gekocht und für alle gesorgt, und so? Mit den Kindern die Schulaufgaben gemacht?«

»Ach, du lieber Gott.« Agnes Subier ließ die Augen zur Küchendecke wandern.

»Was heißt das?«

»Sie konnte nicht kochen. Sie konnte *überhaupt* nicht kochen! Sie wusste gar nicht, wie das geht. Außer Butterkuchen.«

»Aber ihr Mann ist nicht verhungert, und die Kinder sind groß geworden.«

Sie saß da und starrte auf den Tisch und sagte trocken: »Dafür hatte sie mich.« Dann setzte sie hinzu: »Karl mochte vor allem Eintöpfe. Und Döppekooche.«

»Also waren Sie es, die für die Familie Mockenhoff gekocht hat?«

»Ja«, antwortete sie fest. »Mein Leben lang. Kartoffeln kochen kriegte sie vielleicht einigermaßen hin, harte Eier auch. Aber bei Gemüse konnte es schon mal passieren, dass sie reichlich Zucker nahm, und Fleisch hat sie grundsätzlich mit zu viel Pfeffer versaut. Bei allem, was sie probierte, musste ich würzen. Sie ist mit viel Essig an Erbsensuppe gegangen. Ich habe das dann immer wieder gerichtet. Und Karl wollte oft Döppekooche. Und zu Weihnachten Früchtebrot und solche Dinge. Und zu Ostern einen schönen Hefezopf.«

»Wie sah das in der Praxis aus?«

Sie stützte den Kopf in beide Hände. »Es war das reine Chaos. Ich hatte ja nun auch meine eigene Familie, und die wollte ja auch versorgt werden. Das war schwierig. Ich war dauernd unterwegs zu Therese und zurück. Aber Döppekooche musste für Karl einfach sein. Sonst ist das kein Leben, hat er immer gesagt. Also ein leichter Döppekooche im Frühling und im Sommer, im Herbst ein bisschen mehr Bauchspeck, dann im Winter mit Kabanossi in Scheiben geschnitten und Frühstücksspeck in dünnen Lagen. Naja, wenigstens Butterkuchen konnte sie. Einmal im Jahr. Zu Ostern.«

»Wie lange?«

»Na ja, gute fünfzig Jahre. Man muss sich ja helfen.«

»Ich nehme also an, sie macht die Scheune auf und steht einfach da und starrt in den leeren Raum. Dann kommt eine Erinnerung. Wahrscheinlich eine Erinnerung an Karl. Sie sagt also irgendetwas. Was könnte das gewesen sein?«

»Ich weiß nicht.«

»Doch, doch, das wissen Sie sehr genau. Was hat sie gesagt? Komm zum Essen, Karl! Irgendetwas in der Art?«

»Nein, nein!«

»Es war kein durchreisender Penner, es war kein Interessent für den Schlepper, es war wahrscheinlich Karl. Was hat sie gesagt?«

»Hör auf da, Karl«, hat sie gesagt. Sie spuckte das regelrecht aus. »Sie sagte: Hör auf, da rumzufummeln und komm rein. Und ich habe sie angefahren und habe gesagt: Hör du auf! Hör du doch endlich auf damit! Und sie hat gar nicht auf mich gehört und weiter zu ihrem Karl gesprochen, der gar nicht da war und hat gerufen: Komm rein, es gibt *meinen wunderbaren Döppekooche*.« Sie betonte die letzten Worte besonders und wiederholte sie gedehnt: »... *meinen wunderbaren Döppekooche!*«

Dann kam sehr leise und zurückhaltend: »Aber, dass sie fällt, wollte ich nicht.«

Ihre Finger strichen über die Tischkante, ihr Mund wurde zu einem schmalen Strich. In den Augenwinkeln glänzte es feucht. »Wollte ich nicht.«

Wir schwiegen eine Weile.

»Bei mir zu Hause ist eine gute Freundin. Sie sollten ihr das erzählen, dann ist es einfacher. Was halten Sie davon, wenn wir zu ihr fahren?«

»Aber ich wollte nicht, dass sie umfällt«, sagte sie noch einmal zaghaft.

»Das glaube ich Ihnen sogar«, sagte ich.

Während der kurzen Fahrt nach Brück saß sie sehr aufrecht neben mir und sah sich aufmerksam um. Als uns ein schwerer Truck entgegenkam, sagte sie: »Uii! Das war aber dicht!«

Mein Hof stand voller Autos, ich musste an der Straße parken. In meinem Wohnzimmer saßen mindestens sechs wildfremde Menschen beiderlei Geschlechts und diskutierten erregt miteinander.

Tessa sagte verlegen: »Das sind ein paar Kollegen von mir. Wir überlegen, wie wir am besten vorgehen.«

»Ich habe etwas für euch«, sagte ich. »Aber geht bitte gut mit ihr um.«

Hoffnungen

Sie war siebenundzwanzig, und ihre Mutter hatte erklärt: »Also, in deinem Alter noch streng Single zu sein, ist ziemlich riskant. Und du sagst, du würdest auch gern Kinder haben. Ja, nun, wo sind sie denn, die Kinder?«

»Sie werden schon kommen!«, versicherte Gerlinde. »Gut Ding will Weile haben, sagst du doch immer.« Und dazu lächelte sie versonnen und hatte ein ganz weiches Gesicht wie eine Madonna.

»Das sagst du so leichtfertig«, entgegnete ihre Mutter. »Aber nichts passiert. Und wenn ich an die armen Mauerblümchen hier im Dorf denke, wird mir ganz schlecht. Du hast ein eigenes Geschäft in Daun, du kriegst dieses Haus hier, du bist eine richtig gute Partie. Aber du schlägst allen ins Gesicht, die sich um dich bemühen. Neulich mit dem Gerd war es doch dasselbe. Erst rennt er dir die Bude ein, dann triffst du ihn drei-, viermal, dann kommt er nicht mehr. Wieso denn das, wenn er dich unbedingt haben wollte?«

»Na ja, eigentlich wollte er mir bloß unter den Rock fassen. Und das ist ja ein bisschen wenig, oder? Ich habe ihn zwei-, dreimal fassen lassen, und dann ging bei ihm schon die Post ab. Und ich lag da und hab die Sterne gezählt. Er ist einfach ein Arsch, verstehst du, er kann nicht denken, er hat überhaupt keine Fantasie, er ist ein völlig dummdreister, schief gewickelter Macho. Von der Sorte kann ich jeden Tag drei zum Frühstück haben. Aber so was heiratet man doch nicht.«

»Wie du redest!«

»Tja, Mama, so ist das heute. Diese Gesellschaft ist genauso dämlich, wie sie sich gibt. Und das ist auch in der Eifel so, oder hältst du das hier für den letzten Hort irdischer Intelligenz?«

Manchmal war sie wirklich geradezu bösartig. Ihr Vater bemerkte zuweilen: »Sie hat eine bösartige Schnauze!«

»Kindchen, Kindchen, wenn das nicht irgendwann mal schief geht.«

Das war jetzt die zweihundertsiebzigste Auflage desselben Themas, und Gerlinde konnte es nicht mehr hören.

Außerdem dachte sie an Thomas aus Hillesheim, und da war die quengelige Mutter nur im Weg. Thomas war das pralle Leben.

Gerlinde ging also in ihre Wohnung im ersten Stock und wählte das neue Dunkelblaue aus. Das würde Thomas hoffentlich den Atem nehmen und ihm ordentlich einheizen. Ich liebe diese Fetzen! dachte sie inbrünstig. Und ich liebe diese Fetzen umso mehr, als ich daran denken muss, wie er sich beim Anblick dieser Fetzen vorbereitet. Wow! Das Leben war im Augenblick ganz wunderbar.

Sie trafen sich auf dem schmalen Wirtschaftsweg zwischen Loogh und Stroheich. Thomas kam mit seinem rostigen Golf von Stroheich her, parkte in einem Waldweg und kam ganz langsam auf sie zu. Sie hatte das Cabrio in einem anderen Weg abgestellt, und sie sah unglaublich gut aus in der weißen Bluse, dem hellblauen geblümten Rock und den langen blonden Haaren.

Thomas dachte verwirrt: Sie wirkt wie ein Geschenk. Mein Gott, ist das eine heiße Type!

Dann sagte er mit ganz trockenem Mund: »Grüß dich!« Und weil sie nichts sagte, sondern ihn nur anstrahlte, setzte er hinzu: »Du siehst unglaublich gut aus! Wieso habe ich dich nicht früher kennengelernt?«

»Das weiß ich auch nicht«, murmelte sie. Er war wahrscheinlich über einen Meter achtzig groß, er war schlank, er hatte einen Dreitagebart, er hatte lange, empfindsame Hände, und sie wusste schon, wie diese Hände sich anfühlten. Und er roch gut, er roch ständig nach Mann. Zweimal hatte sie das schon erleben dürfen.

»Gehen wir ein bisschen?«, fragte sie.

»Oh ja, natürlich. Wohin? In den Wald? Oder da runter in die Wiesen?«

»In die Wiesen möchte ich gern«, sagte sie. »Sie sind nicht gemäht, sie sind voller wilder Blumen. Was hast du alles getrieben, seit wir uns das letzte Mal gesehen haben?«

»Nichts Besonderes«, erwiderte er. »Halt gearbeitet, wie man das so macht. Von morgens früh bis spätabends. Dann geschlafen, weil ich kaputt war. Und ich habe verdammt oft an dich gedacht.«

»Das geht mir mit dir genauso«, sagte sie und hatte einen trockenen Mund.

Der Wiesenweg endete, weil er zugewuchert war. Es gab violette Blumen, dunkelrote, hellgelbe, blaue Glockenblumen, es gab die ganz dunkle Teufelskralle. Und es lag ein leichter Duft in der Luft von all den Herrlichkeiten.

»Was treibst du so, wenn du allein bist?« fragte sie.

»Tja, was treibe ich?«, wiederholte er. »Ich denke, ich bin ein ganz normaler Mensch. Mit all den Sehnsüchten und Träumen, die man so hat.«

»Was hat man denn für Sehnsüchte?«

»Na ja, den Glauben, dass du eines Tages das Glück erwischst. Kann ja sein, dass dir eine Frau über den Weg läuft, die genau das ist, wovon du die ganze Zeit geträumt hast. Und was hast du getan, seit wir uns das letzte Mal gesehen haben?«

»Das kann ich dir genau sagen. Ich habe unanständig viel an dich gedacht. Jedenfalls in jeder freien Minute, die ich hatte.« Sie war stehen geblieben, hatte ihn festgehalten, sank leicht gegen ihn, krallte sich in seinem Hemd fest. »Du bist ein Scheißkerl, dass du mich so blockierst!« Sie hatte eine ganz helle Stimme, das letzte Mal hatte er diese Stimme ein Glockenläuten genannt.

»Ich bin eben ein cooler Zauberer«, sagte er tonlos.

Er zog sie langsam aus, sie sanken nebeneinander in das Gras. Und als sie in den blauen Fetzen unter ihm lag, sagte er ganz erstickt: »Diese paar Quadratzentimeter Dunkelblau machen mich ganz verrückt.«

»Dann zieh sie mir aus«, erwiderte sie. »Ich bin nämlich auch eine ganz coole Zauberin.«

Später, als sie erschöpft nebeneinanderlagen, fragte sie: »Magst du mir ein wenig von dir erzählen? Wo kommst du her? Aus Hillesheim bist du nicht, dann hätte ich dich schon eher getroffen.«

»Ich bin aus der Gegend von Münster«, sagte er. »Mein Vater hat eine Schweinezucht, und ich tauge nicht zum Schweinezüchter. Ich dachte, ich hätte dir das beim letzten Mal schon erzählt. Na ja, ich habe Elektroinstallateur gelernt. Und irgendwann kam ich in die Eifel und lebe jetzt hier. Es ist eine schöne Gegend, nicht so platt wie bei mir zu Hause.«

»Hast du eine Wohnung?«

»Ja, habe ich. Nicht viel Platz, aber genug für mich. Und nimm deine Hand da weg, sonst passiert was.«

»Ich möchte ja, dass etwas passiert.«

»Du bist eine hungrige Frau!«, sagte er lächelnd.

»Das bin ich. Und wenn du schon damit angefangen hast, mich zu küssen, dann bitte etwas mehr südwärts.«

»Die Himmelsrichtung kannst du bestimmen«, sagte er undeutlich.

Irgendwann fragte sie: »Ich weiß gar nicht, ob es mich interessiert, aber wie alt bist du?«

»Sechsundzwanzig«, sagte er. »Ein Jahr jünger als du. Stört dich das etwa?«

»Überhaupt nicht. Und was hast du so mit deinem Leben vor?«

»Das weiß ich nicht genau. Ich denke manchmal, ich bin ein Familientier. Und manchmal denke ich, ich sollte besser allein bleiben. Das ist unkomplizierter. Aber wenn ich dich so ansehe, dann ist mir das Glück begegnet. Also jedenfalls glaube ich nicht mehr an die Einsamkeit.« Er grinste, und sie zündete ihm eine Zigarette an.

»Hast du Lust, mich mal zu Hause zu besuchen?«

»Oh ja«, sagte er gedehnt. »So lange du mich nicht mit deinen Eltern verkuppelst, ist das eine verdammt gute Idee.«

»Ich habe ziemlich häufig gute Ideen«, sagte sie.

Sie trennten sich, als der Mond längst aufgegangen war und kein Baum mehr einen Schatten warf.

Mitte der Woche rief Gerlinde eine alte Freundin in Hillesheim an. Sie machte es kurz: »Bei euch da ist ein Typ zugezogen, Thomas heißt er. Sieht irre aus, ist Elektroinstallateur ...«

»Ja, ja, ja, kenne ich. Sieht wirklich klasse aus. Mit diesem drei-Millimeter-Bart, mit dieser irren Stimme. So sanft und gleichzeitig knallhart. Da kannst du als Jungfrau lange dran rummachen.«

»Also so was!«, rügte Gerlinde. »Ich wollte nur wissen, wie der Typ so ankommt, was er drauf hat und so. Nichts Besonderes, wirklich nichts Besonderes.«

»Du klingst, als hättest du einen Engel getroffen. Okay, Engelchen, Schluss mit dem Schmus. Was willst du wissen?«

»Alles.«

»Okay. Ich ruf dich an.«

Sie rief am Freitag an, und die Botschaft, die sie brachte, war von ganz besonderem Reiz. Gerlinde schwieg, kommentierte das nicht, rief ihn stattdessen an und säuselte ganz sanft: »Hast du morgen schon was vor? Treffen wir uns bei mir?«

»Gut«, sagte er knapp. »Abends? Zwanzig Uhr?«

»Ja, ist recht«, sagte sie. »Ich freue mich!«

»Ich mich auch«, murmelte er sanft.

Er kam, er schellte im ersten Stock, sie war da, und sie sah bezaubernd aus.

»Das ist ja ein Riesenhof«, sagte er. »Milchkühe?«

»Ja«, nickte sie.

»Wie viele?«

»Zweihundertsechzig«, antwortete sie.

»Fantastisch!«, murmelte er.

»Warte, ich zeig dir den Betrieb.«

Sie schlenderten gemeinsam Händchen haltend durch die bäuerliche Welt, und Gerlinde zeigte ihm alles, was er wissen sollte und worauf sie so stolz war.

»Mein Vater hat das alles aufgebaut. Er ist der Mann meines Lebens, wenn du verstehst, was ich meine.«

»Ja, natürlich verstehe ich das. Und eine Käserei habt ihr?«

»Ja, eine richtige gute Käserei. Die macht meine Mutter. Zweihundert Laibe pro Woche, jede Geschmacksrichtung. Alter Käse, neuer Käse, Käse mit grünem Pfeffer, Käse mit Bärlauch, sogar Käse mit Kümmel. Und sie wird richtig wohlhabend dabei.«

»Wie schön«, sagte er. »Drei Zugmaschinen, wieso drei?«

»Braucht man einfach. Von sechzig PS bis sechshundert. Es fehlt an nichts. Aber das musst du doch eigentlich als Sohn eines Schweinezüchters kennen.«

»Oh ja, natürlich. Bloß: dieser Maschinenpark ist ja fast unheimlich. Da wird man als Kerl ja richtig wieder kleiner Junge.«

»Wie schön!«, sagte sie. »Das hast du richtig hübsch gesagt.«

»Und diese Scheunen. Riesig. Und gleich drei davon.«

»Ja, die auf der rechten Seite ist ganz besonders alt. Und es ist meine Lieblingsscheune. Da habe ich als kleines Kind immer oben im Heu gesessen und mit Minka gespielt. Minka war meine Katze, alles meine Katzen hießen Minka. Es war so schön, es roch so schön. Und jetzt habe ich für die Scheunenspiele keine Zeit mehr. Weißt du, ich machte es so, dass ich von hinten an die Scheune ging. Da stand immer eine Leiter. Und ich dachte: Niemand weiß, wo ich bin, niemand sieht mich, niemand kann mir folgen. Aber meine Eltern wussten ganz genau, wo ich war. Sie hatten mir schließlich die Leiter da hingestellt. Guck mal da, das ist meine Leiter. Komm, wir steigen hoch, und ich zeige dir mein Traumreich.« Sie begann, die Leiter hochzusteigen, und er sah ihr nach, und er sah unter ihren Rock, und ihm wurde ganz schwindelig, bis er hinter ihr hochstieg.

Dann lagen sie im Heu, dann waren sie sehr gierig, dann ging es ihnen nicht schnell genug. Ihr Atem vermischte sich, und ihre Gier machte sie wild.

»Hey!«, sagte sie hell, als er in sie eindringen wollte. »Langsam, mein Lieber, nicht so hastig, mein Lieber, nimm Rücksicht auf eine alte Frau.«

»Ich bin ganz langsam und ganz vorsichtig, bis ich dir alles geben kann, was ich habe. Und alles soll dir gehören bis zum letzten Atemzug.«

»Nicht so dramatisch!«, sagte sie plötzlich mit einer ganz metallen klingenden, scharfen Stimme. »Ach, Thomaslein, du mein liebes Thomaslein. Elektroinstallateur, ja?«

»Ja?«, fragte er dagegen, und er hörte sich an, als habe er keine Zeit mehr.

»Du bist ein Hilfsarbeiter, nicht wahr? Und du bist arbeitslos, nicht wahr? Und du lebst auf Hartz vier, nicht wahr?«

»Häh?«, machte er, weil ihm nicht anderes einfiel.

»Hast du denn deiner Frau auch gesagt, wo du heute Abend bist? Hast du ihr von mir erzählt? Und von dem Spaß, den wir beide miteinander hatten?«

Er sagte nicht mehr »Häh!«, er sagte gar nichts mehr.

»Und du bist auch nicht aus dem Münsterland gekommen. Du kommst aus Wanne-Eickel, und du bist schon seit vier Jahren arbeitslos, und dein Vater ist auch kein Schweinezüchter. Der ist nicht einmal Bauer, der ist Maurer. Warum nutzt du Menschen so aus? Findest du nicht, dass du ein Schwein bist?«

Er sagte nichts mehr, er konnte nichts mehr sagen. Er atmete mühsam.

Sie setzte sich hin. Sie setzte sich so, dass er vor ihr auf dem Heu saß, und sie legte ihm beide Hände auf die Schultern. Sie wiegte ihn vor und zurück, und er ließ das mit sich geschehen, weil er vollkommen überrascht war.

Dann sagte sie hart und bösartig: »Und grüß mir bitte deine drei kleinen Kinder!«

Mit beiden Füßen stieß sie ihn mit aller Gewalt vorwärts, und er rutschte auf der Heubahn ganz schnell bis zur Kante, verschwand dann, stieß einen gar nicht mal lauten Schrei aus, bis es platschte.

Stille.

Als die Mordkommission eintraf, als Kischkewitz aus dem Auto stieg und stinksauer war, weil dieser unbekannte Tote nach allen Sorten von Scheiße roch und außerdem hoch oben am Fahnenmast aus Aluminium hing, stellte man sich im Dorf die Frage: Wer ist das? Warum hängt der da oben? Und warum stinkt der so gewaltig?

»Also, junge Frau«, murmelte Kischkewitz. »Wieso hängt der am Mast?«

»Das weiß ich nicht«, antwortete Gerlinde brav. »Ich habe den mal flüchtig getroffen, weil man hier in der Eifel schließlich jeden mal flüchtig trifft. Der muss jedenfalls – also meine Eltern und ich denken das so – in der Scheune da drüben vom Heuboden gefallen sein. Und – Platsch – genau in die alte Jauchegrube, die wir immer noch benutzen. Aber wie der dann aus der Scheiße an den Fahnenmast von Papa gekommen ist, weiß ich nicht, kann ich nicht sagen. Fragen Sie doch mal meine Mutter.«

Brief an eine ganz frische Witwe

Liebe gnädige Frau!
Verzeihen Sie diese etwas anbiedernde, altmodische Anrede, aber Sie werden gleich erstaunt begreifen, dass wir beide etwas gemeinsam haben, was eine vorsichtige Form von Vertraulichkeit durchaus möglich macht. Wir haben beide denselben Feind.

Ahnen Sie, wen ich meine? Wahrscheinlich ahnen Sie es. Es ist Ihr Ehemann, dieser Conrad-Ferdinand, dieses reiche, einflussreiche, immer nur CF genannte, unglaublich arrogante Monster.

Ich habe Sie beobachtet, als er zu Grabe getragen wurde. Sie sahen schön aus, fast überirdisch entrückt, ein alleingelassener Engel. Und: ein großes Kompliment an Ihren Schneider. Sie trugen eine Sonnenbrille, ein wahrscheinlich von Porsche-Design entworfenes Stück, dezent elegant, so wie ich es mag. Die fünfhundert Trauergäste auf dem Friedhof haben Ihnen Ihre Trauer geglaubt. Mit Sicherheit war ich der Einzige, der wusste, dass Sie absolut nicht traurig waren. Sie waren eher neugierig. Sie fragten sich: Wer, um Gotteswillen, hat ihn umgebracht?

Nun ja, um dieses Rätsel zunächst aus der Welt zu schaffen: Der Mörder bin ich! Wenn Sie bis hierher gelesen haben, werden Sie sich hinsetzen, meinen Brief wahrscheinlich in der rechten Hand halten und auf einen Ihrer kostbaren Teppiche starren. Sie werden sich fragen: Kenne ich ihn? Ich gebe Ihnen auch dazu sofort die Antwort: Ja, Sie kennen mich. Sie werden sich allerdings an mein Gesicht nicht erinnern, an meine Stimme auch nicht. Ich bin einer der vielen tausend

Menschen, die Ihnen bei irgendeiner festlichen Angelegenheit vorgestellt wurden, und die Sie eine Sekunde später bereits vergessen hatten. Das wird so bleiben, gnädige Frau, wir werden uns nie kennenlernen.

Und noch etwas sei gleich zu Beginn dieser kleinen, vergnüglichen Beichte erwähnt: Mit der Frage, ob Sie den Mörder kennen, könnten sich Irrtümer einschleichen, denn möglicherweise bin ich eine Frau. Auch das werden Sie nie in Erfahrung bringen, denn ich lege als Mörder großen Wert auf professionelle Perfektion. Suchen Sie also nicht in Ihrem Gedächtnis, das ist eine unnötige Anstrengung. Lesen Sie weiter!

Es kann durchaus sein, dass Sie in Panik geraten, weil Sie nicht zu Unrecht begreifen werden, dass ich sehr wohl weiß, wie Sie Ihren Mann umbringen wollten. Sie dachten an Gift, Sie dachten an eine permanente Erhöhung der Dosierung, Sie dachten, er solle die letzte und tödliche Dosis im Urlaub auf Ihrer Finca auf Mallorca schlucken. Dann würde irgendein diensteifriger spanischer Arzt in Anbetracht einer beträchtlichen Honorarzahlung selbstverständlich auf plötzlichen Herztod erkennen, was angesichts des übertriebenen Arbeitseifers von CF durchaus glaubwürdig erscheinen musste. Gut geplant, gnädige Frau, und durchaus sicher, denn die spanische Art, Todesbescheinigungen auszustellen, ist nahezu grenzenlos naiv. Und kein Staatsanwalt im Bereich Ihres Wohnortes hätte den Totenschein angezweifelt. Sie werden erstaunt sein und sich fragen, woher ich das mit dem Gift denn weiß. Nun, das ist leicht aufgeklärt. Sie verwenden zur Pflege Ihrer Rosen ein bestimmtes, leichtfertig hoch dosiertes Mittel, und ich war Zeuge, wie Sie es kauften. Zwölf Liter, genug, um eine Kleinstadt auszurotten. Ganz richtig, ich habe Sie eine Weile begleitet, und Sie haben mich nicht bemerkt. Selbstverständlich ist die Staatsanwaltschaft bei der Obduktion der Leichenteile Ihres lieben Verblichenen auf Spuren des Giftes gestoßen, wollte aber kein Aufsehen darum machen, weil er nun ohnehin sehr gründlich getötet worden ist.

Es ist, das müssen Sie mir zugestehen, im Grunde schon sehr erheiternd, dass zwei Menschen zum exakt gleichen Zeitpunkt daran gedacht haben, CF zu töten. Wettlauf der Mörder gewissermaßen. Ich konnte nicht zulassen, dass Sie den Wettlauf gewinnen. Ich wollte es sein, der CF in das große Nirwana schickt. Und ich habe es perfekt in Szene gesetzt, wobei es Ihnen unappetitlich vorkommen mag, dass ich seine Leiche zerstückelte. Aber natürlich steckt dahinter der einfache Gedanke, die Staatsanwaltschaft in die Irre zu führen, was bekanntermaßen zu einhundert Prozent gelang.

Erinnern Sie sich an die Aufmacher in den Zeitungen, als man die ersten Leichenteile fand? Ich denke, dass sämtliche an der Aufklärung arbeitenden Kriminalisten und Staatsanwälte vollkommen irritiert waren. Und selbstverständlich haben sie diese Irritation an die Presse weitergegeben. Von möglichem Lustmord war die Rede, von einem wahrscheinlich geistig kranken Täter, von einem abartigen Killer, die BILD sprach sogar von einem Monster im Nebel. Erinnern Sie sich? Nun ja, hoch oben im moorigen Venn gleich neben Monschau drängen sich derartige Bilder auf.

Als man dann zuletzt seinen Kopf zusammen mit den ineinandergreifenden Händen fand, stand die Staatsanwaltschaft vor einem wirklich gewaltigen Problem. Wie sollte man denn einer großen, auf Neuigkeiten geilenden Öffentlichkeit erklären, dass dieser CF nun wirklich ein Schwein war? Öffentlich war er ein reicher Mann, ein sehr reicher Mann. Öffentlich war er jemand, der im Namen von UNICEF den hungernden Kindern dieser Welt half, der Altenheime sponserte, der der Freiwilligen Feuerwehr eine neue Wasserpumpe schenkte, der dem Pfarrer die Kirche neu deckte. Wir beide wissen, dass er letztlich ein menschliches Schwein war. Gewiss, ein genialer Architekt und ein großer Ordensritter vom Heiligen Grab. Aber eben auch das monströse Ungeheuer, das Sie, gnädige Frau, schon betrog, als Sie noch gar nicht im heiligen Stand der Ehe lebten. Aber das wissen Sie längst. Es muss unvorstellbares Leid in Ihre Seele gesenkt haben, Stück um Stück begreifen zu müssen, dass er gnadenlos betrog, log und seine Umgebung manipulierte, wie es ihm beliebte, jeden Tag.

Natürlich interessiert es Sie jetzt massiv, wie ich ihn denn tötete, aber haben Sie noch eine Weile Geduld, denn zunächst einmal will ich Ihnen mein Motiv verraten, damit Sie begreifen können, wie das alles sich zu einem Bild fügte. Mein Motiv ist einfach, mein Motiv ist Rache, Ihr Mann, der große CF, zerstörte meine Ehe.

Da er, wie wir beide zur Genüge wissen, hemmungslos bisexuell lebte, kann ich nun behaupten, dass er meinen Mann betörte, oder aber meine Frau.

Merkwürdig, diese bipolaren Strukturen. Ich habe mich dazu entschieden so zu schreiben, als habe er meine Frau verführt, das macht Einzelheiten etwas einfacher, das ist auch möglicherweise glaubwürdiger – zumindest für all jene, die sich zu den Normalen zählen, wenngleich wir beide gut wissen, dass Normalität immer sehr fragwürdig ist.

Ich nenne meine Frau einmal Anna, mache aber wiederum darauf aufmerksam, dass es sich auch um meinen Mann namens Claus handeln könnte.

Anna muss von Beginn an CF gefesselt haben. Anna ist schön mit einem Hauch ins Laszive, Anna lässt immer und grundsätzlich an Sünde denken. CF ging auf die übliche Art vor. Anna arbeitete für ihn, hatte Zeichnungen zu erstellen, brachte sie in sein Büro. Er traktierte sie mit Champagner, er war charmant, er lachte mit ihr. Er verführte sie.

Du lieber Himmel, wie banal das klingt, aber tatsächlich war es ja auch banal, trivial. Es hätte aus irgendeiner Soap in irgendeinem Fernsehprogramm stammen können. Zu diesem Zeitpunkt waberte unsere Ehe in einer Durststrecke, Anna erfuhr durch CF ungeheure Anerkennung, Anna gab sich dem Rausch hin, Anna betrog mich gut und gerne drei Monate lang, beinahe jeden Tag. Anna bekam sogar Geld dafür. Zumindest erhöhte Ihr Mann Annas Honorar um unanständige fünfhundert Prozent. Das Bestürzende an der Situation war, dass Anna es mir sagte – schon weil sie erklären musste, woher denn der große Verdienst stammte. Als Ihr Mann sie dann wie ein benutztes Küchentuch beiseite fegte, standen wir vor den Scherben unserer Ehe. Wir hatten zwei kleine Kinder, unser Unglück war perfekt. Meine Eltern nahmen zunächst die Kinder, denn weder Anna noch ich hatten die Kraft, sie allein zu versorgen. Als Anna sich grauenvoll tötete, nahm ich die Kinder zu mir und lebe jetzt mit ihnen in heiterer Gelassenheit. Damals aber schwor ich Rache. Nicht theatralisch, durchaus nicht. Ich sagte eines Morgens im Bad: »CF, ich werde dich töten!« Ich will ehrlich sein. Zunächst glaubte ich nicht daran, dass ich die charakterliche Strenge aufbringen würde, die Tat zu vollbringen. Sehr oft sagen wir Menschen im Rausch der Wut: Den könnte ich töten! Und wir tun es nie. Aber bei CF begann ich sofort, Pläne zu machen, von denen die ersten durchaus kindisch und unüberlegt waren. Ich blieb kühl, ich wollte einen einfachen, klaren Plan, gepaart mit kühler Kreativität und durchaus der Hürde des Risikos.

Die größte Schwierigkeit dabei würde darin liegen, Ihren Mann irgendwohin zu locken, wo ich sicher sein konnte, nicht gestört zu werden. Und da kam mir das unergründliche Moor im Venn in den Sinn, Sie wissen schon: Die Straße, die von Monschau aus nach Mützenich über die Grenze nach Belgien hineinführt. Dann linker Hand der schmale Pfad zu den moorigen Flächen, zu den scheinbar harmlosen Wasserlachen, die doch so unbedingt lebensgefährlich sind. Nein, nein, ich wollte ihn nicht im Moor versenken, wie das dieser dämliche Oberstaatsanwalt vermutet hat, der der BILD sagte: »Der Täter wollte die Leiche verschwinden lassen und hat nicht mit der Findigkeit meiner Fahnder gerechnet.« Es war von Anfang an mein Ziel, dass man ihn fand, zumindest erst einmal gewisse Teile von ihm.

Es wird Sie interessieren, dass ich Ihren Mordplan mit meinem verband, dass ich Ihre Findigkeit ausnutzte. Ich rief Ihren Mann an und behauptete, Sie, seine Ehefrau, hätten vor, ihn zu ermorden. Und ich, der Anrufer, wisse genau, wie das vonstattengehen sollte. Und ich gab ihm einen Hinweis: Er selbst fühle sich in den letzten Wochen nicht wohl, habe einen überaus nervösen Magen, fühle sich gelegentlich elend. Sie, gnädige Frau, hatten längst begonnen, ihm das Rosengift zu verabreichen. Das Erstaunliche war, dass er mir zuhörte, ohne mich zu unterbrechen. Er fragte nur: »Wo kann ich Sie treffen?« – »Am Moor im Venn«, sagte ich. »Seien Sie heute Abend gegen 22 Uhr dort. Und bringen Sie niemanden mit, das hätte zu Folge, dass ich verschwinde, um Ihre Todesanzeige zu lesen.« Er kam tatsächlich allein und er lief direkt in seinen Tod.

Ich denke, das muss ich genau erklären.

Sie kennen diese Szenerie dort oben. Um diese Jahreszeit zieht abends gegen 19 Uhr der Nebel auf, während die letzten Krähen kreischen. Es ist unglaublich still und jeder Mensch, der sich von einem anderen entfernt, ist nach wenigen Schritten in der grauen Suppe verschwunden. Er wird von dieser mystischen Landschaft einfach verschluckt.

Er kam allein, allerdings nicht unbewaffnet. Er hatte diesen Colt bei sich, den er oft und gern bei sich trug, wahrscheinlich, um sein Image aufzupolieren.

Ich stand an das Geländer gelehnt, das den aus jungen Fichtenstämmen gezimmerten Bohlenweg vom tückisch tödlichen Moor trennt. Ich sagte »Guten Abend, CF!« Und ich fügte an: »Sie werden gleich tot sein.« Er war so überrascht, dass er nicht antworten konnte. Stattdessen griff er zu seiner Waffe.

Ich schoss ihm mit meiner Waffe, einer illegal gekauften, großkalibrigen Glock in den rechten Oberschenkel. Nein, nein, ich war nicht im Geringsten aufgeregt, im Gegenteil, ich war ganz gelassen und ohne Furcht. Ich hatte mir gedacht, dass er so reagieren könnte. Der Schuss in den Oberschenkel war überlegt, durchaus einkalkuliert. Das Projektil riss ihn von den Beinen und warf ihn krachend, sicherlich mehr als zwei Meter zurück, auf den Bohlenweg. Es war ein hässliches Geräusch, irgendwie passte es zu seinem Charakter.

Er war bewusstlos, atmete aber sehr gleichmäßig. Ich wartete also geduldig, bis er zu sich kam. Sicherlich werden Sie jetzt fragen wollen, was ich denn getan hätte, wenn irgend jemand aufgetaucht wäre. Nun, ganz einfach, ich wäre weggegangen, in das Moor hinein, ich kenne mich da aus.

Als er zu sich kam, sagte ich höflich: »Mein Name ist Sowieso. Sie haben meine Familie zerstört, meine Frau in den Tod getrieben. Sie werden sterben. Jetzt!« Er hatte keine Schwierigkeiten, er begriff das alles sofort und er glaubte mir aufs Wort. Ehrlich gestanden benahm er sich wie ein Waschlappen. Er bot mir Geld, viel Geld. Meine Erfahrungen mit zum Tode Verurteilten sind spärlich, aber mich widerte an, dass er sofort an Geld dachte, an gar nichts anderes.

Ich trickste ein wenig, ich tat so, als nähme ich unter Umständen sein Geld. Ich sagte: »Das besprechen wir im Auto. Humpeln Sie vor mir her.« Er brachte sich irgendwie auf die Beine und stakste unbeholfen. Er sagte nur einen Satz: »Meine Frau wollte mich gar nicht töten, nicht wahr?« Das war seine Bemerkung, und es war der einzige Satz von ihm, der Gefühle verriet.

Nein, nein, ich habe Sie nicht verraten, gnädige Frau. Ich habe das mit dem Gewehr verschwiegen. Bitte, seien Sie nicht schockiert, ich habe begriffen, dass Sie, abgesehen von dem Gift, eine zweite Lösung im Ärmel hatten. Jeder gute Mörder hat das. Sie haben sich von Ihrem Mann eine amerikanische Enfield schenken lassen, ein wunderschönes, doppelläufiges Stück. Und Sie sind Ehrenmitglied im hiesigen Schützenverein geworden und haben auf Tontauben trainiert. Ihre Leistungen sind herausragend, und ich wette, Sie haben bei jeder Tontaube an den Kopf Ihres Mannes gedacht. Es war mir klar, was Sie vorhatten: Falls das Gift versagte, wollten Sie einen Unfall vortäuschen. Sehr gut, mit aller Wahrscheinlichkeit wären Sie damit durchgekommen. Nein, ich habe ihm das nicht verraten, ich habe nur gesagt, dass das alles jetzt keine Rolle mehr spiele, denn ich würde dafür sorgen, dass er ein für alle Mal für sämtliche Schweinereien seines Lebens bezahlt.

Wir erreichten den Parkplatz und unsere Autos. Den wunderschönen BMW Z1, den er fährt, hatte ich vorher einer Gruppe Bulgaren angedient, die ihn stehlen würden. Ich hatte mich dafür nach Ganovenart bezahlen lassen. Mit einem schäbigen Tausender. Jetzt fährt der Wagen Ihres Mannes unter dem Arsch irgendeines bedeutsamen Politikers weit im Osten Europas. So macht man heutzutage Logistik, gnädige Frau.

Wir setzten uns in meinen Wagen, einen schrottreifen Golf Diesel, dessen Nummernschilder ich gestohlen hatte und von dem aus keine Spur zu mir führt Ich setzte meine Waffe an seinen Kopf und schoss. Sie glauben nicht, wie einfach das ist. Selbstverständlich musste ich in Kauf nehmen, dass der Golf ein wenig verschmutzt wurde. Aber das war kein Problem, denn ich fuhr den Wagen später einfach über eine Panzerrampe in den Fluss. Zuerst einmal transportierte ich die Leiche Ihres Mannes in mein Haus.

Halt, da fallt mir etwas ein. Selbstverständlich sind Sie eine kluge und gebildete Frau, selbstverständlich denken Sie an Spuren, denn ich trug permanent wollene Operationshandschuhe, atmete durch einen Mundschutz, verbrannte später meine gesamte Kleidung.

Natürlich fragen Sie sich, warum ich den Leichnam wirklich zerstückelte. Nun, das ist zum ersten viel einfacher als man denkt Man muss sich nur die Mühe machen, den Atlas des menschlichen Körpers sehr genau zu studieren, dann weiß man, wo man die Schnitte anzusetzen hat. Ich tat das, um die Kriminalbeamten irrezuführen, weil die Zerstückelung einer Leiche stets auf massive seelische Krankheitsformen hinweist. Und ich bin seelisch gesund. Ich steuerte also die Staatsanwaltschaft sehr gezielt in den Nebel.

Die Leichenteile Ihres Mannes brachte ich an verschiedenen Orten unter, aber stets so, dass sie gefunden werden mussten. Den Kopf und die Hände platzierte ich nicht, wie von der Staatsanwaltschaft hilflos mitgeteilt, auf einer Mülldeponie, sondern auf einem drei Meter hohen Pfahl inmitten eines Müllberges. Das erschien mir angemessen.

Ich wünsche Ihnen ein langes Leben und mir selbst niemals mehr die Begegnung mit einem Menschen, wie Ihr Mann einer war. Ich lebe gern gemütlich, verstehen Sie?

Nie wieder Lippstadt

Vittorio war vierundzwanzig, einhundertachtzig Zentimeter groß, schwarzhaarig, schlank, mit breiter Brust und gut ausgebildetem Selbstvertrauen. Wenn er, im Profil des edlen Römers, vor dem hellen Viereck eines Fensters stand und rauchig hauchte: »Ich bin oft einsam, Baby!«, gab es keinerlei Schranken mehr bei all den kölschen Mädchen, die es zu beglücken galt. Daher sein Beiname: ›der Stier von Müngersdorf‹ oder, was er besonders gern hörte, ›the Ferrarilover‹.

Vittorio war der Sohn des mächtigen Kölner Paten Giuseppe, der sechzehn Pizza-Lokalitäten sein Eigen nannte, eins sechzig groß und rund wie eine Kugel. Giuseppe liebte Vittorio über alles und Vittorio liebte Giuseppe, meistens.

Es war der August des Jahres zweitausendzwei, als diese Geschichte sich zutrug. Giuseppe war gerade aus der Untersuchungshaft entlassen worden, in die er regelmäßig einmal im Sommer einrücken musste, weil die Kölner Justizbehörden vollkommen vernagelt und preußisch uneinsichtig waren. Giuseppe hatte daraufhin sofort den Ältestenrat der Ehrenwerten Gesellschaft zu einer Sondersitzung im *Früh* am Dom gebeten und mit edel gefängnisbleichem Gesicht tränenverschleiert versichert, er habe den blöden Gianni aus dem noch blöderen Wuppertal niemals erschießen lassen. Wörtlich: »Ich würde den blöden, ehrlosen Hund nicht mal anfassen!« Der Rat glaubte ihm und sprach ihm zittrig vor Mitgefühl sein unendliches Vertrauen aus.

Dann aber wurde es kritisch.

Stefano aus Köln-Bickendorf, Gebrauchtwagenhändler seines Zeichens, dreißig Jahre am Platz, ergriff das Wort. Stefano war achtundsiebzig, ein wenig gebeugt schon, hatte aber immer noch unglaublich elegante Hände und sprach ein wunderbar sanft geschwungenes Italienisch nach Mailänder Art. Stefano, seit Längerem erkältet, krächzte mit freundlichstem Gesicht: »Brüder! Zum Wohl der Ehrenwerten Gesellschaft muss ich darauf verweisen, dass wir – international gesehen – in einem fatalen Konkurrenzkampf mit diesem widerlichen, ungehobelten Pack aus den ehemaligen Ostblockstaaten stehen. Überall Russen, so weit das Auge reicht, in jeder Branche, in jedem Geschäftszweig. Und wo keine Russen sind, da versuchen brutale Analphabeten aus Vorderasien, wie ich das einmal bezeichnen möchte, mit Gangstermethoden dieses friedliche Land zu erobern. Ich frage mich, in welch trübe Wasser wir geraten werden. Und ich weise erneut und dringlich auf ein gewaltiges Problem hin. Ich sage nur: Lippstadt!«

Um Stefano den üblichen Gefallen zu erweisen, fragte Giuseppe in heller Verwunderung: »Lippstadt, wieso Lippstadt?«

Stefanos Dritte schimmerten perlmuttfarben, als er zu lächeln begann. »Weil Lippstadt, Freunde, der Inbegriff sozialer Unruhe ist. Da werden wöchentliche Beiträge nicht gezahlt, da kommt nicht einmal eine Entschuldigung, wenn größere Bauvorhaben ohne unsere Beteiligung in Angriff genommen werden. Unser Einfluss auf die lokale wie regionale Politik ist gleich null. Ein ekelhafter Feind mit dem lächerlichen Namen Dimitrios will ernsthafter Konkurrent sein. Für eine Organisation, die sich Freunde Moskaus nennt. Der Mann ist nicht etwa Grieche! Oh, nein! Der Mann stammt aus der Gegend des Kaspischen Meeres, der Mann entstammt einer Sippe von Ziegenhirten, der Mann kann kaum schreiben, der Mann hat – ich sage das deutlich – schlaffe Eier, der

Mann ist eine Beleidigung unserer Bruderschaft. Der Mann muss weg!« Er breitete seine Arme mit der diamantenbesetzten Rolex aus und kam zum Schluss. »Giuseppe, das ist eine angemessene Aufgabe für deinen Sohn Vittorio. Er soll jetzt zeigen, was er kann! Er soll in Lippstadt aufräumen.«

Donnernder Applaus.

»Ich?«, schrie Vittorio im morgendlichen Halbdunkel der Pizzeria Nummer eins. Er sah bleich aus, was weniger auf die Aufgabe Lippstadt, als vielmehr auf die Frau des kölnischen Stadtrates zurückzuführen war, die Vittorio seit etwa dreißig Nächten schier das Mark aus seinem strahlenden Körper saugte. »Ich? In Lippstadt? Bist du verrückt geworden? Und das auch noch im Auftrag der Mafia? Mafia ist doch gar nicht mehr in, Mafia ist nichts Besseres als ein Kegelklub, Mafia ist doch Scheiße!«

Giuseppe bedachte diese Einwände nur sehr kurz und murmelte dann: »Mafia ist immer noch Bargeld, mein Sohn. Die Bruderschaft will deinen Einsatz, ich will deinen Einsatz. Du packst ein paar Sachen und machst dich auf die Socken. Und damit du nicht unangenehm auffällst, nimmst du den kleinen Fiat und lässt den Ferrari stehen.«

»Mamma mia!«, schrie der Sohn. »Das nicht auch noch! Und was soll ich mit diesem blöden Dimitrios anfangen? Etwa ein Steakmesser ins Herz jagen? Oder vielleicht eine Klaviersaite um den Hals legen? Seid ihr alle verrückt geworden? Und das Ganze ohne Ferrari? Ich muss denen in Lippstadt aber doch zeigen, wo der Bartel den Most holt!« Diese letzte sprachliche Feinheit hatte Vittorio bei einer aus München stammenden Kabarettistin aufgeschnappt, die gelegentlich seine Dienste in Anspruch nahm.

Weil Giuseppe, wie alle Väter dieser Welt, seinen Sohn gern in einem Ferrari sah, überlegte er eine Weile und stimmte dann zu. »Aber verhalte dich zurückhaltend und sei stets höflich. Wie ich es dich gelehrt habe. Du packst ein paar Koffer für einige Tage, du siehst immer adrett aus. Niemals eines dieser widerlichen T-Shirts, in denen ihr immer so ausseht, als hättet ihr gerade ein Lamm geschlachtet. Du schlägst dich grundsätzlich nicht, du setzt dein Köpfchen ein. Und hin und wieder zeigst du, dass du eine Neun-Millimeter-Parabellum hast ...«

»Aber ich habe doch gar keine!«

»Lass mich ausreden. Du wirst eine haben, plus genügend Munition, um den ganzen Stadtrat zu bedienen. Und merk dir gut: Dein Spielfeld ist die Innenstadt. Lange Straße, Rathausstraße, Brüderstraße, Marktstraße. Dein Gegner heißt Dimitrios und nach Stefanos Meinung hat er schlaffe Eier und er verkauft Burger mit Lammfleisch und ähnliches unappetitliches Zeug. Dieser Dimitrios hat einen Sohn namens Pjotr. Der ist ein wüster Schläger. Bist du eigentlich gut in Form?«

»Fantastisch!«, nickte der Sohn.

»Gut. Da gibt es einen Stadtrat. Er heißt Guido Troll und ist Zahnarzt. Er dominiert den Bauausschuss. Den brauchen wir, den müssen wir kriegen. Dieser Zahnarzt hat eine Frau, die Heiderose heißt. Die steht auf schwitzende, schmutzige Männer, weshalb sie eine starke Neigung zu Dimitrios hat. Diese Frau hat eine Tochter, die Zahnarzttochter. Die hat den blödsinnigen Namen Tiffany und treibt es gelegentlich mit Pjotr, dem Sohn des stinkenden Dimitrios. Alles klar?«

Vittorio überlegt eine Weile. »Im Prinzip schon. Aber gibt es denn in diesem Lippstadt irgendeinen Menschen, der mir hilft?«

»Gibt es. Das ist Emmanuele. Er verrät die Bruderschaft jeden Tag einmal, aber für einfache Auskünfte reicht er. Er hat eine Pizzeria, die so anheimelnd ist wie ein Schuhkarton. Sie heißt *Da Fillipo*. Und er hat einen Heimservice, er liefert lauwarmes Zeug an betrunkene Deutsche, wenn im Fernsehen nur noch nackte Haut zu sehen ist. Alles klar?«

Vittorio überlegte. »Kann man den Zahnarzt denn nicht einfach kaufen? Ich meine, das ist doch im Prinzip einfacher, oder?«

»Lippstädter, mein Junge, sind niemals einfach. Man sagt, dass sie mit dem bloßen Schädel arbeiten, wo andere einen Stahlhelm tragen. Alles klar?«

»Arbeite ich mit Bargeld oder Plastik?«

»Ganz wichtig! Gute Frage! Bargeld. Nur Bargeld. Das ist konservativ und macht was daher. Und benutze nichts unterhalb eines Fünfzig-Euro-Scheines. Und, wenn dich jemand fragt, was du in Lippstadt tust, dann antworte mit dem Satz: Ich sehe mich nur um. Das Geld und die Parabellum lege ich dir unter die Theke. Und, mein geliebter Sohn: Sei ein guter und harter Botschafter für unsere gemeinsame Sache. Und jetzt gib Mamma einen Kuss und hol dir ihren Segen!«

Vittorio fuhr gegen Mittag. Die ersten einhundert Kilometer auf der A 1 waren angefüllt mit Terminabsagen. Die Frau des Kölner Stadtverordneten schrillte: »Arbeiten? Wieso arbeiten? Was musst du denn arbeiten?«

»Die Männer meines Clans haben mich gerufen!«, antwortete er fest.

»Ja und? Lass sie doch rufen!«

»Es ist eine Frage der Ehre!«, führte er aus. »Deutsche Frauen werden das nie verstehen!«

»Also, die Nationalität ist mir scheißegal!«, schrillte sie. Und dann sanftweich wie fließender Honig: »Vittolein, hast du mich noch lieb?«

Die Sonne schien strahlend, am Himmel spielten ein paar Schäfchenwolken, aber Vittorio hatte beschlossen, Lippstadt grausam, ungerecht und eigentlich unmöglich zu finden. Also bog er im Autobahnkreuz Dortmund/Unna schlecht gelaunt auf die A 44 ab und trödelte eine Weile hinter Lkws her, als könne er sein Schicksal ausbremsen. Die Abfahrt hieß Lippstadt, die ganze Welt erschien ihm vollkommen trostlos.

Der Verfahrenslogik nach musste er zunächst Emmanuele im *Da Fillipo* aufsuchen, denn, wie sein kluger Vater zu bemerken pflegte, »ohne Freunde kannst du eine Stadt nicht erobern.« Also fragte er nach der Pizzeria und erhielt die freundliche Auskunft eines Dackelbesitzers, das sei ganz einfach zu finden: »Zwischen Stadttheater und Hallenbad am Cappeltor.«

Die Sonne schien immer noch, es war ihm irgendwie äußerst peinlich, dass die Stadt freundlich, ja geradezu ausgelassen wirkte.

Die Pizzeria war in einem unfreundlichen grauen Miethaus untergebracht, auf dessen Balkonen Wäsche aus aller Herren Länder trocknete, grün, gelb, blau, vor allem blau, und nach der Größe der Unterhosen zu urteilen, wohnten dort nur dicke, unförmige Menschen, die Vittorio ohne Unterschied sowieso als Prolls zu bezeichnen pflegte.

Es war vier Uhr nachmittags. In den eigenen Etablissements in Köln war um diese Uhrzeit in den Küchen die Hölle los und also erwartete Vittorio Betrieb. Aber die Pizzeria war gähnend leer, es herrschte trübes Halbdunkel, kein Mensch war zu entdecken. Irgendwo weit im Hintergrund brannte eine trübe Funzel und erleuchtete irgendetwas, das er nicht erkennen konnte.

Dann kam eine müde, unendlich dürre Gestalt aus einer vage zu erkennenden Maueröffnung hinter die Theke geschlurft und murmelte: »Ja, bitte?«

»Emmanuele!«, strahlte Vittorio aufmunternd. »Ich bin aus Köln gekommen, ich bringe dir Grüße!«

»Oh!«, machte Emmanuele und versuchte, für Sekunden aufrecht zu stehen. »Giuseppes Sohn? Bist du es wirklich? Welche Ehre!«

»Aber nicht doch, Bruder«, erwiderte Vittorio gönnerhaft und machte vier schnelle Schritte um die Theke herum. Er griff Emmanuele an den Schultern und zog ihn zu sich heran. Dabei roch er schales Bier und eine unbeschreibliche Mischung aus verdorbenem Magen und hoher Nervosität. »Hast du einen guten Asti? Hast du den? Einen Schluck davon könnten wir jetzt gebrauchen.«

»Habe ich nicht. Ausverkauft«, seufzte Emmanuele. »Vielleicht einen kleinen Ramazzotti?«

»Fantastisch!«, heuchelte Vittorio. »Ganz super, Mann. Wunderschöner Laden ist das hier.«

Emmanuele sah ihn melancholisch mit jenem Lächeln an, das Italiener aufzusetzen pflegen, wenn sie sicher sind, dass das Leben gelaufen ist. »Das ist kein schöner Laden, das ist ein hässlicher Laden. Ich habe eine verschwundene Ehefrau und vier Kinder zu versorgen. Ich habe keine Zeit mehr für wackelnde Weiberärsche und aufgeregtes Kichern. Die Leute geben kein Geld aus, ich mache schlechte lauwarme Pizze für Familien, die sich mit Billigkram aus Dosen den Arsch voll saufen und dann Hunger kriegen. Ich habe keinen Kellner mehr, sondern nur noch einen Ausfahrer.« Er machte eine Pause, er breitete sanft die Arme aus. »Und du? Bist du etwa hier, um Krach zu machen? Du hast da eine leichte Beule in deinem Armani.«

»Nur zur Sicherheit«, erklärte Vittorio wegwerfend. »Wir haben eine Liste. Dreiundzwanzig Betriebe aus der Stadt und dem Umland zahlen schlecht bis gar nicht. Das muss sich ändern, Emmanuele, das muss sich sofort ändern.«

Eine Weile herrschte Schweigen.

Emmanuele seufzte. »Ich bin zu alt für diesen Scheiß. Halt mich da raus, ich bitte dich. Und nimm dich in Acht vor einem Russen, er heißt ...«

»Dimitrios, ich weiß«, murmelte Vittorio. »Er hat keine Zukunft.«

Emmanuele starrte in die düsteren Tiefen seines scheußlichen Etablissements. »Er weiß schon, dass du hier bist. Er muss bei euch in Köln gute Verbindungen haben, er hat hier gute Verbindungen, er hat überhaupt gute Verbindungen. Und er ist neu und hungrig. Und er hat eine verdammt gute Zukunft.«

»Wie komme ich an diesen Zahnarzt ran? Welcher Weg ist der beste? Und wie ist dieser Mann? Kann ich ihn kaufen?«

»Wenn Dimitrios weiß, dass du hier bist, weiß auch Guido Troll, dass du hier bist. Und dann ist da noch der Sohn von Dimitrios, Pjotr. Der ist nicht bloß ein Schläger, der ist ein Dreschflegel. Lieber Vittorio, lass es sein, setz dich in dein Auto und fahr nach Hause. Sag deinem Vater Giuseppe einen lieben Gruß und bestell ihm, Lippstadt ist für die Bruderschaft verloren. Vielleicht im nächsten Jahrhundert ...« Emmanuele zitterte am ganzen Leib, sein Gesicht war grau.

Vittorio nahm Anlauf, Vittorio streckte seinen athletischen Körper, wurde ein paar Zentimeter größer, ahnte etwas von der eigenen Wichtigkeit, fühlte sich plötzlich als knallharter Mann und dankte dem lieben Gott herzinniglich für diese Mission. »Hör zu! Wir in Köln haben etwas gegen Weicheier und wir wollen Lippstadt zurück. Du bestellst mir jetzt im besten Hotel am Platz ein Zimmer, ein großes Zimmer, das größte, das du kriegen kannst. Und dann brauche ich einen Termin bei diesem Zahnarzt-Stadtrat. Jetzt. Er soll sich meine Beißerchen ansehen, ich spür da ein Kribbeln am Backenzahn. Und, verdammte Hacke, beeile dich! Und sage seiner Karbolmaus, ich bin Privatpatient und habe keine Zeit.«

»Schon gut, schon gut«, murmelte Emmanuele ergeben. »Ich erledige das. Aber sei vorsichtig. Du musst wissen, in dieser Stadt ist ... na ja, alles läuft bestens, verstehst du. Und so ein jäher Tod in jungen Jahren ...«

»Ich warte im Wagen«, entschied Vittorio.

Wenig später kam Emmanuele hinaus auf die Straße. »Dein Hotel ist gebucht, der Zahnarzt wartet. Ich erkläre dir den Weg.«

Der Zahnarzt Dr. Guido Troll erwies sich als ein reizender, kugeliger, sympathischer Dicker mit einer Halbglatze und einem satten Hang zu gemütlichen, fröhlichen Bemerkungen. »Na, mein Bester«, röhrte er, »dann lassen Sie uns mal den bösen, bösen, hinterhältigen Backenzahn betrachten. Aus Köln, hörte ich? Wunderschöne Stadt, Abglanz des deutschen Mittelalters in Vollendung, Großkommune schon, als Berlin noch ein Dorf war, das niemand kannte. Nehmen Sie Platz, davon haben wir reichlich. So, und nun machen wir mal den Mund auf ... Und, siehe da! Tut das weh?«

»Nein«, nuschelte Vittorio an irgendeinem Instrument vorbei.

Er überlegte hoch konzentriert, wie er mit einer einzigen Bemerkung diesen Zahnklempner dazu bringen könnte, seinen Beruf zu vergessen und seinen Preis zu nennen.

»Annegrete«, sagte Troll gemütlich zu seiner langbeinigen blonden Praxishilfe. »Mach mal eine Aufnahme, Oberkiefer zentral. Also, ich glaube, wir haben da eine faule Frucht in diesem herrlichen Steingarten. Würden Sie, bitte, meiner Gehilfin folgen? Nur schnell röntgen.«

»Na sicher«, nickte Vittorio.

Soll ich zunächst Grüße aus Köln bestellen? Oder vielleicht erwähnen, dass Dimitrios ein Weichei ist? Oder fragen, was denn hier in der Stadt an großen Bauvorhaben ansteht? Oder erwähnen, dass gesagt wird, seine Frau schlafe gelegentlich mit dem Weichei? Das wäre vielleicht ein wenig heftig. Oder erwähnen, dass seine Tochter manchmal mit Pjotr knutscht? Aber das weiß er vermutlich schon.

Vittorio trottete hinter der Blonden her, wurde in ein merkwürdiges Gerät gestellt, in dem sein Kopf mithilfe einer Klammer festgezurrt wurde, wobei sein Kinn fest und unverrückbar auf einem Podest ruhte. Dann murmelte die Blonde desinteressiert: »Moment jetzt!« Dann: »So. Das hätten wir schon! Dann wollen wir mal zurückgehen in die Folterkammer.«

Wie wäre es, wenn ich ihn direkt angehe? Ich könnte formulieren: Zwanzigtausend? Reicht das? Vielleicht springt er auch an, wenn ich andeute, dass ich seine Bestechlichkeit beweisen kann? Nein, nein, das ist nicht so gut. Vielleicht eine Drohung? Vielleicht: Wir nieten Dimitrios um!

»So ist es gut. Und nun den Mund auf«, sagte der Zahnarzt. Dann betrachtete er eingehend die Röntgenaufnahme und sagte mit Trauermiene: »Da muss ich ran, mein Kölner Freund. Sehen Sie hier? Dunkles Feld. Das ist Eiter. Der Schneidezahn muss raus. Aber ich kann sofort einen Ersatz einsetzen, kein Problem. Annegrete, eine Ampulle des Üblichen. Haben Sie verstanden?«

»Ja, ja, machen Sie mal!«, nuschelte Vittorio undeutlich.

»Es pikst jetzt ein bisschen«, sagte der Zahnarzt freundlich.

Es müsste ziemlich einfach sein, ihm glatt und unmissverständlich vor den Latz zu knallen, dass er korrupt ist, bis auf die Knochen korrupt. Oder, halt nein, das muss ich freundlicher formulieren. Er sagte: »Also ich würde gern wissen, Doktor ...«

»Ruhe jetzt, bitte, mein Freund. Annegrete, die Zet zwo! Na, merken Sie schon was? Wird es taub? Alles okay?«

»Es ist taub«, bestätigte Vittorio und schloss die Augen.

»Wie schön!«, murmelte der Zahnarzt. »Annegrete, saug mal da oben ab.«

Es wird ein wunderbares Gefühl sein, nach Köln heimzukommen und vor den Rat der Bruderschaft zu treten. Ich werde sagen: »Ich habe Lippstadt zurückgeholt, Brüder. Ich habe es überrollt.« Was sage ich jetzt? Ich will, dass er meine Macht begreift, dass er versteht, wer ich bin.

»Hören Sie«, sagte der Zahnarzt, nachdem er in Vittorios Schädel zuerst eine dumpfe, schmerzlose Explosion erzeugt, dann einen scharfen Druck auf den Oberkiefer ausgeübt hatte. »Sie gehen jetzt in Ihr Hotel, Sie halten den Mund bitte geschlossen. Etwa eine Stunde. Nichts essen, nichts trinken, vor allem nicht rauchen. Und wenn die Schmerzen kommen, nehmen Sie eine dieser Tabletten hier. Dann ist das bald alles okay. Verstanden?«

Vittorio stand auf, ließ sich von der Blonden in das Jackett helfen und lispelte bei fast geschlossenen Lippen im Zentimeterabstand dicht vor dem freundlichen Altherrengesicht: »Ich biete Ihnen für die erste umfassende Unterhaltung dreißigtausend in bar. Ohne Quittung.«

Der Zahnarzt sah ihn erstaunt mit großen blauen Kugelaugen an. Dann nickte er und äußerte mit der Sachlichkeit eines Wissenschaftlers: »Das hat man manchmal, dass die lokale Betäubung so etwas wie fantasievolle Blitze im Hirn freisetzt. Das vergeht. Es hat mich gefreut, mein Freund. Und grüßen Sie Köln!«

»Wir sehen uns!«, nuschelte Vittorio.

Vielleicht war es ja so, dass die blonde Annegrete keine Ahnung hatte, dass der Zahnarzt sich schützen musste, dass er später zu ihm ins Hotel kommen würde, um gierig zu sagen: Vierzigtausend sind mein Preis! Immerhin, jetzt war das Spiel eröffnet, jetzt konnte man zügig weitermachen.

Er verließ das Haus, setzte sich in den Ferrari und fuhr direkt zum Rathausplatz. Er betrat das Hotel, er trug sich ein, er nickte freundlich, sprach kaum ein Wort und fand sich endlich in der beschützenden Einsamkeit eines sehr großen, luxuriösen Raumes wieder. Er hatte jetzt sanfte Schmerzen und nahm mit spitzem Mund und viel Wasser eine der Tabletten. Dann legte er sich auf das Bett, starrte an die Decke und spürte mit Wohlbehagen, wie der Schmerz verging.

Dann rief er seinen Vater in Köln an und schnurrte siegesgewiss: »Also, Emmanuele ist ein Schlaffei. Der Zahnarzt weiß, weshalb ich gekommen bin. Er wirkt irgendwie total korrupt. Ich melde mich, sobald ich weitergekommen bin. Aber das kriege ich schon alles auf die Reihe.«

»Gottes Segen!«, erwiderte Giuseppe fromm.

Das Telefon auf dem Tischchen neben dem Bett klingelte und er meldete sich müde mit einem: »Eh?«

»Dimitrios hier«, sagte Dimitrios. »Kann ich raufkommen? Hast du ein paar Minuten Zeit?« Er sprach ein hartes Deutsch.

»Aber ja«, erwiderte Vittorio gelangweilt. »Komm nur.« Er nahm die Parabellum von der Stuhllehne und legte sie unter das Kopfkissen. Dann lehnte er sich zurück, und als es klopfte, sagte er laut: »Die Tür ist auf.«

Dimitrios war ein mächtiger Mann mit einer leichten Wampe. Er trug einen beigefarbenen Anzug mit einem offenen weißen Hemd und hatte einen schwarzen Hut auf dem Kopf, was ihm das Aussehen eines freundlichen Gelehrten gab. Sein Gesicht wirkte ein wenig breit und er hatte sich ein paar Tage lang nicht rasiert.

»Guten Tag«, sagte er und setzte sich auf den Stuhl, der vor einem kleinen Schreibtisch stand. »Ich wollte dich kennenlernen und dir sagen, dass es keinen Sinn macht, hier den dicken Maxe zu spielen. Fahr zurück nach Köln und sage deinem Papi, dass Lippstadt meine Stadt ist. Dein Papi kriegt Lippstadt nicht, so einfach ist das.«

Vittorio überlegte das und erwiderte: »Entschuldige, dass ich nicht aufstehe, aber ich war eben bei deinem Freund, dem Zahnarzt. Er hat mich verarztet, ich bin etwas entkräftet. Jetzt zu Lippstadt. Diese Stadt war immer unsere Stadt und wir lassen nicht zu, dass so ein Schlaffei wie du irgendetwas daran ändert. Die Bruderschaft bestellt dir Grüße und lässt dir sagen, du sollst deinen Arsch möglichst schnell und für immer aus der Stadt tragen.«

Dimitrios lächelte fein. »Zuerst werden wir deinen Arsch mal anbraten, Bruder. Du hast dreißigtausend für eine Unterhaltung angeboten? Bist du verrückt? Was sollen diese Trinkgelder? Du verdirbst die Preise, Kleiner. Und du hast keine Ahnung von Lippstadt.«

»Geh zu deiner Zahnarzthure, verkriech dich unter ihrem Bett. Sag deinem Freund, dem Zahnarzt-Stadtrat, ich werde ihn zuerst auffliegen lassen, dann werde ich deinen Sohn in deinem fürchterlichen Kebab ersticken und dann wird Lippstadt mir gehören.« Vittorio fühlte sich richtig gut.

Dimitrios nickte nachdenklich. »Man hat mir schon gesagt, dass du ein Arschloch bist. Allerdings hat man mir verschwiegen, dass du das größte Arschloch zwischen Lippstadt und Köln bist.« Er stand auf, er bewegte sich schnell, fast elegant, er sagte über die Schulter zurück: »Wir sehen uns bei deiner Einäscherung.« Dann klackte die Tür.

»Klare Kampfansage!«, murmelte Vittorio in die Stille des Zimmers. »Das war es, was ich wollte. Ich werde denen beibringen, was es heißt, mich zu beleidigen. Lippstadt gehört mir.« Er erhob sich von dem Bett, er tastete mit der Zunge nach dem Ersatzzahn, fand ihn etwas zu groß geraten und kleidete sich dann aus, um zu duschen.

Der Schock kam, als er vor dem Spiegel im Badezimmer stand und die Zähne bleckte.

»Das ist kein Zahn!«, schrie er wild. »Das ist ein Hauer. Ich sehe aus wie Bugs Bunny! Das ist … das ist … mein Gott!«

Der Zahn, den ihm das Mitglied des Stadtrates von Lippstadt Guido Troll eingesetzt hatte, war deutlich breiter und vor allem länger als der, der ihm gezogen worden war. Viel länger. Und er war strahlend weiß, nicht leicht perlmuttfarben, wie all die anderen prachtvollen Zähne in seinem makellosen Gebiss.

»Ich kann nicht mehr reden!«, schrie er. »Ich kann nicht mehr lachen! Ich habe Schrott im Maul. Ich werde ihn verklagen, ich werde ihn so verklagen, dass er von der Sozialhilfe leben muss!« Er griff nach einer schönen blauen Bodenvase und zerdepperte sie in wilder Erregung auf dem Fernseher, der von seinem Ständer stürzte und zu Bruch ging.

In der Totenstille danach klopfte jemand vorsichtig an die Tür und eine zaghafte Frauenstimme fragte: »Ist alles in Ordnung?«

»Ja, verdammt noch mal!«, schrie Vittorio mit überschnappender Stimme. Dann griff er zum Handy und rief Emmanuele an. Ohne Übergang schrie er: »Dein Lippstadt kann mich mal! Und diesen Zahnarzt bringe ich hinter Gitter! Und jetzt muss ich wissen, wo denn abends dieser Pjotr, der Sohn von dem Weichei, hingeht? Und ich muss wissen, ob diese Schnalle vom Zahnarzt, diese … wie heißt sie noch?«

»Wenn du mit Schnalle die Tochter meinst, die heißt Tiffany«, hauchte Emmanuele.

»Ob diese Tiffany auch irgendwo zu finden ist?«, schrie Vittorio.

»Wie soll ich das wissen?«, fragte Emmanuele sanft. »Das ist nicht gerade meine Altersklasse.«

»Finde es raus!«, brüllte Vittorio. »Und ruf mich auf dem Handy an.« Er war ganz außer sich. Er stellte sich erneut im Bad vor den Spiegel und redete mit sich selbst. Der Hauer erstrahlte wie das Zeichen des Bösen, wie der bereite Fangzahn des Dracula. Dann verzog er breit den Mund, als schütte er sich aus vor Lachen. Daraus wurde ein hemmungsloses Schluchzen.

Irgendwann beruhigte er sich, irgendwann zitterten seine Hände nicht mehr, irgendwann rief er im Empfang an und bat höflich und zurückhaltend um eine Kleinigkeit zu essen. Dann erwähnte er ganz nebenbei, dass durch einen dummen Zufall die Bodenvase und der Fernseher zerstört worden seien. Und selbstverständlich bezahle er das alles. Bar auf die Hand, versteht sich am Rande.

Dann meldete sich Emmanuele. Er sagte knapp: »Abends sind die beiden in einem Jugendschuppen, der *Crash* heißt. Aber ich warne dich, das *Crash* gehört Dimitrios.«

»Das Weichei!«, erwiderte Vittorio voll Verachtung. »Wo ist das?«

»Na ja, wenn du vom Hotel aus schräg gegenüber in die Gasse gehst, dann ist es zweihundert Meter weiter auf der linken Seite. Und noch etwas, Vittorio, dein Vater hat angerufen und fragt an, ob es nicht besser wäre, wenn du dich etwas zurückhältst. Er sagt, er kann notfalls Lampedusa schicken.«

»Lampedusa? Den mit der Maschinenpistole?«, fragte Vittorio schrill. »Oh nein, das mit Lippstadt regele ich auf meine Weise.«

Er kramte den schneeweißen Armani aus dem Koffer und machte sich zurecht. Der Abend war herangekommen, laue Lüftchen wehten, in Westfalen hing ein großer, runder, gutmütiger Mond an einem blauen Sommerhimmel.

Er konnte seinen roten Ferrari nicht von der Stelle bewegen. In einem unbegreiflichen Anfall von Vandalismus hatten irgendwelche unbekannten Jugendlichen alle vier Reifen abgestochen. Und unter dem Wischerblatt steckte ein Zettel mit dem Hinweis: »Der direkte Weg nach Köln führt über die Autobahnen 44 und 1. Gute Reise!«

Vittorio überlegte sekundenlang, ob er nicht doch Lampedusa anfordern sollte. Dann aber siegte sein abgrundtiefer Hass auf den Zahnarzt, auf Dimitrios, auf die Kinder der beiden, auf Lippstadt. Er sagte sich verbissen, dass er alt genug sei, das alles durchzustehen und selbstverständlich zum guten Ende hin zu siegen und die Herrschaft über diese blöde Stadt anzutreten.

Er ging zu Fuß, eine einsame, leuchtend weiße Gestalt. Seine eleganten nachtblauen Sommerschuhchen klickten unternehmungslustig auf dem Pflaster, als er sich geschmeidig durch die unendlich vielen, heiter plaudernden Besuchergruppen bewegte, die vollkommen erfüllt waren vom Anblick beinahe unerträglich romantisch wirkender Bürgerhäuser aus einer ach so weit zurückliegenden, wunderschönen Zeit.

Das *Crash* lag im Hinterhaus einer schmalen Häuserzeile und war ursprünglich eine große Werkstatt gewesen. Jetzt war es eine Disco, angefüllt mit Licht in allen Farben, voll besetzt mit riesigen Topfpflanzen, die angenehme Nischen schufen, in denen man allein sein konnte, ohne eine Note der ohrenbetäubend hämmernden Musik zu verpassen.

Vittorio drückte dem schmächtigen Kerlchen am Eingang einen Fünfzig-Euro-Schein in die Hand und murmelte: »Ich möchte so sitzen, dass ich alle und alles gut sehen kann.«

»Oh, das geht okay!«, strahlte der Türsteher. »Am besten ist es an der Bar.« Dann marschierte er stracks vor Vittorio her, grüßte überschwänglich nach rechts und nach links und erreichte eine Bar, auf deren Hockern niemand saß. »Wo Sie möchten!«, strahlte er.

Das *Crash* war mäßig besucht, wahrscheinlich war es noch zu früh. Vittorio überlegte angestrengt, ob irgendeine seiner Versicherungen für den Schaden am Ferrari aufkommen würde. Zunächst aber, Ferrari hin, Ferrari her, musste er seine Position klarstellen. Niemand, wirklich niemand sollte auf die Idee kommen, er werde mit eingekniffenem Schwanz das Weite suchen. Vittorio kneift nicht, Vittorio kneift nie!

Hinter der Bar agierte eine langmähnige bildhübsche Blondine, die ihn freundlich ansah und dann, ihm zugewandt, hell und strahlend sagte: »Guten Abend, Zahn! Wie geht es Ihnen? Was darf ich Ihnen servieren?«

Hör nicht zu, dachte Vittorio verkrampft, hör einfach nicht hin. Er zeigte seinen Zahn nicht, er murmelte durch die schmalen Lippen: »Eine Flasche Schampus, wenn es die hier überhaupt gibt.«

»Oh, es gibt sie, Herr Zahn«, sagte die Blonde strahlend. Dann rief sie: »Pjotr! Haben wir den Moët et Chandon auf Eis?«

»Haben wir, Schätzchen«, sagte jemand dicht hinter Vittorio. »Guten Abend, Herr Zahn. Nett, dass Sie vorbeischauen.«

Vittorio drehte sich nicht herum, Vittorio murmelte: »Ich frage mich, was du sagst, wenn ich dir die Fresse poliere.«

»Sei so höflich und dreh dich herum«, sagte der, der Pjotr hieß.

Vittorio drehte sich auf seinem Barhocker.

Pjotr war gute zwanzig bis dreißig Zentimeter größer als er und hatte seine Haare weißblond färben lassen. Er trug ein hellgraues Jackett über einem schwarzen T-Shirt und sein Gesicht strahlte ebenso freundlich wie der Mond über Westfalen. Es war ein gutmütiges Gesicht. »Hinter der Bar steht meine Frau, Herr Zahn. Sie heißt Tiffany. Und mich wundert, dass Sie noch hier in Lippstadt sind.«

»Hallo!«, sagte Tiffany hell wie ein Glöckchen.

»So ein Scheiß!«, murmelte Vittorio und dachte daran, dass Lampedusa ihm in diesem Moment gut tun würde. »Glaubt ihr vielleicht, ihr könnt mir imponieren?«

»Wir wollen Ihnen gar nicht imponieren«, murmelte Pjotr freundlich. »Wir wünschen uns nur, dass Sie verschwinden. Und wenn Sie eine Werkstatt für den Ferrari brauchen, kann ich das arrangieren. Brauchen Sie eine?«

»Brauche ich nicht«, sagte Vittorio. »Meine Leute erledigen das später. Wie lange brauchen du und dein Vater, um dieses Drecknest zu verlassen?«

»Dieses Drecknest heißt Lippstadt. Ich bin hier zu Hause. Und wenn ich die Hand hebe, liegst du auf der Schnauze.« Pjotr lächelte unerträglich.

»Das will ich sehen«, forderte Vittorio wild.

»Warum nicht?«, sagte Pjotr zufrieden und hob die Hand. Jemand, den Vittorio nicht sehen konnte, zog mit aller Gewalt an dem Strick, den sie um den Barhocker geschlungen hatten. Vittorio schien eine Sekunde in der Luft zu schweben, dann knallte er mit aller Gewalt auf die Dielenbretter vor der Bar. Es tat weh.

»Hör zu, Zahn«, sagte Pjotr gemütlich. »Ich bin der Meinung, du hast deine Freizeit hier genügend ausgekostet. Du musst jetzt heimfahren zu deinem Papi und ihm erklären, dass du ein Arsch bist. Und ich möchte, dass du aufstehst und hier hinausmarschierst, deine Klamotten packst und dir ein Taxi nach Köln mietest. Den Ferrari schicken wir dir nach. Kostenfrei. Wir sind eine gastliche Stadt.«

Vittorio wollte aufstehen, Vittorio sagte durch seinen dumpfen Kopfschmerz: »Du und deine blöde Schnalle! Ihr könnt mich mal! Ich werde euch zeigen, wem diese Stadt gehört!« Seine Beine gehorchten ihm nicht, nichts gehorchte ihm. Er zog sich an einem Barhocker hoch und stand mühsam schwankend vornübergebeugt da.

»Geh heim!«, murmelte Pjotr gutmütig.

»Hah!«, sagte Vittorio. »Niemals!«

Pjotr schlug ihm leicht von unten unter das Kinn, packte ihn dann an den Schultern und drehte ihn zum Eingang. Dann trat er ihm leichtfüßig mit aller Gewalt in den Hintern. Vittorio schoss nach vorn und landete dann auf beiden Knien. Dieser Vorgang wiederholte sich bis zur Eingangstür des *Crash* sieben Mal. Dann erschienen aus dem Nichts zwei kräftige Jugendliche und schleppten Vittorio durch die Gasse zurück in sein Quartier. Das Letzte, an das er sich erinnerte, war die Eingangshalle des Hotels, dann verlor er das Bewusstsein.

Als er auf seinem Bett liegend aufwachte, starrte er in das Gesicht seines Vaters Giuseppe, der tränenüberströmt schluchzte: »Mein Junge! Endlich! Jetzt geht es nach Hause zur Mamma. Ich habe der Bruderschaft schon gesagt, dass du dich heldenhaft geschlagen hast.«

»Heldenhaft?«, krächzte Vittorio eine Oktave höher.

»Na ja«, murmelte sein Vater verlegen. »Dir fehlt da vorne ein Zahn, ein Schneidezahn. Das waren sicher die Brutalos. Und du hast eine kräftige Hodenquetschung mit erheblichen Gefäßrissen. Das sagte mir der Arzt. Aber das kriegen wir alles wieder hin. Furchtbare Ausländer!«

So kam es, dass bis heute nicht geklärt werden konnte, wem Lippstadt nun letztendlich gehört.

Brunkowski

Es machte überhaupt keinen Sinn, so zu tun, als sei alles in Ordnung. Die Verwaltung hatte ihm eindeutig und schriftlich mitgeteilt, er solle seine Nebenjobs gefälligst nicht allzu weit und auf Kosten seines Berufes ausdehnen, und seine Frau hatte ihm abends bei einem Leberwurstbrot und einem Bier mitgeteilt, sie werde sich scheiden lassen, sie habe die Schnauze voll – und er sei ein lausiger Ehemann, und sie habe das Dasein mit ihm ohnehin zu viele Jahre ausgehalten, und im übrigen habe auch ihre Tochter geäußert, dieser Vater sei kein Vater, dieser Vater sei einfach unmöglich.

Er hatte lapidar geantwortet, er sei von Herzen froh, dass sie überhaupt ein Wort an ihn richte. Dann war er gegangen und zu Fuß bis zum Polizeipräsidium marschiert. Er hatte sich unterwegs vorgestellt, wie das werden würde, allein zu leben. Aber er hatte keine Antworten. Alleinleben kannte er gut von gewissen Straftätern, mit denen er häufig zu tun hatte. Alleinleben hatte ihn immer wieder geschockt, weil es mit maßlosen Batterien an leeren Flaschen zu tun hatte, an Betten, die seit zwei Jahren nicht neu bezogen worden waren, an Sofas, die vor Dreck starrten, an die seit einem Jahr nicht mehr geöffnete Post, an gebrauchte Kondome im Spülbecken in der Küchenecke.

Im dritten Stock begegnete ihm Matthias und war erstaunt. »Wieso bist du hier, Brunkowski? Du solltest zu Hause sein und schlafen.«

»Ich weiß nicht, was ich hier soll«, antwortete er wahrheitsgemäß. »Aber zu Hause ist die Luft nicht sauber.« Mit Matthias konnte er so reden, Matthias wusste, wie das Leben geht, Matthias war ein angenehmer Vorgesetzter, einer, der niemals brüllte.

»Ich habe was für dich«, sagte Matthias. Dann hockte Brunkowski auf diesem elendig harten Stuhl vor Matthias Schreibtisch. »Also, wir haben da eine Sache in Chorweiler. Nichts Besonderes, nicht besonders schlimm. Zwei Jugendliche haben heute Morgen einen alten Mann in seiner Wohnung ausgenommen, achte Etage. Nicht einmal hundert Euro. Sie haben geklingelt, ihn angegriffen und mit Messern getötet. Wir haben die zwei schon hier, sie sind geständig, sie machen keine Schwierigkeiten. Genau gegenüber von dem alten Mann ist eine Wohnung, in der ein Siebzehnjähriger lebt, allein, wie er behauptet. Der muss etwas davon mitbekommen haben. Und du kannst es doch so gut mit Jugendlichen. Also, mach mir den Jungen zu einem guten Zeugen, irgendetwas ganz Sanftes, wenn du weißt, was ich meine. Er heißt Kevin Medock, er ist ein ganz Lieber, und er sieht ständig so aus, als würde er gleich heulen. Machst du das für mich?«

»Aber sicher«, murmelte Brunkowski.

»Weil du doch so gut mit Kindern kannst«, setzte Matthias hinzu und hatte dieses gütige Lächeln drauf.

Es war kein Dienstfahrzeug frei. Brunkowski ging deshalb rüber zu den Taxen, überlegte es sich aber und nahm dann die Straßenbahn. Zuweilen fand er es nötig, der Stadt ins Gesicht zu sehen, das konnte man nur in der Straßenbahn. Er setzte sich ganz weit nach hinten und betrachtete die Hinterköpfe der Leute und versuchte zu erraten, welche Berufe sie hatten. Dann meldete sich sein Handy, seine Tochter.

»Es ist klar, Papa, dass wir uns in vierzehn Tagen verloben. Jedenfalls hat Tobi gesagt, wir sollen eine Party schmeißen und einfach gut rüberkommen.«

»Aha«, sagte Brunkowski. »Und wer ist Tobi?«

»Du weißt doch! Tobi! Also der, mit dem ich zusammen bin.«

»Ja, gut«, lenkte Brunkowski ein. »Also Tobi. Was heißt das jetzt?«

»Dass ich eine Klamotte brauche. Ich muss ja ein bisschen was für die Show machen. Da habe ich auf der Hohen Straße was gesehen, das könnte hinhauen. Es sieht aus wie Jeansstoff, aber eigentlich ist es keiner. Und es hat Hosenträger mit roten Pailletten.«

»Was heißt das jetzt?«, fragte Brunkowski.

»Dass ich mir das holen will.«

»Dann sag deiner Mutter, sie soll dir das Geld dafür geben.«

»Du bist ein Schatz«, sagte sie.

»Das bin ich nicht«, sagte Brunkowski matt. »Das möchte ich gar nicht sein.«

In dem Haus, in dem dieser Kevin wohnte, war der Lift kaputt, und er begann mit dem endlosen Aufstieg und legte ab und zu eine Pause ein. Irgendwo über ihm johlten Halbwüchsige, es dröhnte wie in einer Trommel.

Als er angekommen war, sah er zuerst auf das Namensschild des alten Mannes, den sie getötet hatten. Er hatte Franz Weber geheißen. Die Tür stand leicht geöffnet, er ging hinein und sah in einem Wohnraum die Techniker der Kripo arbeiten. Jemand entdeckte ihn und sagte: »Hallo, Brunkowski. Auch dabei?«

»Na ja«, antwortete er vage. »Wie weit seid ihr?«

»Ziemliche Schweinerei«, gab jemand Auskunft, den er nicht sehen konnte. »Es gibt überhaupt keine Stelle, wo kein Blut ist. Die haben den Alten richtig gehäckselt.«

»Ich bin mal gegenüber«, murmelte Brunkowski.

Er drückte auf die Klingel und hörte, wie sich jemand der Tür näherte.

»Brunkowski, Kripo«, sagte er zu der geschlossenen Tür.

Sie ging langsam auf und jemand mit einer erstaunlich tiefen Stimme sagte: »Kommen Sie herein.«

Brunkowski machte ein paar Schritte und fragte: »Kevin? Bist du Kevin?«

»Ja«, nickte der Junge.

»Kann ich dich sprechen? Sind deine Eltern da?«

»Die sind nicht da. Ich lebe allein«, sagte der Junge. »Das Wohnzimmer ist geradeaus.«

Brunkowski war verblüfft über seine Sanftheit, die etwas Stählernes hatte, jeden Widerspruch unmöglich machte.

Das Wohnzimmer war aufgeräumt, sehr sauber, sehr hell, mit einfachen, aber hübschen Möbeln aus massivem Kiefernholz. Die Teppiche waren neu, sehr farbig, Brunkowski schätzte, dass man sie skandinavisch nannte – oder finnisch oder norwegisch. Eine Sitzecke, quadratische Polster in weinrot, ein kleiner Couchtisch mit einer Acrylplatte.

»Dann wollen wir mal«, sagte Brunkowski und legte seinen Notizblock auf den Tisch.

»Was wollen wir mal?«, fragte der Junge von irgendwoher. Dann kam er hinein und stellte zwei Gläser und zwei kleine Flaschen Wasser auf den Tisch.

»Na ja«, murmelte Brunkowski. »Reden, meine ich. Über die eklige Geschichte da drüben beim alten Franz Weber.«

Der Junge öffnete die Flaschen und goss ein. Dann setzte er sich auf einen Sessel. Er wirkte ganz ruhig, nicht im Geringsten aufgeregt. Er hatte ein sehr weiches Gesicht unter dunklen, halblangen Haaren. Er trug ein einfaches schwarzes T-Shirt zu blauen Jeans und weißen Laufschuhen, ein Allerweltsjunge.

»Ich muss mich wohl entschuldigen, dass ich dich duze«, sagte Brunkowski mit einem schnellen Lächeln.

»Das macht nichts«, erwiderte der Junge freundlich. »Ist schon in Ordnung.«

»Du kannst ganz offen sein«, sagte Brunkowski. »Wir haben die zwei Täter schon, und gestanden haben sie auch. Was hast du denn mitgekriegt von der Sache?«

»Nicht alles«, sagte er. Es klang wie ein abschließendes Statement.

»Und du kanntest den Weber?«

»Ja, sicher. Wie man sich so kennt auf dem gleichen Stock, Tür an Tür.«

»Wie kommt es denn, dass du hier allein lebst? Ich meine, hast du keine Eltern? Und wer sorgt für dich?«

Der Junge hatte sehr lange, elegante Hände, die seine Seele verrieten. Mal lagen sie still, mal sprachen sie miteinander, mal trennten sie sich und zuckten nervös, um dann starr und steif auf den Oberschenkeln zu liegen.

»Also, meine Eltern haben sich getrennt. Vor zwei Jahren. Mein Vater lebt in Düsseldorf, meine Mutter hat einen Neuen und ist in Nippes irgendwo. Ich wollte den Neuen nicht, und auch nicht die Freundin von meinem Vater. Und da habe ich gesagt, dass ich hier bleibe. Die Miete ist billig, meine Eltern zahlen zwei Drittel, den Rest bezahle ich.«

»Und was arbeitest du?« Brunkowski hatte es längst aufgegeben, sich zu wundern, es gab merkwürdige Lebensläufe in dieser modernen Welt, bei diesen so modernen jungen Leuten.

»Ich hab zusammen mit einem Kumpel einen Kiosk, unten am Rondell. Läuft ganz gut.«

»Keine Schule mehr?«

»Die Schulen hier sind Scheiße, auch wenn es immer heißt, sie tun, was sie können.«

»Also, ein freier Unternehmer?«

»Das ging ja nicht. Ich bin nicht geschäftsfähig, der Kiosk läuft auf meine Mutter.«

»Und wie oft siehst du die?«

»Eher selten, manchmal einmal im Monat, manchmal gar nicht, wenn sie rumzieht mit ihren Kerlen. Und dann weiß ich auch nicht, wo sie ist, und es hat keinen Zweck, nach ihr zu suchen. Manchmal rufen die Bullen an, weil meine Mutter irgendwo Scheiße gebaut hat und ausgelöst werden muss. Vierzig Bier und sechzig Korn, und so.«

»Und das machst du dann?«

»Ja, klar.«

»Warum ruft sie dann deinen Vater nicht?«

»Weil der sich weigert, sie überhaupt zu kennen.« Feststellung einer Tatsache.

»Und was macht dein Vater beruflich?«

»Der ist in der Werbung. Oder vielleicht nicht mehr, weiß ich nicht.«

»Also, Kevin, wann hast du deinen Vater zum letzten Mal gesehen?«

»Das ist mehr als ein Jahr her. Aber ich denke, Sie sind hier wegen Weber.«

»Bin ich auch. Ich weiß nur gern, mit wem ich rede, und deshalb frage ich nach allen diesen Dingen.«

»Ach so, ja klar. Sie kriechen in die Leute rein.«

»Richtig, ich krieche in die Leute rein. Sag mal, kann ich mal zur Toilette?«

»Ja, klar. Draußen, zweite Tür rechts.«

Brunkowski ging in die zweite Tür nach rechts. Die Toilette war sehr sauber. Er wartete eine Weile, ließ dann die Spülung rauschen, kam zurück in den kleinen Flur, öffnete die Tür zur Küche, dann die zu einem Schlafzimmer. Brunkowski glaubte es nicht: Alle Räume waren sauber, aufgeräumt, nichts stand herum, es herrschte eine beinahe sterile Reinheit. Er ging zurück in den Wohnraum und setzte sich wieder. Er sagte: »Entschuldigung, ich habe die

Türen verwechselt.« Er setzte sich wieder. »Wer macht hier eigentlich sauber?«

»Ich«, sagte der Junge. »Aber einmal in der Woche habe ich eine Putzfrau fürs Grobe.«

»Und du hast hier keine Freundin, oder so?«

»Freundinnen machen Ärger«, sagte er, und seine Hände verrieten Aufregung, tasteten nacheinander.

»Und die Jungens?«

»Wenn du merkst, dass sie alle auf einen Kasten Bier aus sind und auf Zigaretten für lau, dann lässt du das sein. Du kannst dich nicht mit diesen Schnapsdrosseln abgeben, das macht dich fertig. Und jeder sagt dir, du sollst ihm mal auf die Schnelle einen braunen Lappen leihen. Bis morgen nur, bis morgen.«

Er war niemals ein Kind, dachte Brunkowski verkrampft, er hat das alles versäumt. Die gottverdammten Erwachsenen haben ihn hier zurückgelassen. Dann spürte er, dass er sehr wütend wurde.

»Also gut, reden wir mal über den Weber. Willst du erzählen, oder soll ich fragen?«

»Fragen ist einfacher, glaube ich.«

»Wie lange kennst du ihn schon?«

»Solange ich zurückdenken kann. Er war immer da. Anfangs hatte er eine Frau, aber die starb dann, oder ging weg, oder was weiß ich.« Seine Hände waren ganz ruhig.

»Also, seit ewig«, bemerkte Brunkowski großzügig und machte eine kurze Notiz. »Wie war er denn so?«

»Was soll ich sagen. Ein alter Mann eben.«

»Ich meine, war er freundlich oder eklig oder geizig oder mufflig oder nur mies?«, erklärte Brunkowski.

»Also ... eher mies«, sagte der Junge und seine Hände spielten miteinander.

»Und wie äußerte sich das?«

»Na ja, mal kannte er mich, mal nicht. Meistens nicht, meistens ging er an mir vorbei und sagte kein Wort, nicht mal Guten Tag oder so was. Obwohl ich gar keinen Wert darauf legte.«

»Also kein erfreulicher Zeitgenosse?«

»Nein, das wohl nicht.«

»Wie lief das nun heute ab? Also, da kamen die beiden zu Weber rein, und du hast das beobachtet. Im Treppenhaus? Zufällig oder gezielt? Hast du irgendetwas geahnt? Kanntest du die beiden?«

»Na sicher, ich habe schließlich den Kiosk hier. Ich kenne die seit Jahren. Seit sie jeden Tag Alkohol wollen, kenne ich sie, und manchmal haben sie mich gefragt, ob ich auch Happypills habe oder einen guten Stoff zum Rauchen. Und die meinten, das wäre witzig.«

»Also gut«, sagte Brunkowski, der es besonders gut mit Jugendlichen konnte. »Du hast also irgendwie gemerkt, dass sie beim alten Weber schellten, den Lift benutzten, und er ihnen öffnete.«

»Klar! Weber hat zu mir gesagt: Wer kann denn da schellen? Ich will doch keinen Fremden sehen.«

Es war die Sekunde in einem gemütlichen Verhör, die Brunkowski den Atem nahm. Es war die Sekunde, die alles auf den Kopf stellte, unerwartet kam, im Raum zitterte und nicht wieder versank. Brunkowski durfte jetzt nicht erstaunt sein, schon gar nicht verblüfft, und erst recht nicht überrascht. Das ganz normale Leben musste weiterlaufen, als ob nichts geschehen wäre, gleichförmig, langweilig fast.

»Gut, du warst also drüben bei Weber, es schellte, und er sagte: Wer kann denn das sein? Und dann? Was passierte dann?«

»Er ging zur Tür, ganz normal. Und dann standen sie vor ihm und sagten: Wir wollen deine Mäuse, Mann!« Seine Hände strebten zueinander, lösten sich, flatterten hin und her und fanden sich wieder.

»Hatten sie da schon die Messer in der Hand?«, fragte Brunkowski.

»Ja, klar, aber das heißt ja nichts. Die spielen dauernd mit dem Messer rum, von morgens bis abends. Jedenfalls sagte ich: Lasst das sein, das ist doch Scheiße!«

»Und die sagten garantiert: Halt dich raus, du Arsch!«, sagte Brunkowski.

»Genau!«, sagte der Junge. »Aber die gingen sofort auf den Alten los. Und schneller, als man gucken konnte, hatte der zwei, drei Stiche weg und blutete im Gesicht wie ein Schwein. Der kapierte sofort, dass er keine Schnitte kriegen würde, und er nahm seine Geldbörse aus der Hose und reichte sie ihnen. Sie nahmen sie. Das war eigentlich alles.«

»Heißt das, sie gingen raus aus der Wohnung?«

»Ja«, nickte der Junge merkwürdig tonlos. »Sie gingen raus.«

Brunkowski nickte und wartete. Als nichts mehr kam, murmelte er: »Aber sie kamen wieder, sie müssen ja wiedergekommen sein.«

Der Junge sah ihn an, ganz ruhig, ganz gelassen, und seine Hände bewegten sich nicht. Er griff nach dem Glas mit dem Wasser und trank einen Schluck. Dann sah er wieder Brunkowski an, und Brunkowski wusste absolut nicht, was er sagen oder fragen sollte. Die Geschichte stand jetzt auf dem Kopf, sie machte keinen Sinn, und Brunkowski griff auf den einzigen Trick zurück, der ihm jetzt helfen konnte. Es war eine Frage, die man jedem Täter stellte, die unausweichlich eigentlich dokumentierte, dass Brunkowski keine Ahnung hatte, die aber todsicher das Rennen offen hielt, und die wahrscheinlich weiterführen würde.

Brunkowski fragte: »Seit wann lief das so?«

Der Junge war Brunkowski für die Frage dankbar, er beugte sich weit vor und flüsterte: »Seit ich vierzehn Jahre alt wurde. So lange lief das.«

Langsam!, befahl sich Brunkowski, überstürze nichts, mach es gemütlich, mach es so, dass er es leicht hat.

»Okay. Du stehst also irgendwo in Webers Wohnung. Wo steht er?«

»Er steht in der Küche vor dem Herd und blutet wie ein Schwein. Und ich stehe in der Tür zur Küche und sage: Nie mehr, du dreckiger alter Mann, nie wieder!«

Sag jetzt nichts!, befahl sich Brunkowski. Er macht den nächsten Schritt ganz allein. Er griff nach seinem Wasserglas und trank einen Schluck, er bewegte sich kaum, er atmete nicht einmal laut, er war nur da, ganz geduldig und freundlich.

»Ja«, sagte der Junge. »Dann kamen ja die Bullen, und ich habe einem Mann mit ganz dünnem Haar gesagt, dass ich gerne mit ihm sprechen würde. Aber dann sagte dieser Mann, dass er im Moment keine Zeit hätte, und er würde mir jemanden schicken. Und dann kamen Sie!«

Er hatte Matthias seine Geschichte liefern wollen, er wollte gestehen, er wollte aussagen, er wollte sich selbst in Sicherheit reden. Er ist bisher von Erwachsenen noch nie gut behandelt worden, sie haben immer auf ihm herumgetrampelt, ihn nicht ernst genommen. Und er wollte richtig ernst genommen werden. Er dachte, ich komme, um sein Geständnis zu hören. Lieber Gott, lass mich jetzt keinen Fehler machen!

Brunkowski sagte: »Also, mein Junge, wann fing das alles an?«

»Da war ich vierzehn«, sagte der Junge. »Er hat mich beim ersten Mal bezahlt. Ich habe es ihm in der Küche gemacht. Später im Wohnzimmer. Meistens abends. Und er sagte: Wenn ich nicht weitermache, dann redet er mit meinen Eltern und mit den Leuten, die immer am Kiosk saufen.«

Brunkowski wusste nicht weiter, Brunkowski war ratlos, Brunkowski wollte ihn nicht zurückstürzen in diese widerliche Geschichte, in diese jahrelange Quälerei. Brunkowski wollte es kurz machen, Brunkowski flehte seinen lieben Gott an, nicht in Einzelheiten gehen zu müssen.

»Also, er steht da in der Küche und blutet wie ein Schwein. Und du sagst: Nie wieder, du dreckiger alter Mann. Und irgendwo war ein Messer, und du nimmst dieses Messer, und du bist völlig verrückt, und du stichst auf ihn ein und du hasst ihn und wahrscheinlich weißt du gar nicht, was mit dir passiert. Und er steht einfach da und blutet wie ein Schwein. Und du hast es getan und anschließend die Bullen gerufen. War es so?«

»So war es«, nickte der Junge und weinte dann vollkommen lautlos.

»Entschuldige«, sagte Brunkowski. ,«Ich muss mal eben telefonieren.« Er rief Matthias an, er sagte: »Du musst ein wenig umdenken, ich komme gleich mit dem Kevin rein. Bis später!« Er sagte: »Weißt du, wir sollten jetzt am besten ins Präsidium fahren. Du kannst dir ein paar Sachen einpacken. Lass dir Zeit, wir haben es nicht eilig.«

»Ja«, nickte der Junge.

Brunkowski saß da und wartete geduldig. Dann meldete sich sein Handy, und seine Tochter quäkte: »Mama hat kein Geld im Haus!«

»Stell dich auf die Straße und halt den Hut hin«, sagte Brunkowski.

Der König der Eifel

Es war so, dass der alte Jakob Brauer jeden Samstagmorgen vor Aalpitters Kneipe in der Fußgängerzone von Trier saß, das man ja das Tor zur Eifel nennt. Da saß er und trank gemütlich eine oder mehrere Tassen Kaffee. Er saß da an einem kleinen runden Metalltisch in der Sonne, blinzelte ab und zu, las gemütlich im Revolverblatt und hatte für jedes kleine Kind, das an Mamas Hand an ihm vorbeischlenderte, ein verschmitztes Grinsen. Die meisten Kinder lachten ganz beglückt, wenn sie das sahen. Es war einfach komisch, dieses Grinsen, weil der alte Jakob ein rundes Gesicht hatte wie ein Mond. Und weil beim Grinsen seine Augen vollständig in ihren Falten verschwanden. Und weil er beim Grinsen seinen Mund nach vorn ausstülpte und er einwandfrei wie ein Clown aussah. Es kam hinzu, dass Brauer eine spiegelglatte Glatze trug und höchsten Wert darauflegte, dass kein Haar sie verschandelte. Also, für Kinder war der alte Jakob eine erstklassige Nummer. Es waren Kinder aus Luxemburg, Belgien, den Niederlanden und Frankreich. Selbstverständlich Kinder aus Deutschland und vor allem Kinder aus der Eifel. Denn in diesem Landstrich mischen sich die Völker sehr heftig, und Jakob Brauer war besonders stolz darauf, ein Kind der Eifel zu sein, genauer: ein Kind aus dem wildromantischen Monschau. Und in Trier mischte sich das alles, weil in Trier das Einkaufen Spaß machte, denn Trier ist gastfreundlich und die älteste Stadt Deutschlands.

Kein Mensch wusste, wie alt Jakob Brauer genau war. Seine Angaben waren vage: Irgendwas um die siebzig! Oder: Ich renne stramm auf die achtzig zu! Oder: Mann, frag mich nicht, frag was anderes! Kischkewitz von der Mordkommission, zuständig für die gesamte Eifel, bemerkte ganz verbiestert: »Wir haben seine genauen Daten in der Akte, aber der Schweinehund ist sowieso nicht zu fassen, und also ist es egal.« Und dann setzte er, wie üblich seufzend, hinzu: »Ehe ich in Rente gehe, lasse ich den Schweinehund noch für ein paar Jahre einfahren.« Niemand glaubte ihm, was zur Folge hatte, dass man den alten Brauer in seiner Gegenwart am besten gar nicht erwähnte.

Es gab Fälle, bei denen Kischkewitz todsicher sein konnte, dass Jakob Brauer den gesamten Hintergrund und die Täter kannte, aber es endete damit, dass Kischkewitz unter heftiger Migräne litt, weil Jakob Brauer ihm ohne jede Arroganz erklärte: »Wir beide sind zwei Welten, mein Freund, und ich werde dir nichts sagen, was meine Welt stört.« Das war auch so gewesen, als die Russen kamen und das ganze Rotlichtmilieu in der Eifel, in Trier, in Luxemburg und Belgien aufmischten. Drei Tote aufseiten der Russen drüben in Luxemburg, gerade mal zehn Kilometer weg, ziemlich ekelhaft mit Messern perforiert und aufgeschlitzt und in einer Grünanlage an der Mosel in Trier auf eine Bank gesetzt, transportfähig sozusagen. Jakob Brauer hatte geschwiegen, Kischkewitz hatte einen Tobsuchtsanfall erlitten und brüllend Beugehaft angedroht. Brauer hatte schmal und fies gelächelt.

Nun ja, Jakob Brauer hatte sein Leben lang eine sehr steile Karriere hingelegt. Die meisten tief greifenden gesellschaftlichen Veränderungen der vergangenen Jahrzehnte hatten kontinuierlich zu steigenden Guthaben auf den Konten des alten Jakob geführt. Zum Beispiel, als mit den Jahren die

Plüschpuffs in der Eifel aufgaben und kluge Leute anfingen, an Eroscenter zu denken, neue, diskretere Werbeformen entwarfen, zu Bündelungen im Gewerbe rieten. Da hieß es: Bloß keine aufdringlichen Rotlichter mehr neben Pferdewiesen oder blökenden Kühen, und vor allem kein Straßenstrich nirgendwo. Und: Wir müssen diese blöden Privattelefone stoppen, dieses ewige: Hier ist Sarah! Ich warte auf dich! Ruf mich an! Immer wurde unter der Hand der Rat und das Urteil des alten Jakob eingeholt. Und weil die Stadtväter in der Eifel eigentlich viel lieber mit dem Bischof sprachen als mit Brauer, schickten sie einen Emissär, einen Mann, der an Stammtischen saß und von dreckigen Witzen lebte. Der hatte zwar eine höchst unklare Vorstellung von Jakob Brauers Gewerbe, kam immerhin mit klaren Botschaften zurück. Das alles lief hier die Jahre vollkommen lautlos, und am Ende jeder guten neuen Entwicklung stellte sich regelmäßig heraus, dass die entscheidenden, notwendigen Investitionen mit dem Ersparten von Jakob Brauer zu blühenden Resultaten geführt hatten. Ein Ratsherr (Bau- und Genehmigungsausschuss) hatte es riskiert, dem Alten an seinem kleinen runden Tisch samstagmorgens schwärmerisch zuzuflüstern: »So machen wir unsere Stadt endlich attraktiver!« – Jakob hatte erwidert: »Du weißt doch gar nicht, wovon du sprichst, Junge.« Was exakt der Wahrheit entsprach.

Dabei will erwähnt sein, dass Jakob Brauer nicht einmal über einen Computer verfügte, geschweige denn über so etwas wie ein Büro oder gar eine Sekretärin. Angeblich sorgte eine Polin namens Wanda für ihn und seinen Haushalt, aber es gab niemanden, der diese Wanda jemals zu Gesicht bekommen hatte. Es war nicht einmal bekannt, wo Jakob Brauer genau wohnt. Aber es gab ein paar Mädchen, die felsenfest behaupteten, er fahre jeden Abend mit einer Luxuslimousine und Fahrer in die Eifel, präzise in die Zwei-Burgen-Gemeinde Manderscheid. Dort, in den malerischen grünen Hügeln, habe er eine Villa, in der im zweiten Kellergeschoss ein Pool gebaut worden sei, so groß sei wie das ganze Grundstück und selbstverständlich immer eine Wassertemperatur von 30 Grad habe, denn Jakob sei schließlich ein alter Mann, »und die frieren ja leicht.« Er besaß ein paar Wohnungen in Trier, hieß es, und dieses oder jenes Haus, aber er bestellte niemanden zu sich nach Hause, und selbst die wenigen, die er mochte, kamen immer nur am Samstagmorgen vorbei, wenn er in der Fußgängerzone saß und die Leute und ihre Kinder anlächelte. Und immer wieder die alte gehässige Geschichte, wie Jakob Brauer angefangen hatte: Er kam als junger Mann aus Monschau mit zwei Nutten, und das waren Cousinen, und er pachtete einfach eine Kneipe. Dann hatte er bald darauf drei Kneipen und sechzehn Cousinen. Jakob Brauer kannte diese Geschichte und reagierte kühl: »Was ist denn, wenn es wirklich so war?«

Ganz wichtig war die Zigarre, die er am Samstagmorgen an seinem kleinen Tischchen rauchte. Es war immer eine Montecristo der etwas gehobenen Bauart. Das Ding kostete über hundert Euro, und jedermann konnte sehen, wie er das genoss, den Mund bedachtsam nach vorn stülpte und den Rauch wie eine blassblaue Lanze nach vorne über seine Kaffeetasse blies. Da saß er so in sich versunken und fiel nicht weiter auf. Er trug keine goldene Uhr am Handgelenk, keine goldene Kette um den Hals, kein bis zum Bauch offenes Hemd, stattdessen ein einfaches kariertes Hemd, meistens blau, und eine einfache Wollweste. Er besaß zwei, die eine grün, die andere braun. Und wenn es regnete, zog er einen

Parka über, ließ Aalpitter einen großen Werbeschirm des Bierbrauers in Bitburg hochziehen und hockte da trocken im Regen und blinzelte den Kindern zu. Aber meistens regnete es eben nicht, und oft schien die Sonne.

So war das auch, als er am großen Schaufenster der Douglas-Kette das Mädchen stehen sah: Herausfordernd, leicht breitbeinig stand sie da, die Hüfte weit nach außen gedrückt, der enge weiße, kurze Rock wie ein Signal, hohe, elegante Stiefel, lange, gepflegte Fingernägel, ein weißes Top, das eine Menge sehen ließ, langes, schwarzes Haar, das sich im Wind bauschte. So stand sie da und sah den alten Brauer an.

Jakob Brauer überlegte, woher er sie kannte, ob er sie überhaupt kannte, ob er sie jemals vorher gesehen hatte. Er konnte sich nicht erinnern. Ja, sie machte einen guten Eindruck, die richtige Mischung aus Anmache und der kalten Bereitschaft, sofort rüde Tone anzuschlagen, wenn etwas nicht passte. Jakob hatte sich einen Ausdruck aus Dortmund zu eigen gemacht, er nannte junge, gut aussehende Frauen grundsätzlich Ische. Und diese Ische war gut, kein Zweifel. Und sie stand immer noch da und sah ihn an. Er beugte sich vor, strich die Asche seiner Zigarre in den Aschenbecher und nickte ihr zu.

Sie kam heran und setzte sich auf den zweiten Stuhl. Sie hatte ein sehr hübsches, frauliches Gesicht, mattgrüne Augen, frische Haut, nichts Abgelebtes. Sie musste brandneu sein und jung. Jakob nahm an, sie sei an die zwanzig, wahrscheinlich achtzehn.

»Dann erzähl mal«, sagte er freundlich.
»Ich bin Inga«, sagte sie. »Ich bin aus Mayen. Ich wollte was wegen Echsen-Fritz fragen. Ich habe verdammte Probleme.«

»Mayen ist eine hübsche Eifler Gegend, ich kenne das. Gleich neben Maria Laach. Willst du einen Kaffee?« Er hob die Hand und wusste, dass der Wirt ihn sah und einen Kaffee bringen würde.

»Ja, klar. Also, ich habe Probleme mit Echsen-Fritz.«

»Er schlägt dich?«, fragte Jakob Brauer, weil jede Neue damit anfangs ein Problem hatte. Jakob war strikt gegen Schläge, das sei nicht mehr zeitgemäß.

»Nein, es ist schlimmer.«

Der Kaffee kam.

»Was ist schlimmer?«, fragte Jakob freundlich.

»Er sagt, wenn ich nicht spure, fährt er zu meinen Eltern nach Mayen und redet mit denen. Und er macht die Sache mit der Kippe.«

»Was ist das für eine Sache?«

»Er drückt eine Zigarre auf mir aus.«

»Warum macht er das?«

»Weil es ihm Spaß macht, er lacht dabei.« Dann stand sie blitzschnell auf und zog das Top vor ihrem Bauch hoch. Die Stelle neben dem Bauchnabel sah ekelhaft und brandig aus, rot mit Blasen, unmöglich für das Gewerbe. Dann saß sie wieder.

»Was will er denn mit deinen Eltern reden?«

»Das weiß ich nicht genau. Er will sie unter Druck setzen, sagte er. Böse Tochter, Hure, verkommen, Abschaum, solche Dinge. Und ich denke mal, er will Geld abzocken. Erpressung und so was.«

»Na, Himmel«, hauchte Jakob Brauer leblos. Er hatte erwartet, dass es früher oder später mit Echsen-Fritz echte Schwierigkeiten geben würde. Der hieß so, weil er Leguane und Echsen in großen Terrarien hielt, die Tiere auf den Arm nahm und mit ihnen seine Mädchen zu Tode erschreckte. Echsen-Fritz war irgendwie krank, und außerdem dumm.

Und er schnupfte Koks, was auf gar keinen Fall gut für das Geschäft war. Und er war ein Angeber und redete überall dauernd und laut über seine Ischen, was absolut kontraproduktiv war.

»Ich rede nächsten Samstag mit ihm«, sagte Jakob nahezu lautlos. »Du packst deine Klamotten und ziehst bei ihm aus, wenn er mal nicht da ist. Ich gebe dir eine Adresse in Daun. Da fährst du hin, mit einem Taxi. Ich bezahle das. Und du arbeitest die nächste Woche nicht, nicht nirgendwo. Du lässt dich nicht blicken, dich gibt es nicht mehr. Du bist in den Bergen unserer Eifel verschwunden. Klar?«

»Danke«, sagte Inga.

Am nächsten Samstag, ziemlich genau um elf Uhr, kam Echsen-Fritz die Fußgängerzone entlanggeschlendert und setzte sich zu Jakob Brauer an das Tischchen. Er sagte: »Hallo Jakob. Du willst was von mir.« Dann holte er eine Plastiktasche mit Tabak aus dem Jackett, dann einen kleinen Beutel mit Haschisch und baute sich eine Tüte. Mitten in der Fußgängerzone.

»Das ist doch Blödsinn«, sagte Jakob Brauer tonlos.

»Aber es hilft bei Stress«, murmelte Echsen-Fritz sachlich.

»Doch nicht morgens um elf«, bemerkte Jakob, »Du bläst dir doch das Hirn raus!«

Dann sah er Inga vor dem Zigarrenladen stehen, und er musste lächeln. Sie hatte sich wie eine alte Frau angezogen, farblos und dunkel, wie die alten Frauen seiner frühen Jugend in Monschau. Und sie hatte einen dunkelroten Filzhut auf ihren Haaren, wie die Frauen in den Fünfzigern. Donnerwetter, dachte er, sie will zusehen. Gute Type, hellwach.

Echsen-Fritz zündete die Tüte an und saugte den Qualm so tief in die Lunge, als ginge es um sein Leben. Dann fragte er: »Was liegt an?«

»Es liegt an, dass du deine Ischen nicht gut behandelst. Dass du dem Gewerbe Schaden zufügst durch deinen Blödsinn mit dem glitschigen Getier und so. Und dass du so viel Koks in dich reinsaugst, dass du irgendwann anfängst, die Engelein zu hören, und dass du nicht mehr unterscheiden kannst zwischen Freund und Feind. Dass du viel Scheiße redest, wenn der Tag lang ist. Das liegt an.«

»Ich hab mein Geschäft, du kannst mich nicht kaufen«, bemerkte Echsen-Fritz fröhlich.

»Dein ganzes Geschäft ist keinen Cent wert«, erwiderte Jakob Brauer gemütlich. »Und ich habe mich zurückgezogen, bin Rentner, und dein Geschäft will ich nicht.«

»Ist das eine Drohung?«, fragte Echsen-Fritz.

»Jüngelchen, du verstehst einfach nur Blödsinn«, stellte Jakob fest, und er schüttelte den Kopf, als könne er es nicht fassen.

In diesem Moment wurde drüben auf der anderen Seite vom Markt neben McDonald's ein Motor sehr laut. Dann kam eine schwarz vermummte Gestalt auf einer KTM über das alte Pflaster geschossen und kurvte in wahnwitzigen Schräglagen um die Touristen herum. Die Maschine raste auf Jakob Brauer und sein kleines Tischchen zu, sie quietschte grell, als sie abgestoppt wurde. Sie kam exakt zwischen Jakob und Echsen-Fritz zum Stehen. Der Fahrer hielt die laufende Maschine zwischen seinen Oberschenkeln fest, nahm eine schwere, schwarz glänzende Waffe aus seiner Lederjacke und zielte etwas unterhalb vom Körper des Echsen-Fritz. Er schoss, steckte die Waffe in die Lederjacke zurück, stieß sich mit den Beinen einmal kräftig nach hinten ab, gab dann Gas und verschwand mit höllischem Krach in der nächsten Gasse.

»Bingo!«, sagte Jakob Brauer heiter. Er sah, wie Inga dastand, aufmerksam guckte und dann sehr ernsthaft nickte.

Echsen-Fritz schrie hoch und gellend und wollte gar nicht aufhören damit, bis er ohnmächtig vom Stuhl fiel und dabei großmäulig wie ein Karpfen nach Luft schnappte.

Es gab das übliche Durcheinander, wie immer bei Schusswaffengebrauch. Die shoppenden Touristenscharen stoben auseinander. Das Rote Kreuz kam mit Blaulichtgewitter, ein Notarzt bemühte sich um Echsen-Fritz, setzte eine Spritze, ließ ihn auf die Trage legen und irgendwohin transportieren. Dann war ein Streifenwagen da, das Tischchen mit Jakob Brauer wurde für eine halbe Stunde zum Mittelpunkt der Welt. Jemand vom K1, ein kleiner, pummeliger Mann, fragte den alten Jakob.

»Was fragst du mich«, gab Jakob Brauer wütend zurück. »Ich rede mit Echsen-Fritz, wir sprechen über die schweren Zeiten heutzutage, und dann kommt dieser Irre. Schuss ins Knie?«

»Hat Echsen-Fritz was von Bedrohung geredet? Kennst du den Schützen?«

»Der war doch total unsichtbar mit dem Helm und so. Will ich auch nicht kennen, solche Leute. Echsen-Fritz steckt doch ewig bis zum Dach voll Koks, mit dem kann kein Mensch vernünftig reden. Und ich sage dir: Schuss ins Knie dauert ewig. Mit Reha anderthalb Jahre, mindestens. Das war auch so bei Goran, du weißt schon, der aus Moskau, damals, als der aus dem Kosovo mit einer Maschinenpistole rumspielte. Ich sage den Jungens immer: Redet miteinander! Aber sie hören nicht, sie schießen. Sag deinem Kischkewitz, ich komme freiwillig zum Protokoll, aber wissen tu ich nichts. Und ich hab jetzt Blut an der Zigarre, verdammte Hacke.«

Minna, die Mumie

Mittlerweile ist es eine ekelhafte Tradition in unseren Landen geworden, mich mit allen möglichen Leichen schnell und direkt in Verbindung zu bringen, wenngleich ich für die Herstellung derselben selten verantwortlich bin: Ich finde sie nur. Das geschah auch mit der letzten, die ich liebevoll »meine Euskirchener Mumie« nenne. Da mogele ich ein bißchen, denn ich fand sie nicht in Euskirchen direkt, sondern in dem weiten Viereck Swisttal - Zülpich - Mechernich - Rheinbach.

Es geschah in einem dieser Dörfer, von denen man sagt, dort hause ein aufsässiger, stets auf Krawall versessener Menschenschlag. Wie auch immer, ich ahnte nichts, kam vom WDR in Köln von einem Interview mit dem Titel »Seine fiesen Leichen« – und ich fand, ich hatte mich gut geschlagen. Hungrig fuhr ich in Wißkirchen von der Autobahn ab, nichts anderes im Sinn als eine freundliche Metzgerin, die mir ein Tatarbrötchen verkaufen sollte. Zum Tatar kam es nicht, statt dessen zur Mumie.

Sie wissen, wie das in den letzten Jahren ist: In der Vorweihnachtszeit schneit es häufig, auch wenn an den hohen Festtagen dann doch alles in Nebel und Nässe ersäuft. Nun aber schneite es, das Land atmete Frieden, das Fest des heiligen Nikolaus lag hinter uns, ich bereitete mich seelisch auf das Eifeler Christkindchen vor: Auf jedem Baum-Ast sah ich eine weihnachtlich strahlende Putte mit einem Lendenschurz aus vergoldetem PVC hocken. In dieser Sekunde plante ich, meiner Katze »Krümel« eine lebende Ratte unter den Weihnachtsbaum zu setzen.

Ich erspähte an der Dorfstraße eine Metzgerei, ahnte schon Köstliches auf der Zunge, hielt an, stieg aus und starrte in das vor Entsetzen angegraute Gesicht einer betagten Frau, die in einem offenen Fenster lag, irgendetwas sagen wollte, aber nicht konnte. Sie deutete hinter sich und stotterte: »Mimimi-ah-nana- ah!«

»Was ist mit Minna?«, fragte ich beiläufig.

»Tot«, sagte sie nur, um in der Tiefe des Zimmers zu verschwinden. So etwas regt mich an, so etwas regt mich auf. Ich verzichtete auf das Tatar und betrat zunächst das Treppenhaus dieses langweiligen, rot geklinkerten Kastens.

Sechs Mietparteien in drei Geschossen, man kennt das. Ich schellte in der linken Erdgeschosswohnung, und die Frau mit dem grauen Gesicht machte dicht vor mir äußerst fahrige, bedrohliche Handbewegungen. »Da!«, sagte sie nur und deutete mit einem krummen Zeigefinger zittrig in ein offenstehendes Zimmer. »Wer ist denn Minna?«, fragte ich freundlich. Freundlichkeit ist immer ein Gegengewicht zum Tod.

»Die wohnt hier«, murmelte die Frau. »Ich wohne über ihr.«

»Wann haben Sie sie zum letzten Mal gesehen?«

»Am Nikolaustag. Mittags war das. Sie wollte eine Rinderbrühe kochen.«

Dazu war sie nicht mehr gekommen. Die Tote lag dicht vor dem Doppelfenster auf dem Rücken. Sie war eindeutig eine sehr alte Frau. Das Leben auf Mutter Erde hatte sie klein und krumm gemacht. Sie wies keinerlei Verletzungen auf, kein Blut – »Gott sei Dank«, dachte ich, »das ist keine von deinen fiesen Leichen.«

Nach dem Gesicht zu urteilen, lag sie schon eine ganze Weile da, zehn Tage vielleicht. Sie trug ordentliches, komplettes Grau mit einer bunten Küchenschürze um den Bauch. Minna roch nicht, ich würde eine mittelstarke Aussage bevorzugen: Es müffelte. »Es ist kalt hier«, murmelte ich, »wird nicht geheizt?«

»Och«, antwortete die Frau, »unser Hausbesitzer ist so geizig.«

»Wie sind Sie hier hineingekommen?«

»Ich habe einen Schlüssel. Ich dachte: Irgendetwas stimmt hier nicht.«

Das Gesicht der Toten war eine Mischung aus Erstaunen und panischem Schrecken. Aber da war noch etwas anderes, schwer zu sagen. »Holen Sie die Polizei«, riet ich. Dann stopfte ich mir die »Vario« von »Danish Club«, hockte mich auf einen Stuhl und sah Minna liebevoll an. Nach einer Weile kam die Nachbarin wieder und nuschelte: »Die Polizei beeilt sich. Komme ich jetzt ins Fernsehen?«

»Ich weiß nicht«, sagte ich. »Was war an diesem Nikolaustag los? Irgendetwas Besonderes?«

»Nein, eigentlich nicht. Der Nikolaus kam. Den schickt die Gemeinde eigentlich jedes Jahr zu uns Alten. Der sah aus wie Schorsch, ich könnte wetten, es ist Schorsch. Aber geht ja schlecht.«

»Wer ist denn Schorsch?«

»War, war«, antwortete sie schnell. »Er war Minnas Mann. So ein großer, kräftiger Kerl. Hat immer gelacht. Ist aber schon vor zehn Jahren gestorben, kann also nicht sein.«

»Unwahrscheinlich«, nickte ich. »Wie alt war sie?«

»Dreiundneunzig. Kann ja nicht sein, dass das Schorsch war. Sah aber so aus, sah ganz genauso aus. Er liebte Rinderbrühe. Und ...«

»Ja?«, fragte ich lockend, aber nicht zu sehr.

»Naja«, wiederholte die graue Frau, »es ist doch komisch. Bei mir war der Scho..., äh, der Nikolaus nicht. Eigentlich bei keinem sonst, nur bei Minna.«

»Aha«, sagte ich mit einem Unterton, der sie zum Erzählen ermutigen sollte. Und es klappte: »Ja also, die Gemeinde hat ja kein Geld mehr. Die müssen Straßen und so was bauen. Ich kenn mich da nicht so aus. Und da haben sie in diesem Jahr den Nikolaus gestrichen – eigentlich ...«

Das stimmte, so etwas hatte ich auch gehört oder gelesen. Mir wurde seltsam warm ums Herz.

In dem Moment kam, ohne Tatütata und Blaulicht, ein Streifenwagen, ein älterer uniformierter Beamter stieg aus. Er schellte, die Frau öffnete. Der Polizist hatte eine schmale, hagere Figur, einen Schnurrbart, sah magenkrank aus und erinnerte mich an einen Habicht – einen Habicht mit Schnurrbart. Er schoss auf Minna zu, ging elegant in die Knie, beugte sein Haupt und sagte zufrieden: »Glatter Exitus der normalen Art, würde ich sagen. Und wer sind Sie?«

»Siggi Baumeister«, sagte ich.

»Und was machen Sie hier?«

Meine Leserinnen und Leser werden das kennen: Nichts verursacht mehr Stress als die Frage der Obrigkeit, wieso man ausgerechnet in dieser Minute hier ist – und nicht woanders.

»Also, das Ganze hat mit einem Tatarbrötchen zu tun ...«, begann ich. Er war helle, er kannte die Menschen, er vermutete Lügen und Beschönigungen, er bellte: »Blutiges Tatar, häh?«

»Wieso blutig? Ich denke ... Also, ich bin zufällig hier.«

»Zufällig?« Er wuchs ein paar Zentimeter. Dann bückte er sich erneut: »Keinerlei Fremdeinwirkung!« Er richtete sich wieder auf. »War sie herzkrank?«

»Herzkrank? Krank am Herzen, ja, das ist irgendwie anzunehmen«, murmelte ich, »schließlich liegt sie da.«

»Kannten Sie sie?«

»Nicht die Spur. Ich kam zufällig des Wegs, als sie gefunden wurde.«

»Zufällig des Wegs? Hm. Ach so.« Er zupfte seinen Schnurrbart und wurde wieder wichtig: »Haben Sie bemerkt, dass Sie im Halteverbot stehen?«

»Nein.« Ich fühlte mich schuldig. »Manchmal bin ich schusslig.«

»Auch das noch.« Er schüttelte den Kopf. Dann entnahm er seiner Ledermappe ein kompliziert aussehendes Formular, setzte sich an den Tisch und sagte frohgemut: »Also, dann wollen wir mal. Normaler Todesfall, vollkommen klar ...«

»Also, normal würde ich das nicht nennen«, unterbrach ich ihn sanft. »Ich weiß schließlich, wer der Täter ist.«

»Wie bitte?«, schrillte er hoch. Sein Kopf war hochrot, wahrscheinlich tat er nichts gegen seinen Bluthochdruck. »Und wer?«

»Der Weihnachtsmann«, sagte ich, »der hat sie sich geholt.«

An die ersten Kilometer aus dem Raum Euskirchen hinaus kann ich mich nicht erinnern. Alles flimmerte, immer wieder tauchte das Gesicht des Beamten auf, rot, brutal, wutentbrannt. Ich höre sein Keifen: »Sie Weihnachtsmann, Sie!« Dabei heiße ich gar nicht Schorsch, sondern Baumeister. Siggi Baumeister.

Saumord

Der alte Scharren war tot, auf eine ganz unbegreifliche Weise auf einem seiner Ansitze erschossen, irgendwann vorgestern, irgendwann an diesem nebligen, nasskalten Novembermorgen, wahrscheinlich gegen sechs Uhr, oder sechs Uhr dreißig, also vor mehr als achtundvierzig Stunden.

Dass Hinkejosef ihn fand und nicht sofort durchdrehte, war eigentlich ein Wunder. Hinkejosef dachte sich nichts dabei, als er strikt auf den Hochsitz zuging und sich darauf freute, einen Bachmann mit Wacholder und drei frisch gebratene Frikadellen vor sich zu haben. Hinkejosef war ein Typ, der sich auf so etwas ganz still und intensiv freuen konnte. Hinkejosef hieß so, weil er seit seiner Geburt ein um zwölf Zentimeter zu kurzes rechtes Bein hatte. Aber er kam seit sechzig Jahren damit gut zurecht.

Also: Hinkejosef kommt am Hochsitz an und sieht die Leiter hoch direkt in Scharrens Gesicht. Aber das Gesicht ist nicht mehr heil, das Gesicht sieht irgendwie zerfranst aus, besonders oben, wo die letzten weißen Haare waren. Aber: Scharren hat die Augen weit offen und starrt Hinkejosef an. Der schreit erst mal krächzend, dann sieht er woandershin, weil es so ungeheuer schaurig wirkt, so schaurig, dass seine Seele in heilloses Zittern gerät. Dann macht er die Augen wieder auf und sieht noch einmal hin. Es bleibt so: Der alte Scharren starrt auf ihn hinunter, rührt sich nicht und sieht sehr tot aus. Sein Mund ist weit offen und irgendwie sehr schief. Und überall ist das Gesicht schwarz von dem geronnenen Blut. Das Gesicht sieht so aus, als habe es alle Schrecken dieser Welt gesehen. Dann begreift Hinkejosef, dass der alte Scharren auf dem Fußboden des Hochsitzes liegt und seinen Kopf herausstreckt, als wolle er um Hilfe rufen, oder aber kopfüber die lange Leiter runterkommen. Das alles bei Nebel und Totenstille.

Jetzt war die Mordkommission da, jetzt nahm alles einen amtlichen und sehr leicht zu begreifenden Gang, nichts mehr von Nebel und Totenstille.

»Also, Sie sind etwa zwei, drei Stufen auf der Leiter hoch, dann wieder runter, dann durch den Wald runter ins Dorf. Dann haben Sie den Notarzt gerufen und die Ambulanz. Ist das so richtig?«

»Ja«, nickte Hinkejosef.

»Und dann sind Sie zum Hause Scharren. Mit wem haben Sie dort gesprochen?«

»Ja, mit Mathilde. Also, Mathilde ist die Haushälterin. Und die sagte: Ach, da hat er gesteckt.«

»Also, die Familie hat gar nicht gewusst, wo der alte Mann war?«

»Ja, das haben die nicht gewusst.«

»Ist das nicht komisch?«

»Irgendwie schon, aber irgendwie auch nicht«, sagte Hinkejosef. »Aber dann bin ich zu Kläuschen. Und Kläuschen war zu Hause und ...«

»Moment mal, das ist der Sohn vom alten Scharren, also dem Toten?«

»Richtig. Und der sagte, er käme sofort hierher, hat sich in den Land Rover gesetzt und ist hier hochgebrettert.«

»Sagen Sie mal, was sind das hier für blaue Plastikkanister? Und angekettet sind die auch noch.«

»Ja, also da kommt Mais rein. Dann kommen die Wildschweine, wollen an den Mais und stoßen die Kanister hin und her. Dabei fällt Mais raus. Der Jäger sitzt oben drüber, wenn Sie verstehen, was ich meine. Er sucht sich das Tier aus, das er haben will, und schießt es ab.«

»Aus zehn bis zwanzig Meter Entfernung?«

»Ja, genau.«

»Was hatten Sie eigentlich hier zu suchen?«

»Nichts eigentlich«, antwortete Hinkejosef. »Manchmal komme ich hier hoch. Ich habe ja keine Arbeit.«

»Sie können jetzt gehen«, sagte Kischkewitz. »Haben Sie vielen Dank.« Dann starrte er eine Weile auf den Toten, der noch immer da auf dem Hochsitz lag und entschied: »Wir nehmen ihn runter. Wir können hier nichts mehr tun.«

Die Ausbeute war schmal. Scharren war sechsundsiebzig Jahre alt geworden, Apotheker von Beruf, Jäger aus Leidenschaft, mehr im Wald zu Hause, als in seinem etwas protzigen Haus. Erschossen aller Wahrscheinlichkeit nach mit einer Neun-Millimeter-Waffe, wahrscheinlich ein altertümliches Stück. »Sieht aus wie von einem alten amerikanischen Armeecolt«, hatte der Arzt gesagt. »Ein Schuss nur. Es hat ihm den Schädel weggeblasen, Näheres später.« Gejagt hatte er nichts. Der Tote war mit seinem alten Mercedes-Geländewagen auf den Berg gefahren, war auf den Hochsitz gestiegen, dann war es irgendwann geschehen. Das Auto stand immer noch da, Spuren hatten sie darin nicht gefunden. Persönliche Feinde waren bisher nicht bekannt. Warum, um Gottes willen, war er zu Hause nicht vermisst worden?

Das genau war die Frage, die er zuerst der Ehefrau stellte, Marga Scharren, 73 Jahre alt, seit 50 Jahren mit dem Apotheker verheiratet.

»Er ist vor zwei Tagen in aller Herrgottsfrüh auf den Berg gefahren«, sagte sie ein wenig monoton. »Das passierte oft.«

»Das war also kein Grund, ihn als vermisst zu melden?«

»Nicht der geringste Grund. Ich würde sagen, er lebte im Wald.« Ihr Gesicht schien unbewegt, sie wirkte sehr ruhig und gelassen.

»Und er hatte keine Feinde?«

»Nein, hatte er nicht. Er hatte die vier Apotheken, die laufen gut. Und er hatte die Jagd. Und anderes interessierte ihn nicht.«

»Aber Sie! Sie müssen ihn doch interessiert haben!«

Sie sah ihn an, und in ihren Augen war sehr viel Spott. Sie antwortete nicht.

»Hat es denn häufig den Fall gegeben, dass er in den Wald ging und für Tage verschwand?«

»Das war immer so«, sagte sie. »Irgendwann wundert man sich nicht mehr.«

»Können Sie sich einen Menschen denken, der so etwas tut?«

»Kann ich nicht. Ich glaube nicht, dass er Feinde hatte.«

»Und Freunde? Hatte er Freunde?«

»Immer weniger. Nein, eigentlich hatte er keinen Freund. Na ja, den Jörg mochte er sehr gern. Jörg ist der älteste Sohn meines Sohnes. Er ist zwölf. Die beiden mochten sich.«

»Er hatte eine Flinte bei sich. Wie viele Waffen sind denn hier im Haus?«

»Das weiß ich wirklich nicht. Er hat sie gesammelt, sein Leben lang gesammelt. Er hat Schränke voll damit. In seinem Zimmer.«

»Würden Sie sagen, dass er sehr isoliert war?«

»Ich würde sagen, er war sehr einsam. Immer schon.«

»Ich danke Ihnen. Wir müssen später ein Protokoll machen. Wo wohnt denn Ihr Sohn?«

»Die Straße rauf, das letzte Haus auf der linken Seite.«

Kischkewitz murmelte: »Es tut mir aufrichtig leid.« Sekunden später fragte er sich, warum er diese Bemerkung machte, obwohl sie vollkommen sinnlos schien. Dann fragte er: »Kann ich sein Zimmer sehen?«

»Aber natürlich«, antwortete sie und ging vor ihm her.

Scharrens Zimmer war groß und düster, mit alten, schweren Möbeln ausgestattet und einem gigantisch großen Kamin.

»Machte er sich oft Feuer an?«

»Ja, manchmal ganze Tage lang.«

»Und die Waffen?«

»In den Schränken da.«

»Nicht abgeschlossen?«

»Nie.«

Kischkewitz starrte einigermaßen fassungslos auf vierundzwanzig Faustfeuerwaffen, achtzehn Flinten und Gewehre und zwei moderne Maschinenpistolen eines deutschen Herstellers.

»Was, um Gottes willen, wollte er denn damit?«

»Das weiß ich nicht.«

»Sind die etwa angemeldet?«

»Ich vermute, das war ihm egal.«

»Wer könnte etwas darüber wissen?«

»Mein Sohn Klaus könnte etwas wissen. Der war dagegen, der wollte ihm das immer ausreden, der hat immer gesagt: Vater, du bist verrückt.«

»Trauern Sie eigentlich? Wird er Ihnen fehlen?«

»Das weiß ich nicht. Ich fühle nichts. Irgendwann vor vielen Jahren hat er mich verlassen.«

»Ich wollte nicht aufdringlich sein«, bemerkte Kischkewitz etwas verlegen.

»Schon gut.«

»Haben Sie miteinander geredet?«

»Nein, nicht mehr.«

Also, der Sohn, den sie im Dorf Kläuschen nennen, was mit Sicherheit dafür spricht, dass die Leute ihn mögen. Die Straße rauf, das letzte Haus links.

Es war ein modernes Haus, klar gegliedert, groß angelegt. Im Vorgarten stand in einem kleinen Stahlgerüst ein Messingschild mit der Schrift: SCHARREN-BAU.

»Ich komme von Ihrer Mutter«, sagte Kischkewitz. »Ein etwas überraschendes Ambiente, wenn ich das so formulieren darf.«

»Ja«, nickte der Sohn, vielleicht 45 Jahre alt, ein sehr freundliches Gesicht unter strubbeligem dunklem Haar. »Das ist etwas gewöhnungsbedürftig, wenn man nicht darauf vorbereitet ist. Sie hätten sich auch scheiden lassen können. Sie schlafen seit fast dreißig Jahren getrennt.«

»Aber keine lautstarken Auseinandersetzungen?«, fragte Kischkewitz.

»Keine«, nickte der Sohn. »Jeder für sich gewissermaßen.«

»Mich irritiert diese Waffensammlung.«

»Mich auch«, nickte Kläuschen. »Er hat nur zwei Waffen angemeldet. Eine spanische Beretta und eine Schrotflinte. Ich konnte ihm nicht klarmachen, dass das gegen das Gesetz verstößt, es war ihm scheißegal.«

»Wie viele Waffen sind es denn eigentlich?«

»Das weiß ich nicht genau«, antwortete Kläuschen. »Mich persönlich hat das nie interessiert. Ich wollte ja auch die Apotheken nicht. Ich war wahrscheinlich eine einzige große Enttäuschung für ihn.«

»Wie war denn Ihr Verhältnis zu ihm?«

»Sehr distanziert. Manchmal hat es mich gewundert, dass ich ihn duzen durfte.«

»Das ist aber erstaunlich. Und warum die Freundschaft zu Ihrem Sohn Jörg?«

»Das kann man nicht begründen. Jörg ist ein sehr Sensibler, ein Sanfter. Sie mochten sich, immer schon, von Anfang an. Vater sagte auch immer: Jörg wird später einmal meine Apotheken kriegen.«

»Und der Jörg? Wollte der das?«

Er lächelte. »Das weiß ich nicht. Vielleicht ja, vielleicht nein. Aber ich nehme an, dass er Jörg in seinem Testament bedacht hat.«

»Wie hat Jörg die Nachricht vom Tod aufgenommen?«

»Er sitzt in seinem Zimmer und schweigt und starrt vor sich hin und sagt nichts. Er liebte den Großvater.«

»Mich hat schon gewundert, dass Ihre Mutter nicht lauthals weint oder sich die Haare rauft. Wie geht es denn Ihnen mit diesem toten Vater?«

»Das weiß ich nicht. Auf der einen Seite trauere ich und weine alle den vergangenen Möglichkeiten nach, mit ihm zu reden. Auf der anderen Seite bin ich auch ehrlich erleichtert. Der Tod klärt etwas, der Tod macht mein Elternhaus wieder lebendig.«

»Sie haben ihn nicht geliebt, oder?«

»Nein, das wohl nicht. Das tut mir leid, aber so ist es nun einmal.«

»Existiert irgendwo ein Mensch, der Ihren Vater Ihrer Meinung nach getötet haben könnte?«

»Nein, das nicht, das auf keinen Fall. Ich kenne keinen solchen Menschen. Es klingt ja geradezu schrecklich, aber ich kenne kaum einen Menschen, der ihn wirklich interessierte. Nicht einen.«

»Jörg ist Ihr Ältester. Haben Sie noch andere Kinder?«

»Ja, zwei Töchter. Acht und sechs Jahre alt.«

»Wie standen die zu ihrem Großvater?«

»Sie mochten ihn, das weiß ich. Aber mehr auch nicht. Sie haben sich heftig gewehrt, als wir das letzte Weihnachtsfest bei meinem Vater feiern wollten. Es war so eine Good-Will-Aktion. Wir haben darauf verzichtet, es machte keinen Sinn bei der Einstellung der Kinder.«

»Und Jörg wollte das auch nicht?«

»Doch, der hätte das gewollt. Aber er ging sowieso am Heiligen Abend für eine Stunde zum Großvater. Immer schon. Der Großvater saß mutterseelenallein vor dem brennenden Kamin. Jahr für Jahr. Was sie miteinander redeten, weiß ich nicht.«

»Kann ich die Waffen des Vaters haben? Zu einer ausgiebigen Untersuchung?«

»Da habe ich nichts zu melden, aber ich denke schon. Meine Mutter wird froh sein, wenn sie die aus dem Haus kriegt.«

»Kann ich mit Ihrem Sohn sprechen?«

»Selbstverständlich. Was wollen Sie von dem?«

»Er ist der Einzige, der irgendetwas mit Ihrem Vater zu tun hatte. Vielleicht hat er einen Hinweis? Denn irgendjemand ist zum Hochsitz gegangen und hat Ihren Vater erschossen.«

»Ja, natürlich. Ich hole ihn.«

Der Junge war hochgeschossen und wirkte auf den ersten Blick sehr klug. Er hatte einen schmalen länglichen Kopf mit sehr wachen und intensiven blauen Augen. Seine Haare, die ihm bis auf die Schulter fielen, waren blond und gepflegt.

»Ich will nicht lange drum herumreden«, eröffnete Kischkewitz. »Mein Name ist Kischkewitz, ich muss den Tod deines Großvaters untersuchen. Dein Großvater ist erschossen worden, und wir fragen uns, wer das getan haben könnte. Wir wissen auch, dass du deinen Großvater sehr gemocht hast. Also denken wir, dass du vielleicht etwas wissen könntest. Wer könnte deiner Meinung nach den Großvater erschossen haben?«

Der Junge antwortete mit ganz dünner Stimme: »Das weiß ich nicht.«

»Aber dein Vater hat dir gesagt, wo es passierte. Kennst du die Stelle?«

»Ja, die kenne ich. Wir waren oft da, mein Großvater und ich.«

»Wie oft?«

»Unzählige Male.«

»Und wie lief das ab?«

»Also, er nahm mich im Auto mit. Meistens war das morgens ganz früh. So gegen fünf bis sechs Uhr. Wir saßen dann da und waren ganz still, weil wir das Wild nicht stören wollten, also die Wildschweine und das Rehwild.«

»Rehwild auch?«

»Ja, klar, die halten die Buchen unten. Die Buchen sehen aus wie eine Hecke, in Wirklichkeit sind sie fünfzig Jahre alt, weil das Rehwild sie immer verbeißt.«

»Also Rehwild und Wildschweine. Und es war immer in deinen Ferien, nicht wahr?«

»Korrekt. Wenn die Schule läuft, geht das nicht.«

»Hat er auch manchmal etwas geschossen, wenn du dabei warst?«

»Ja, auch.«

»Was war das?«

»Also, Rehe, manchmal ein Wildschwein, manchmal einen Frischling.«

»Aber die ganz jungen Schweine darf man doch nicht schießen.«

»Das stimmt schon.« Er warf beide Arme nach vorn, als könne er das nicht erklären.

»Das Wild habt ihr in den Wagen geladen und seid dann heimgefahren.«

»Nein, so war das nicht. Oma hat gesagt, sie will die Tiere nicht im Haus und nicht in der Kühltruhe haben. Opa hat sie immer zum Förster gebracht, und der nahm sie aus und so.«

»Gab es also beim Opa niemals Reh oder Wildschwein auf dem Tisch?«

»Nein. Oma wollte das nicht. Sagte sie jedenfalls.«

»Ich habe festgestellt, dass dein Opa eine Unmenge an Waffen hatte. Du kennst das ja. Hat er jemals erzählt, warum er die vielen Waffen sammelte?«

»Er hat gesagt, er ist ein Jäger, und Jäger brauchen so was. Und er hatte Munition für jede Waffe, er sagte, das braucht man.«

»Hast du das geglaubt?«

»Nein, eigentlich nicht.«

»Liebst du diesen Platz da oben auf dem Berg?«

»Weiß ich nicht.«

»Wieso weißt du das nicht?«

»Na ja, ich war da wegen Opa, nicht wegen dem Platz.«

»Wie war er so zu dir?«

»Gut, einfach gut.«

»Über was habt ihr gesprochen da oben auf dem Hochsitz?«

»Nicht viel. Darf man ja auch nicht, weil die Tiere das hören.«

»Über was habt ihr denn geredet?«

»Über den Platz.«

»Meinst du den Hochsitz, die Maistonnen für die Schweine und die Buchen für die Rehe?«

»Ja, genau.«

»Kann man darüber viel reden?«

»Kann man schon.«

»Und was?«

»Na ja, wie der Platz so ist.«

Kischkewitz war irritiert. »Wie ist denn der Platz so?«

»Unfair«, sagte der Junge sehr fest und bestimmt.

»Ein Platz? Unfair?«, fragte Kischkewitz verblüfft.

»Das interessiert mich jetzt auch«, sagte der Vater.

»Kannst du das bitte erklären?« Kischkewitz dachte: Ich weiß nicht, wohin er will, ich weiß nur, er will etwas bewegen. Aber was?

»Ich kann das nicht erklären, man muss das sehen.« Der Junge wirkte ruhig und sehr bestimmt.

»Zeigst du es mir, wenn wir auf den Berg fahren?«

»Ja, klar«, nickte der Junge.

Der Vater fuhr sie auf den Berg.

»Hat er eigentlich viel Wild geschossen, wenn du bei ihm warst?«, fragte Kischkewitz als sie unterwegs waren.

»Ziemlich viel«, sagte der Junge. »Aber in der letzten Zeit nicht mehr so. Er sagte, er sieht schlecht.« Nach einer Weile setzte er hinzu: »Er hat ja dann auch mehr die anderen Waffen gebraucht.«

»Welche anderen Waffen?«, fragte der Vater des Jungen verblüfft.

»Die Maschinenpistolen«, erwiderte der Junge einfach.

Es war eine lange Weile sehr still.

»Er hat was?«, fragte der Vater beinahe hysterisch.

»Er nahm die Maschinenpistole. Er sagte, wenn man nichts mehr trifft, weil man nichts mehr sieht, dann muss man mähen. Dann hat er geballert.«

Gott steh mir bei!, dachte Kischkewitz, und er wusste nicht weiter.

Die beiden Erwachsenen wollten gleichzeitig etwas sagen, und Kischkewitz sagte rasch: »Entschuldigung.« Dann fragte er: »Aber was habt ihr mit den Tieren gemacht. Ich meine, der Förster hätte doch die Munition in den Tieren gefunden.«

»Ich hab für Opa eine Grube gegraben, und wir haben sie da reingelegt und die Grube wieder zugemacht, und Opa hat Tannennadeln und so was drübergelegt.«

Langsam, dachte Kischkewitz verkrampft, mach es langsam.

Der Vater des Jungen fuhr immer schneller, und Kischkewitz murmelte: »Sie müssen nicht fliegen.«

Als sie auf dem Gipfel des Berges ankamen, bemerkte der Vater verkrampft: »Warum hast du denn davon nichts erzählt?«

»Weil du und Mama gesagt haben, dass Opa kein Thema wäre. Nie wäre er ein Thema.« Dann begann er unvermittelt zu weinen.

»Es ist gut«, murmelte Kischkewitz. »Niemand macht dir Vorwürfe.«

Dann standen sie vor dem Auto und sahen auf den Platz.

»Was ist daran nun unfair?«, fragte der Vater.

»Unfair daran ist, dass die Tiere null Chance haben«, sagte der Junge. »Die kommen da aus der Tannendickung, weil sie an den Mais wollen. Die Entfernung bis zu Opa ist acht Meter. Und bei den Rehen ist das genauso. Sie gehen in die Buchen rein, und die Entfernung ist ungefähr zwanzig bis fünfundzwanzig Meter. Es ist eine Falle, es ist irgendwie scheiße, die haben doch gar keine Chance, da schießt kein Mensch dran vorbei. Das ist wie auf der Kirmes an der Schießbude.«

»Du hattest Streit mit deinem Opa, nicht wahr?«, fragte Kischkewitz.

»Na ja, nicht gerade Streit, aber ich habe gesagt, ich käme nicht mehr mit, wenn das so weitergeht.«

»Und was hat er da geantwortet?«

»Er hat gesagt, das wäre jetzt auch scheißegal, er wäre sowieso irgendwie am Ende, und es wäre ihm recht, wenn er vom Hochsitz kippt.«

»Aber er ist nicht vom Hochsitz gekippt«, sagte Kischkewitz.

»Nein, wollte er auch nicht. Er wollte es mit dem alten Colt machen.«

»Mit welchem Colt denn?«, fragte Kischkewitz.

»Er hatte einen sehr alten Colt Revolver Trooper Mark III, Kaliber.357 Magnum. Den hatte er immer dabei.«

»Wie ist es denn passiert?«, fragte Kischkewitz.

»Also, er hat gesagt, ich soll mir keine Sorgen machen, er macht es unauffällig. Und ich habe gefragt: Wieso denn unauffällig? Ich war so wütend. Und vorgestern dachte ich nachts, er würde es tun. Und ich bin aufgestanden und hier hochgegangen, weil ich dachte, er hat es getan. Aber er hat es nicht getan. Ich stand hier unten und habe gesagt: Tu es nicht. Und er hat genickt und gesagt: Ich tu es nicht. Und er sagte: Fang mal die Waffe! Und er hat sie zu mir runtergeworfen. Und ich habe sie irgendwie falsch erwischt, und es knallte und ... Also, er hatte kein Gesicht mehr.«

Der Junge weinte haltlos, und er ging zwei Schritte von ihnen fort und beugte sich vor, weil niemand sein Gesicht sehen sollte.

»Mein Gott!«, flüsterte der Vater hilflos.

Kischkewitz ging zu dem Jungen und legte ihm eine Hand auf die Schulter. Dann fragte er wie selbstverständlich: »Und wo ist dieser Colt?«

»Der hängt da an der Krüppeleiche an einem Ast«, antwortete der Junge.

»Niemand wird es je erfahren«, sagte er weich.

»Das ist mir scheißegal«, sagte der Junge.

Der Mann, der immer da war

*An den Herrn
Leitenden Oberstaatsanwalt
Dr. Bernard Watzlawik
Landgericht/Justizbehörden*

Sehr geehrter Herr Oberstaatsanwalt!
Verzeihen Sie, dass ich mich auf diesem Weg an Sie wende, aber andere Wege hat der Herr mir nicht gegeben, zumal ich über keinen Computer verfüge, also auch keinen Zugang zum Internet habe. Nun könnte man das über Internet-Cafés und ähnliche Institutionen erledigen, aber ich muss immer an die Spuren denken, die ich hinterlassen könnte. Ich schreibe, dies zur Kenntnis für Ihre findigen Mitarbeiter der Mordkommission, auf einer elektrischen Schreibmaschine des Typs Brother AX 410. Es ist eine der meistverkauften Schreibmaschinen der Welt, und ich kaufte sie nicht in diesem Lande, sondern vielmehr irgendwo anders. Es macht also keinen Sinn, mich zu suchen. Auch das verwendete Papier wird Sie nicht weiterbringen, und Fingerabdrücke wird es keine geben.

Das war, wie ich finde, eine lange, aber notwendige Einleitung, und jetzt kann ich zum eigentlichen Zweck meines Schreibens an Sie kommen: Es geht um den Mordfall Sven Darscheid, oder besser gesagt, es geht um den Tankstellenmord, der so viel Wirbel auslöste und nun zur Beruhigung des Publikums in einer lebenslangen Freiheitsstrafe für besagten Sven Darscheid mündete.

Darscheid war, wie wir alle wissen, geständig. Es gab für Sie zwar einige Ungereimtheiten, aber das haben Sie vor

Gericht meisterhaft verborgen. Zum Beispiel die fehlenden Fingerabdrücke auf dem Griff des Messers, mit dem die junge Frau, die alle Katinka nannten, getötet wurde. Zu anderen Ungereimtheiten komme ich gleich. Ich bin kein Psychologe, erst recht kein klinischer Psychologe. Und von der Psychiatrie verstehe ich im Grunde wenig bis gegen Null. Aber das Geständnis des Sven Darscheid ist falsch.

Ich weiß mit absoluter Sicherheit, dass auch der Leiter der Mordkommission, der Kriminalrat Sigurd Blaschke, gar nicht froh war über dieses Geständnis. Nach seiner Einlassung »ist da irgendetwas faul.«

Sie brauchen keine Furcht zu haben, dass Blaschke sich in irgendeiner Form gegen Ihre Auffassung gewendet hat oder bei Nichteingeweihten negative Kommentare zu Ihrer Person äußerte. Die Bemerkung, da sei irgendetwas faul, fiel nach einigen Vierteln Wein in irgendeiner der schmutzigen Kneipen rund um den Straßenstrich.

Sie, verehrter Herr Oberstaatsanwalt, mussten eine schnelle Aufklärung in diesem tragischen Fall der Katinka der Öffentlichkeit servieren. Denken wir doch einmal daran, dass innerhalb dieses ersten Halbjahres 2001 im Bereich des Rotlichtviertels und der schmuddeligen Nacht schon drei Menschen zu Tode kamen. Ihre Karriere, das erscheint sicher, hätte einen vierten, unaufgeklärten Fall nicht so ohne Weiteres ertragen. Und verzeihen Sie mir einen weiteren erheiternden Schlenker in Ihre Privatsphäre. Eine Ehe, die nicht mehr funktioniert, zwei beinahe erwachsene Kinder, die ihren eigenen Weg gehen und Sie nicht gerade lieben. Eine höchst attraktive Geliebte, die, gelinde gesprochen, eine merkwürdige Zickigkeit an den Tag legt und selbstverständlich geheiratet werden will ... oh ja, den Druck kann ich nachempfinden.

Kommt sehr blumig hinzu, dass Sie Ihre Familie versorgen müssen, also nicht auf Rosen gebettet sein werden. Wie trifft es sich da so lebensfroh und positiv zu Ihren Gunsten, dass die Zicke aus der vorhergehenden Ehe sehr viel Geld bringt? Schließlich hat sie Ihnen schon einen 320er CLK geschenkt, hübsch zurückhaltend schwarz. Ja, wir sind alle armselige Sünder vor den Augen des Herrn.

Das Leben geht gut mit Ihnen um, Herr Oberstaatsanwalt. Die Partei, der Sie angehören, übrigens auch. Nein, nein, werden Sie jetzt nicht panisch, bisher weiß noch niemand davon. Ihre Leute regieren seit Neuestem dieses Land, und Sie werden in gewisser Weise direkt mitregieren. Sie werden nach behutsamer, langer Planung Abteilungsleiter im Justizministerium. Sie können also diese Stadt und Ihre bisherige Familie sehr gründlich vergessen. Das wollten Sie doch immer schon, oder?

Allerdings besteht die Möglichkeit, dass der Prozess gegen Sven Darscheid wieder aufgerollt wird, weil nicht nur der Leiter der Mordkommission, gelinde gesagt, ein ungutes Gefühl hat, sondern auch der behandelnde Therapeut des Mörders schon jetzt, also kurze Zeit nach dem Urteil, eine ganze Latte höchst unbequemer Fragen notiert hat. Diese Fragen allerdings werden einen quälend langen Weg in die Öffentlichkeit vor sich haben, denn der Therapeut ist ein Parteifreund. Wie auch immer: Sie werden im Ministerium sitzen und taub und blind sein, wie Ministerielle das zuweilen so an sich haben.

Erlauben Sie mir jetzt, zum Mord an Katinka zu kommen, denn das ist schließlich der Kern meines Schreibens und sollte unter keinen Umständen untergehen.

Da liegt also die 28-Jährige vor der Verkaufstheke an der Tankstelle, in der sie des Nachts arbeitete. Sie liegt in einem

See aus Blut, sie war nach dem ersten Stich schon tot, wenngleich der Mörder insgesamt neunmal sein Messer in ihr versenkte. Daneben steht dieser Unglücksrabe Sven Darscheid, 35 Jahre alt, seit Jahren arbeitslos, im Grunde höchst schmutzig vor sich hinvegetierend, nie rasiert, immer ein wenig derb riechend, immer unter Alkohol. Er steht dort wie ein bedröppelter kleiner Junge, der sich vor Angst in die Hose gemacht hat.

Und Sven Darscheid hat sich tatsächlich in die Hose gemacht, wie der sehr ausführliche Tatortbericht Ihrer Mordkornmission vermerkte. Er hat rund drei Promille, und er kann es nicht fassen, dass er die Katinka getötet hat. Aber er muss sie getötet haben. Es ist drei Uhr nachts, und niemand außer ihm ist dort in der Tankstelle. Der letzte Kunde, der tankte, ist, nach dem Kassenbon zu urteilen, sechzehn Minuten her. Es ist niemand dort, außer der verblutenden jungen Frau und Sven Darscheid. Neben Katinka liegt im Blut das Messer, das merkwürdigerweise keine Fingerabdrücke hergibt.

Sie selbst, Herr Oberstaatsanwalt, haben im Prozess eindeutig festgestellt, dass Sven Darscheid das Messer wahrscheinlich aus dem Körper der sterbenden Frau zog und es ganz mechanisch, gewissermaßen automatisch abwischte. Und genau das hat nicht stattgefunden, kann nicht stattgefunden haben.

Hätte er das Messer abgewischt, dann hätte er es an seiner Hose oder an seinem Pullover abgewischt. Anderes Textiles gab es dort nicht. Nur Schokoladenriegel, Zeitungen, Magazine, Einwegfeuerzeuge und ähnlichen Kram. Das alles ohne eine Spur von Blut.

Auf der Kleidung von Darscheid fand man nur hingetupftes Blut, weil er sich zu der Sterbenden niederbückte und so gänzlich hilflos war in seinem Schmerz. Man hätte aber die obligaten winzigen Blutspritzer auf seiner Hose und auf seinem Pullover finden müssen, Herr Oberstaatsanwalt. Der Spurenspezialist fand auch keine verwischten Fingerabdrücke auf dem Messergriff, stattdessen Spuren des Puders, mit dem Einweghandschuhe aus Latex eingepudert werden, damit man sie leichter über die Hand streifen kann. Natürlich, so hieß es, seien dies Puderspuren der von den Mitgliedern der Mordkommission gebrauchten Einweghandschuhe gewesen. Leider eine kleine, technische Panne.

Ich sage Ihnen: Das war nicht der Fall.

Ich erinnere Sie an die Titelseite der Tageszeitung: Der Mann, der immer da war. Tatsächlich war Sven Darscheid immer da an der Tankstelle, beinahe jede Nacht. Das hatte Gründe. Der Mann tat nichts, er war unruhig, er konnte nicht schlafen. Er trabte jede Nacht zu Katinka, er sprach mit ihr, er scherzte mir ihr. Im Morgengrauen trollte er sich heim. In sein elendes Quartier. Er kochte kaum noch, er aß die Spaghetti kalt aus der Dose, kaufte sich Frikadellen aus dem Tiefkühlfach zu Tiefstpreisen. Dann legte er sich auf seine Couch und schaute sich Pornofilme an. Er war wirklich ein Fehlgeleiteter, ein großer Sünder vor dem Herrn.

In der letzten Phase zwang ihn das Arbeitsamt, für das Grünflächenamt der Stadt zu werkeln. Er war todunglücklich damit, denn zum Wege harken und Gras mähen war er wirklich zu intelligent. Und er wusste es.

Wissen Sie, was er vorhatte? Er wollte, übrigens zusammen mit Katinka, eine Kneipe pachten. Ob Katinka mitgemacht hätte, weiß ich nicht, er behauptete das. Aber die Ereignisse hatten ihn längst überholt. Da steht er nun neben der Frau, die in ihrem Blut liegt. Er ist geschockt, zweifelsfrei. Und er denkt, dass er es getan haben muss, denn wer, um Gotteswillen, soll es denn sonst getan haben? Drei Promille, ich bitte Sie: Was sollte er sonst denken?

Hat er Katinka geliebt? Zweifelsfrei. Aber natürlich nur auf seine ekelhafte, primitive, sexuelle Art und Weise. Hat sie ihn erhört? Ich würde sagen: Durchaus. Und zwar gelegentlich auf der Damentoilette der Tankstelle. Nachts, wenn Nebel war, wenn kein Kunde kam, weil niemand fuhr, wenn die Nächte kalt waren und nass. Dann eilten die beiden um die Tankstelle herum auf die Toilette. Alles ging schnell und ohne Gefühl und nur voller Gier – sonst nichts. Er war im wahrsten Sinne des Wortes ein armselig Getriebener, er hungerte nach ihrem sündigen Leib. Und sie wölbte die Hüften vor und freute sich an seiner Erregung und seiner sexuellen Not. Und wissen Sie, wie er bei Katinka angefangen hat?

Sie wissen es nicht, also sage ich es Ihnen.

Anfangs, in den Nächten des frühen Herbstes, trat sie genau aus dem schäbigen blauen Neonlicht über der Kasse und den dort feilgebotenen Waren. Sie kam für Minuten an die frische Luft. Sie rauchte dann mit gierigen Zügen eine Zigarette. Der Tankstellenbesitzer – übrigens der, der unmittelbar nach dem Mord am Tatort auftauchte und die Polizei rief – eben dieser Besitzer der Tankstelle hatte ihr verboten, in diesem Geschäftsraum zu rauchen. Es war ein groteskes Verbot, weil die Kunden neben Benzin ja auch Rauchwaren erstanden und nicht selten rauchend bei Katinka an der Kasse standen. Sie rauchte also vor der Tür, und neben ihr stand wie ein treuer Schildknappe Sven Darscheid. Kam dann ein Kunde, reichte Katinka Darscheid die Zigarette und ging kassieren. Darscheid begann seine Karriere bei ihr also als Zigarettenhalter.

Dann die Hauptfigur des tödlichen Spiels: Katinka. Sie war eine durch und durch schlechte Frau. Geboren vor achtundzwanzig Jahren in Warschau, aufgewachsen ohne Eltern in

Heimen, früh schon kriminell, früh schon zur Hure geworden. Sie war eine der Kindfrauen, die jenseits der Grenze zu Polen, gleich neben Frankfurt an der Oder, die deutschen und polnischen Autofahrer geil machen. Sie kennen sie, ich muss sie Ihnen nicht vorstellen. Sie war auf eine rein weibliche Weise hübsch, primitiv aufreizend, immer aufgeilend.

Irgendwie ist sie mit einem Lkw-Fahrer in den Westen gelangt, erst drei Jahre nach ihrem illegalen Grenzübertritt erstmals erwischt, nicht abgeschoben worden, weil irgendein Bürgerverein, der in völlig falsch verstandener Menschlichkeit Jugendliche retten wollte, seine Hand über sie hielt. Dann für ein Jahr Haushaltshilfe bei dem katholischen Monsignore Pfeifer in A.

Ganz richtig, Sie kennen den gut, er traute Sie!

Mein Gott, diese Frau hat diesem unserem Land gerade noch gefehlt! Irgendwie geriet sie an den Tankstellenbesitzer, der sie zunächst eindeutig auf der Straße einsetzte, gelegentlich auch selbst benutzte. Er hat bekanntlich als Zeuge ausgesagt, dass er Katinka für absolut ehrlich hielt. Als könne eine solche Frau ehrlich sein!

Wie auch immer: Die Schilderungen der Nächte in der Tankstelle während des Prozesses wiesen eindeutig Lücken auf, große Lücken. Da kam heraus, dass Katinka eine hart arbeitende junge Frau war, natürlich gelegentlich etwas mit Männern hatte – welche Frau hatte das nicht? Da stellte sich heraus, dass Sven Darscheid beinahe jede Nacht bei ihr an der Tankstelle verbrachte. Da wurde sogar seitens eines Gutachters festgestellt, dass sein Alkoholkonsum durch den Einfluss dieser Frau erheblich zurückgegangen sei. Kurzum, es wurde ein Bild dieser Frau entwickelt, das letztlich nicht stimmte.

Glauben Sie mir, verehrter Herr Oberstaatsanwalt, diese Frau war ein menschliches Tier, vertiert, mit Sicherheit ein

Schwein. Und wenn gelegentlich aufschimmerte, zwischen ihr und Darscheid habe es so etwas wie eine stille, gar tiefe, unausgesprochene Liebesgeschichte gegeben, so kann ich nur warnen, dem zu glauben. Die Frau war die Sünde, ein ständig feuchtes Tier, wenn Sie verstehen, was ich meine.

Sie war unter dem Spitznamen Katinka, »die schnelle Nummer« stadtbekannt, und nicht wenige Autofahrer kamen nachts an die Tankstelle, um mit Katinka der reinen, schnellen, schmutzigen Lust zu frönen. Das kostete jeweils fünfzig Euro und dauerte drei bis sechs Minuten. Auf der Damentoilette!

Gott ist mein Zeuge: Dass diese Frau starb, ist ein Segen für unser gepeinigtes, sittenlos gewordenes Land.

Zweifellos ist Sven Darscheid nicht der Täter. Davon werde ich Sie noch zu überzeugen wissen. Aber wer dieser Sven Darscheid ist, wusste so recht niemand in diesem Prozess zu erklären, nicht einmal der Sachverständige Nummer drei, der zweifellos einige Fakten ausgegraben hatte, die für diesen Täter sprachen.

Sven Darscheid war wie ein herrenloser Hund. Sein Vater starb früh, war Beamter beim Finanzgericht, ein umsichtiger, kluger Kopf, fleißig zudem und die Inkarnation eines deutschen Mittelstandsbürgers, aufrecht, sparsam, von zutiefst christlicher Gesinnung, letztlich das Salz dessen, was wir das Christliche Abendland nennen. Er war übrigens Mitglied Ihrer Partei unter der Nummer 0897-6890-713.

Die Mutter brachte sich und den Sohn mühsam durch. Sie nähte Kleider für jedermann, der den Weg zu ihr fand. Die Rente war schmal. Die Frau fand sich in dieser zunehmend verrohenden Welt nicht mehr zurecht, wurde krank, erlag dann einem Krebsleiden. Der Junge, der das Handwerk des Bäckers gelernt hatte und anfangs sehr strebsam gewesen war, geriet aus der Bahn. Er verkam. Die Stufenleiter, die ihm blieb, führte unaufhaltsam bergab, nichts bremste diesen Niedergang.

Ich habe das alles mühsam in Erfahrung bringen müssen, denn bekanntlich sprach er selbst nicht viel, schwieg zu den meisten Dingen, über die man ihn befragen wollte, wirkte gehemmt, vollkommen verzweifelt, in sich gekehrt. Er muss nun mit der nahezu vollendeten Gewissheit leben, die Katinka getötet zu haben. Und eigentlich soll man ausgerechnet dies so schnell wie möglich korrigieren.

Über eine mögliche Korrektur haben ich lange nachgedacht und bin zu dem Schluss gekommen, dass es sehr wohl eine Hilfe gibt. Im Grunde nämlich ist dieser noch leidlich junge Mann ein ausgezeichneter Deutscher. Das scheint durch Vererbung innerhalb dieser Rasse sehr gut möglich und spricht im Grunde eher für ihn denn gegen ihn. Lassen Sie uns also zusammen mit vereinten Kräften etwas für diesen Mann tun, den ein leidiges Schicksal in eine jahrelange schwere Krise stürzte.

Erinnern Sie sich, verehrter Herr Oberstaatsanwalt, an den Mord an der Dirne Claudia Bergzaber im Januar dieses Jahres? Nun, wir hatten in dieser Sache das Problem, keinen möglichen Mörder mit einem möglichen Motiv zu entdecken. Ich weiß allerdings, wer der Mörder ist. Es handelt sich um den arbeitslosen Deutschrussen Stanislaw Ruicki, im Milieu dieser Stadt zu Hause und bekannt als jähzorniger, gewalttätiger Mann. Wenn Sie ihn überraschend festnehmen, wird er nicht abstreiten können, dass zwei Dinge in seiner Wohnung der toten Dirne gehörten. Der Reisewecker TCM und das Langwellen-Radiogerät. Das sollte reichen. Ich weiß aus sicherer Quelle, dass Ruicki in der Nacht, als Katinka starb, kein Alibi hat. In dieser Nacht nämlich fertigte er in Heimarbeit Kopien eines Pornostreifens, der Sex mit Kindern zeigt. Und erinnern Sie sich: Ruicki tötete die Dirne auf die gleiche Art wie auch der Täter im Falle Katinka: Ein langes, schweres Messer, sehr viele ungeordnete Stiche! Und schon der erste Stich war laut Obduktionsbericht tödlich.

Und noch etwas wird Sie an dieser Sache interessieren: Immer wieder haben Zuhälter versucht, Katinka unter ihre Fittiche zu nehmen. Einer von ihnen war Ruicki. Er schickte ihr zuweilen auch Kundschaft und nahm ihr dann jeweils 20 Euro ihres Lohnes ab. Da lässt sich leicht ein glaubwürdiges Motiv finden.

Nun werden Sie möglicherweise einwenden, dass ja dann ein zweiter Unschuldiger wegen des Mordes an Katinka verurteilt wird. Nun ja, Ruicki ist niemals unschuldig, war immer der Typ des Affenmenschen, schon ein Gräuel an sich. Und Sven Darscheid muss freikommen. Ich bitte Sie also, dafür Sorge zu tragen. Sie haben in Ihrer ministeriellen Position sicherlich die Möglichkeit, diese Nachrichten auf den Weg zu bringen, so dass man sicher sein kann, die einzig wirklich Richtigen hinter Schloss und Riegel gebracht zu haben.

Nun werden Sie sich wahrscheinlich fragen, woher ich all das Wissen denn nehme. Nun, mein Lieber, ich bin ein vollkommen unbekannter, freischaffender Informationshändler. Man kann sich vieles erarbeiten, man muss nur seine Pflicht tun und zu den eigenen Zielen in Treue stehen. Und ich sehe meine vornehmste Pflicht darin, Schaden von unserem Volke abzuwenden, unsere Rasse rein zu erhalten und sie langsam, aber sicher, im missdröhnenden Konzert der Völker wieder zu der einsamen Größe zu machen, die sie nun einmal verdient hat.

Die noch zur Klärung anstehenden weiteren zwei Fälle von Morden an Frauen, Personen aus dem Milieu, werde ich zu gegebener Zeit an Sie durch persönliche Post nachreichen, so dass Sie den hiesigen Polizeibehörden wie der Zauberer vorkommen werden, der die fertigen Lösungen aus dem Zylinder ziehen kann. Das wird intern Ihre Position stetig stärken. Männer wie Sie und ich müssen unentwegt und nicht erlahmend zur Stärkung unseres Volkes beitragen.

In Sachen Sven Darscheid noch ein Hinweis, der die Richtigkeit meiner Aussagen sicherlich bestätigen wird: Ich trug in jener Nacht Latex-Einweghandschuhe. Sie stammen aus einem Einbruch in das Sanitätsgeschäft Willi Weber, Turmstraße, in der Nacht vom 2. zum 3. März dieses Jahres. Kennzeichen der entwendeten Kartons waren rote Aufkleber mit dem Werbespruch: Man kauft gut bei Weber! Frau auch!

Bemühen Sie sich nicht, ich war nicht der Einbrecher, und der Einbruch selbst wird im entsprechenden Dezernat als »nicht aufgeklärt« geführt.

Wie Sie sehen, komme ich Ihnen mit meinem Wissen entgegen. Nun hoffe ich, dass Sie Ihre Aufgabe in dieser Sache bald angehen. Und scheuen Sie keine Mühe. Ich bin gespannt darauf, wie Sie vorgehen werden.

Mit freundlichen Grüßen,
von einem, der es ernst meint, und der darauf warten wird, was Sie unternehmen. Sie unternehmen doch sicherlich etwas, oder?

Eine gute Stunde

DAUN, Freitag, 8. Juli 2011, ungefähr 21.55 Uhr.
Leo Kaminski (42), Dachdecker, betritt das Haus in der Abt-Richard-Straße Nr. 26. Wegen der Hitze des Tages steht die Haustür weit offen. Es ist immer noch ein lauer Sommerabend, das Wetter war den ganzen Tag über heiß bis schwül. Kaminski geht die Treppe hinauf in den zweiten Stock und klingelt an der Wohnungstür auf der rechten Seite. Dort gibt es kein Namensschild. Niemand öffnet, Kaminski wird ungeduldig und brüllt: »Macht auf, verdammt noch mal!« Wiederum keine Reaktion. Kaminski schlägt mit der Faust gegen die Tür und klingelt gleichzeitig. Keinerlei Reaktion.

Irgendwo unter ihm wird eine Tür geöffnet, und ein Mann fragt laut und empört: »Was soll der Krach hier?«

»Halt die Schnauze!«, schreit Kaminski zurück. Dann schlägt er erneut gegen die Wohnungstür. Es dröhnt. Kaminski schreit: »Ich weiß, dass ihr da drin seid. Macht auf!«

Der Mann von unten schreit: »Was soll das hier? Wir wollen unsere Ruhe!«

»Halt den Mund«, brüllt Kaminski zurück. »Das geht dich nichts an!« Er schlägt mit der flachen Hand gegen die Tür, er brüllt: »Monika! Ich befehle dir, aufzumachen. Es ist mein Recht, euch zu besuchen!«

Keine Reaktion.

In diesem Moment öffnet sich vorsichtig die Tür zur gegenüberliegenden Wohnung einen Spalt weit. Eine Frauenstimme sagt sehr schüchtern: »Da wohnt doch gar keiner.«

»Kann ja wohl nicht sein!«, brüllt Kaminski. »Da wohnt meine Familie!«

»Da wohnt keiner!«, widerspricht die Frauenstimme. »Schon seit Monaten nicht!«

»Das ist nicht wahr!«, schreit Kaminski. »Das kann nicht sein.«

Dann springt er unvermittelt auf die leicht geöffnete Wohnungstür zu und drückt sie auf. Da steht im Halbdunkel, leichenblass, eine junge, blonde Frau und starrt ihn an. Sie trägt Jeans und ein einfaches, dunkelgrünes Top, die nackten Füße stecken in Sandalen. Sie ist 23 Jahre alt, heißt Cynthia Fries, und sie wohnt dort zusammen mit ihrem Freund Marc Aumann (25), seit drei Monaten. Sie wollen demnächst heiraten. Dies ist ihre erste gemeinsame Wohnung.

Sie stammelt: »Da wohnt doch wirklich keiner!«

»Lüg nicht!«, schreit Kaminski. Dann greift er schnell und strikt nach ihrem rechten Arm und zerrt sie mit einem starken Ruck in das Treppenhaus. Dann zieht er die Wohnungstür hinter ihnen zu. Die junge Frau haucht fassungslos: »Bitte!«

»Du hältst jetzt die Schnauze!«, befiehlt Kaminski scharf. »Die Treppe runter, aber schnell. Ich bin bewaffnet, und du sagst nichts!«

Cynthia Fries geht langsam voraus die Treppe hinunter, und sie hat massive Angst davor, ohnmächtig zu werden.

Der Mitbewohner, der sich beschwert hat, ist im Treppenhaus nicht zu sehen.

Sie erreichen die Haustür und stehen auf der Straße. Die Dunkelheit der Nacht ist noch nicht eingefallen, der Abend ist hell, und am Himmel ist keine Wolke zu sehen. Kaminski befiehlt: »Wir gehen nach links, und du drehst dich nicht um!«

»Aber Marc kommt doch gleich«, sagt die junge Frau kaum hörbar.

Kaminski reagiert darauf nicht. Er sagt scharf: »Ich bin bewaffnet, ich habe eine Schusswaffe, und ich habe ein Messer.

Und ich werde dich töten, wenn das nötig ist. Du bist immer einen Schritt vor mir, du guckst keinen an, und du sagst kein Wort!«

Dass sie niemanden ansehen soll, macht Sinn, denn es sind noch viele Einheimische und Touristen auf den Beinen, die aus den Kneipen kommen oder Kneipen suchen. Cynthia Fries spürt, wie Kaminski ihr oberhalb ihrer Taille irgendetwas in den Rücken drückt. Später wird sie aussagen, es habe sich angefühlt wie ein sehr harter Gegenstand.

Als die beiden linker Hand die Post erreichen, genau gegenüber der *Marienapotheke*, sagt Kaminski halblaut: »Wir gehen geradeaus weiter.«

»Ich kann nicht mehr!«, stellt die junge Frau fest.

»Mach mir keine Zicken! Wir haben es bald geschafft«, erwidert Kaminski fast gemütlich.

DAUN, Freitag, 8. Juli, 22.00 Uhr.
Dieser Zeitpunkt ist definitiv, weil nachweisbar.
Auf der Polizeiwache in Daun geht ein Anruf ein. Eine Männerstimme sagt: »Mein Name ist Weiler, ich wohne in Daun in der Abt-Richard-Straße 26. Ich glaube, der Kaminski war wieder hier im Haus, also der, dessen Familie hier mal wohnte. Ist ausgezogen so vor vier, fünf Monaten. Ich habe die Stimme wiedererkannt. Leo heißt er wohl. Hat im Treppenhaus rumgebrüllt und wollte zu seiner Familie. Aber die ist ja weg. Und jetzt hat er eine junge Frau, die gegenüber wohnt, also auch im zweiten Stock. Und die ging vor ihm her. Und er hielt was in der Hand, also am Rücken der Frau.«

»Heißt das, dieser Kaminski bedrohte diese Frau?«, fragt der Polizeibeamte vom Dienst.

»Ja, sah so aus. Jedenfalls habe ich das gesehen, als ich aus dem Wohnzimmerfenster auf die Straße sah. Und er hat im Treppenhaus rumgebrüllt, er wäre bewaffnet.«

»Und wo ist dieser Kaminski hin mit der Frau?«

»Links runter, also Richtung Innenstadt.«

»Und wie lange ist das her?«, fragt der Beamte.

»So zwei bis drei Minuten, vielleicht auch weniger«, antwortet Weiler. »Also, weit können die noch nicht sein.«

DAUN, Freitag 8. Juli, 22.03 Uhr.
Der Polizeibeamte auf der Wache ruft einen Streifenwagen, der auf Höhe der Ortschaft Pelm vor Gerolstein auf der B 410 unterwegs ist. Er sagt, es bestehe ein Verdacht auf Freiheitsberaubung oder Geiselnahme. Ort: Daun, Innenstadt. Die Streife soll sofort losfahren, ohne Blaulicht, ohne Horn.

Es ist 22.04 Uhr, als der Beamte den Leiter der Polizeibehörde Daun in seiner Wohnung anruft und erklärt: »Ich glaube, Chef, Sie müssen kommen. Wir haben eine Schweinerei hier ...«

DAUN, Freitag, 8. Juli, 22.17 Uhr.
Ungefähr zu diesem Zeitpunkt erreichen Cynthia Fries und Leo Kaminski bei ihrem Gang, die Lindenstraße und die Wirichstraße entlang in Richtung Krankenhaus *Maria Hilf*, einen entscheidenden Punkt. Dort verläuft, leicht nach links versetzt, eine schmale Gasse, die direkt auf die Kirche *St. Nikolaus* zuläuft. Rein instinktiv will Cynthia Fries an dieser Stelle geradeaus gehen, weil das der Hauptrichtung der Straße entspricht. Aber Leo Kaminski sagt, jetzt wesentlich ruhiger: »Nein, nach links!« Also geht Cynthia Fries in die schmale Gasse hinein, links am Elektrohaus *Borsch* vorbei.

In ihrem ersten Protokoll wird sie sagen: »Ich habe das automatisch gemacht, ich habe mich auch nicht gewundert, dass es in die schmale Gasse ging, ich wusste ja nicht, was er wollte. Und manchmal hatte ich so viel Angst, dass ich gar nicht gemerkt habe, welchen Weg wir genommen haben. Ich wollte eigentlich dauernd sagen, dass ich unbedingt pinkeln muss, aber das sagte ich nicht. Außerdem stieß er mir oft kräftig in den Rücken.«

Leo Kaminski lässt sie an den Fußgängereinlässen vor der Kirche rechts vorbeigehen. Dann sagt er scharf: »Links jetzt!« Die junge Frau geht nach links, und sie gelangen vor das Kirchenportal. Es muss etwa 22.16 Uhr sein, als Kaminski das Portal der Kirche aufzieht und sagt: »Reingehen. Geradeaus. Dann rechts die Treppe hinunter!«

DAUN, Freitag, 8. Juli, 22.08 Uhr.
Der Leiter der Polizeibehörde ist unterwegs in die Polizeizentrale. Er ist ein energischer Mann, der unter diesen Umständen schnellstmöglich auf Nummer sicher gehen muss, selbst wenn sich die Ereignisse als bedeutungslos herausstellen sollten. Er gibt per Handy den Auftrag, sofort herauszufinden, ob Leo Kaminski telefonisch zu erreichen ist. Er sagt: »Ich bin in ein paar Minuten da!«

Er muss im Fall einer Geiselnahme damit rechnen, dass genau vorgeschriebene Verfahrensweisen, also in der Praxis erprobte Drehbücher, eingehalten werden. Und er weiß, dass im äußersten Fall ein Spezialist der Polizei alle Verantwortung übernehmen wird. Von diesem Zeitpunkt an wird er nur noch zuarbeiten können.

DAUN, Freitag, 8. Juli, 22.21 Uhr.
Auf der Polizeiwache an der Mainzer Straße geht ein Anruf ein. Es ist ein Mann. Er sagt: »Hören Sie mir genau zu! Hören Sie mir genau zu?«

Der Beamte erwidert: »Selbstverständlich!«

Der Mann erklärt: »Mein Name ist Leo Kaminski. Ich habe eine junge Frau bei mir, die ich töten werde. Ich verlange, dass die Polizei meine Ehefrau hierher bringt, damit ich in Ruhe mit ihr reden kann. Meine Ehefrau ist Monika Kaminski. Wir haben zwei Kinder. Die Tochter ist 18 Jahre alt und heißt Esther. Der Sohn ist 16 Jahre alt und heißt Paul. Die beiden Kinder muss ich nicht sehen, aber …«

Der Polizeibeamte unterbricht ihn: »Moment mal, wenn ich etwas sagen darf, Herr Kaminski. Wo sind Sie? Wir können Ihre Frau nicht zu Ihnen bringen, wenn wir nicht wissen, wohin wir sie bringen sollen.«

»Das geht Sie erst mal einen Scheißdreck an«, sagt Leo Kaminski scharf. »Das werden Sie noch erfahren. Also, Sie bringen meine Frau zu mir, damit ich mit ihr reden kann. Und dass wir uns nicht falsch verstehen: Ich habe hier eine junge Frau, die ich töten werde, wenn Sie meinen Befehlen nicht gehorchen …«

»Immer mit der Ruhe, Herr Kaminski! Wer ist denn diese junge Frau?«

»Das kann sie Ihnen selbst sagen. Hier ist sie.«

Es gibt Hintergrundgeräusche, dann kommt die sehr dünne, sehr mutlose Stimme einer jungen Frau. »Mein Name ist Cynthia Fries, ich bin 23 Jahre alt. Ich wohne in Daun in der Abt-Richard-Straße 26. Mein Freund, Marc Aumann, weiß nicht, wo ich bin. Der Mann hier hat ein schreckliches Messer und eine Pistole oder einen Revolver, ich weiß nicht, wie diese Dinger heißen. Er sagt, er tötet mich, wenn ich nicht genau tue, was er will.«

»Wo sind Sie denn?«, fragt der Polizeibeamte.

»Irgendwo in einem Keller«, antwortet die Frau.

Starke Hintergrundgeräusche, dann die bellende Stimme von Leo Kaminski: »So, das muss jetzt aber reichen. Bringen

Sie meine Frau hierher! Und vorher rufen Sie mich an.«

»Dann geben Sie mir wenigstens die Nummer Ihres Handys«, sagt der Polizeibeamte ganz gelassen.

»Haben Sie was zu schreiben?«, fragt Kaminski.

»Selbstverständlich«, sagt der Polizeibeamte.

»Dann schreiben Sie«, sagt Kaminski und diktiert die Handynummer. »Und keine miesen Tricks, sonst passiert hier was.«

»Schalten Sie Ihr Handy nicht aus!«, bemerkt der Polizeibeamte gemütlich. »Ende.«

Er wendet sich an den Leiter der Polizei, der in dieser Sekunde die Wache erreicht. Er sagt: »Der Mann heißt Leo Kaminski, und er hat eine Geisel. Und er droht, sie zu töten. Er hat mir eine Handynummer gegeben.«

»Kennen wir den Mann?«, fragt der Leiter der Polizei.

»Ich glaube, Günter hatte mit dem zu tun. Ein Krawallmacher, ein Suffkopp.«

»Ich brauche Günter, egal, wo er ist. Treibt ihn auf«, sagt der Leiter der Polizei.

DAUN, Freitag, 8. Juli, 22.25 Uhr.
In diesem Augenblick ereignet sich eine Panne. Der Freund der Geisel, Marc Aumann (25), kommt zurück von einem Treffen mit ehemaligen Mitschülern in einer Dauner Kneipe. Er wird im Treppenhaus von dem Mitbewohner Weiler aufgehalten, der ihm sagt: »Junge, du sollst hier auf die Polizei warten. Er hat deine Freundin.«

»Von wem reden Sie? Wen hat er?«, fragt Aumann verblüfft.

»Na ja, deine Frau oder Freundin«, antwortet Weiler. »Er bedroht sie mit Messer oder Revolver, was weiß ich. Es ist dieser Kaminski, der hier dauernd einen Riesenscheiß gemacht hat, als die Familie hier noch im Haus lebte. Also, er ist bewaffnet.«

Aumann ist hochintelligent. Er muss sich auf die Treppe setzen, hat die Hände auf dem Gesicht und sagt: »Und wohin ist er mit Cynthia?«

»Also, in die Innenstadt«, antwortet Weiler. »Wo genau wissen nur die Bullen. Und da ist alles abgesperrt, wurde gesagt.«

»Ich geh dann mal«, nuschelt Aumann. Als er aufsteht, schwankt er leicht, fängt sich wieder und geht die Treppe hinunter. Von der Haustür an rennt er, so schnell er kann, nach links in die Altstadt hinein.

DAUN, Freitag 8. Juli, 22.24 Uhr.
Der Polizeibeamte mit dem Namen Günter Horten aus Niederstadtfeld ruft den Leiter der Polizei an. »Zu deiner Frage nach Leo Kaminski«, erklärt er ohne Einleitung. »Der Mann ist Dachdecker, arbeitet aber schon seit Jahren nicht mehr und hat in den letzten Jahren dauernd die Familie traktiert. Er ist einfach gewalttätig, wenn er getrunken hat. Er schlug die Frau, er schlug die Kinder, er rastete regelmäßig aus und zertrümmerte die Wohnung. Drogen hat er auch genommen, soviel ich weiß. Zumindest wurde er wegen wiederholter Dealerei mit Drogen bestraft. Er muss bis vor etwa einer Woche im Knast in Trier gewesen sein und ist inzwischen seit drei Jahren geschieden, erkennt aber die Scheidung nicht an. Mindestens dreimal wurde er in die Psychiatrie nach Gerolstein eingeliefert, baut dauernd Scheiß und ist auch wegen wiederholter Betrügereien im Internet bestraft worden. Es gibt auch eine richterliche Anordnung, dass er sich seiner ehemaligen Familie nicht nähern darf. Wir haben der Frau geholfen, lautlos aus Daun zu verschwinden und woanders zu leben. Sie wohnt mit den Kindern in Darscheid. Und wenn du mich fragst, ob dieser Irre im Zweifels-

fall der Geisel etwas antut, dann antworte ich mit einem klaren Ja. Die Telefonnummer der Frau kann ich dir geben.«

»Komm sofort rein, ich brauche dich«, sagt der Leiter der Polizei

DAUN, Freitag, 8. Juli, 22.25 Uhr.
Der Leiter der Polizeibehörde Daun entscheidet, dass diesem Albtraum sofort ein Ende gesetzt werden muss. Er ruft das SEK, das Sondereinsatzkommando, an und bittet dringend um Hilfe. Damit wird er gleichzeitig alle Befehlsgewalt an diese schnell und gut trainierte Eingreiftruppe abgeben. Es handelt sich um eine Einheit, die in einem Zeitraum von 20 bis 60 Minuten alle denkbaren Einsatzorte in Rheinland-Pfalz erreichen kann.

Gleichzeitig werden alle in Daun stationierten Kriminalbeamten und die Frauen der polizeiinternen Büros zu Hause angerufen und zum Einsatz befohlen. Das Gleiche geschieht mit allen uniformierten Kräften, die erreichbar sind.

In einem einfachen Verfahren wird durch eine GPS-Peilung von drei Punkten aus gemessen, wo sich das empfangsbereite Handy von Leo Kaminski befindet. Der Schnittpunkt der Peilungen liegt ungefähr auf der *Nikolauskirche*.

Leo Kaminski bemerkt von dieser Peilung nichts.

DAUN, 8. Juli, 22.25 Uhr.
Leo Kaminski ruft die Redaktion des *Trierischen Volksfreunds* an. Er sagt einer Frau in der Zentrale, die sich nach seinen Wünschen erkundigt, Folgendes: »Mein Name ist Leo Kaminski. Ich rufe Sie aus Daun an, weil ich meine Familie wiederhaben will. Die wurde durch korrupte Einsatzkräfte von mir getrennt und weiß nicht, dass ich sie dringend suche. Ich brauche alle Hilfe der Medien. Ich habe eine Geisel, die

ich bei Nichtbeachtung meiner Befehle töten werde. Meine Frau soll zu mir gebracht werden, damit ich mit ihr sprechen kann. Das ist mein Recht als Ehemann und Vater.«

Im gleichen Augenblick schaltet die Verbindungsstelle der Zeitung auf ihren Onlinedienst. Dort erscheint etwa zwei Minuten später eine Headline: *Geiselnahme in Daun*. Das wird automatisch auf die Onlinedienste des Fernsehsenders SWR übertragen und ebenso auf Zeitungen im Kölner Raum und im Raum Trier-Koblenz-Saarbrücken.

Als Leo Kaminski sein Telefonat mit der Zeitung beendet, sagt Cynthia Fries etwas nuschelnd: »Ich muss unbedingt pinkeln!«

Kaminski erwidert schroff: »Dann pinkel doch!«

Cynthia Fries bewegt sich langsam von einer Kirchenbank in eine Ecke der nur von einer Funzel beleuchteten Krypta der *Nikolauskirche*.

Sie sagt später: »Ich dachte plötzlich, dass dieser Raum irgendwie gewaltlos ist. Er wirkte seltsam friedlich, obwohl es gespenstisch still war. Und ich konnte tatsächlich pinkeln. Und ich dachte, die Kirchenleute werden das schon verstehen und mir verzeihen.«

Die Polizei kann jetzt davon ausgehen, dass die Peilung des Handys von Leo Kaminski auf etwa fünfzig Meter genau ist. Das bedeutet gleichzeitig, dass man alle Gebäude, die in diesem 50-Meter-Radius oder unmittelbar benachbart liegen, möglichst schnell und leise evakuieren muss. Das wiederum bedeutet, dass viele Einsatzkräfte gebunden werden. Da die Polizei rein zahlenmäßig in einem solchen Fall zunächst überfordert ist, entscheidet der Leiter der Polizei, dass die örtliche Feuerwehr zu Hilfe gerufen wird. Das ist schwierig, da die Benachrichtigung der einzelnen Feuerwehrleute ohne Alarmsirene sehr aufwendig ist. Es greift indessen ein Drehbuch, das für diesen besonderen Fall entwickelt wurde. Innerhalb von fünf Minuten sind alle Feuerwehrleute benachrichtigt und auf dem Weg zum Einsatz. Die Feuerwehr wird um unbedingte Lautlosigkeit gebeten. Von der Evakuierung sind sechs Wohnhäuser betroffen, darunter auch das Pressezentrum der Tageszeitung *Trierischer Volksfreund*.

DAUN, Freitag, 8. Juli, etwa um 22.27 Uhr.
Marc Aumann rennt so schnell er kann. Er nimmt nur aus den Augenwinkeln wahr, dass die Innenstadt gesperrt ist. Der Feuerwehrmann Markus Eisen (23), der in Höhe des Brillenspezialisten Andreas Mayer postiert steht, sieht den Mann heranrennen, will etwas schreien, aber das ist nicht mehr möglich. Er stellt dem jungen Mann instinktiv ein Bein. Marc Aumann gerät sofort aus dem Tritt, hebt ab und schlägt mit voller Wucht auf eine etwa hüfthohe Sandsteinmauer. Er erleidet einen Splitterbruch des rechten Unterarms und ist augenblicklich besinnungslos.

DAUN, Freitag 8. Juli, 22.36 Uhr.
Das Portal der Kirche *St. Nikolaus* lässt sich ziemlich geräuschlos aufziehen. Der Leiter der Polizei befiehlt einem Beamten einer Streifenwagenbesatzung, den Türflügel möglichst leise aufzuziehen und einen Blick in die Kirche zu werfen. Der Beamte entsichert seine Waffe und macht einen Schritt in die Kirche hinein. Er entdeckt in dem nur matt beleuchteten großen Raum keinen Menschen. Das verwirrt ihn sehr stark. Der Beamte bittet flüsternd um die Möglichkeit, in den Kirchenraum hineinzugehen. Er bekommt die Erlaubnis und geht lautlos bis zum Hauptaltar. Er braucht dazu etwa sechs Minuten, weil er jede Bankreihe genau betrachten muss, um eventuelle Leute zu entdecken, die sich in den Bänken geduckt haben. Er

findet niemanden und zieht sich wieder geräuschlos zurück. Er sagt: »Das verstehe ich nicht.«

DAUN, Freitag 8. Juli, gegen 22.30 Uhr.
Der Kriminalbeamte Gregor Mertin erreicht die Wohnung der geschiedenen Ehefrau des Leo Kaminski in Darscheid. Er bringt sie mit Höchstgeschwindigkeit nach Daun, um notfalls zur Verfügung zu stehen. Die Frau ist sehr verwirrt und hat große Angst.

DAUN, Freitag 8. Juli,
Der Zeitraum zwischen 22.30 und 22.40 Uhr
wird genutzt, um den wahrscheinlichen Ort des Geschehens, die *Nikolauskirche*, vollkommen zu isolieren. Das bedeutet, dass der gesamte Innenraum der Stadt etwa von Höhe der Post bis hin zum Eingangsbereich des Krankenhauses *Maria Hilf* abgesperrt wird, sämtlicher Verkehr wird umgeleitet. Das erledigen zu weiten Teilen Feuerwehrkräfte.

DAUN, Freitag, 8. Juli, 22.42 Uhr.
Zu diesem Zeitpunkt befinden sich zwei Einsatzfahrzeuge des SEK bereits auf der Autobahn in Richtung Daun. Es sind ein schwarzer BMW 7, sowie ein abgedunkelter VW-Bus, die mit etwa 200 km/h unter Blaulicht fahren. Es sind jetzt acht Beamte in voller Ausrüstung auf dem Weg, sechs weitere werden in einem zweiten VW-Bus etwa in einem Zwei-Minuten-Abstand folgen. Es sind Männer, die Einsätze dieser Art seit Jahren Tag für Tag proben.

DAUN, Freitag 8. Juli, 22.45 Uhr.
Stephan Sartoris, der zuständige Redakteur des *Trierischen Volksfreunds*, ist inzwischen von seiner Zentrale in Trier

benachrichtigt worden und hat die Geschäftsstelle erreicht. Er findet niemanden vor, bemerkt aber Dutzende von Männern in Zivil, die auf der Straße stehen, Einmündungen von Gassen und Straßen überwachen und sich merkwürdigerweise nur sehr leise unterhalten.

Ein Kriminalbeamter informiert ihn knapp: »Wir haben eine Geiselnahme im Bereich der *Nikolauskirche*. Der Kirchenraum ist aber leer, was wir nicht verstehen. Die Außentür der Sakristei ist abgeschlossen, in den benachbarten Gebäuden befindet sich kein Mensch mehr, alles evakuiert. Haben Sie Informationen?«

Sartoris überlegt nicht lange und nickt. Später wird sich herausstellen, dass er als Messdiener oft in der *Nikolauskirche* war. Er sagt: »Es gibt da unter dem Altarraum eine Krypta.«

»Sie sollten schleunigst den Einsatzleiter informieren. Der steht vor der Kirche.«

Sartoris geht die wenigen Schritte und informiert den Einsatzleiter. Der fragt sofort: » Gibt es eine Möglichkeit, in die Krypta hineinzukommen, ohne die Treppe rechts neben dem Hauptaltar zu benutzen?«

Sartoris antwortet knapp: »Die gibt es, aber ich weiß nicht, ob euch das etwas bringt. Wir haben das als Jungens mal gemacht und sind dafür vom Pfarrer geprügelt worden. Links neben dem Altarblock gibt es eine große Sandsteinplatte, die man herausnehmen kann. Darunter ist ein Loch, das sich unmittelbar über dem Gewölbe der Krypta befindet. Die Trennung ist ganz dünn, irgendwie aus Pappe oder so.«

»Kann ein Mensch durch dieses Loch in die Krypta gelangen?«, fragt der Leiter der Polizei den Redakteur.

»Das geht«, antwortet der. »Aber nur dann, wenn ihr einen Zwerg habt.«

»Sollten wir haben«, murmelt der Leiter der Polizei.

Zu diesem Zeitpunkt stehen unmittelbar neben der Kirche bereits ein Einsatzwagen des Deutschen Roten Kreuzes mit zwei Notärzten, sowie ein Streifenwagen der Polizei. Es herrscht eine beinahe perfekte Stille.

DAUN, Freitag 8. Juli, 22.52 Uhr.
Der Leiter des SEK kommt mit einem Anruf: »Bin in einer Minute bei dir. Neue Information?«

»Keine!«, sagt der Leiter der Polizei. »Der Mann sitzt mit der Geisel in einer Krypta unter dem Altarraum. Kein Zugang außer einer Treppe, die vor einer massiven Eichentür endet. Möglicher Zugang durch die Decke der Krypta. Brauchen einen kleinen Mann.«

DAUN, 8. Juli, 22.54 Uhr.
Der schwarze BMW und der VW-Bus des SEK erreichen die Kirche.

Die Männer steigen aus, sie sind im Vollschutz, das heißt, voll ausgerüstet mit Waffen und Helmen, Nachtsichtgeräten und Sturmhauben, sowie einer technischen Ausrüstung, die alle Eventualitäten bedenkt.

Es löst Irritationen bei den Dauner Einsatzkräften aus, weil sie sich geräuschlos bewegen und so zielsicher vorgehen, als seien sie von den lokalen Gegebenheiten gründlich unterrichtet worden. Auch das haben sie trainiert: Sich auf gänzlich unbekanntem Gelände so sicher zu bewegen, als hätten sie das schon wiederholt gemacht.

Zunächst legen sie ein Mikrofon am Fuße der Treppe unter der Eichentür hindurch, gleichzeitig schieben sie eine Kamera an der Spitze einer halbsteifen Leitung unter der Tür her. Sie können jetzt hören und sehen, was sich in der Krypta abspielt.

Der Leiter des Einsatzkommandos wählt die Nummer des Handys von Leo Kaminski. Er sagt: »Hier ist die Polizei. Wir bitten Sie, mit uns zu sprechen.«

»Wo ist meine Frau?«, brüllt Kaminski.

»Die ist hier«, sagt der Leiter des SEK. Ich verbinde Sie.« Er reicht den Hörer weiter an die Frau.

Die Frau sagt in höchster Erregung: »Lass das doch sein, Leo. Du machst dich doch unglücklich, und uns auch.«

»Weißt du, was passiert, wenn du nicht mit mir sprichst?«, schreit Kaminski. »Dann hör mal, was passiert!« Kaminski schießt mit einem Achtunddreißiger Colt Special, von dem es später heißen wird, er habe ihn auf dem Drogenmarkt in Trier gekauft. Die Waffe ist bei der Polizei bekannt, sie ist von Drogenschmugglern an der holländisch-deutschen Grenze benutzt worden.

Der Leiter des SEK spricht kurz mit dem Leiter der Polizei. Es gibt keine Aufzeichnung des Gespräches. Der Leiter des SEK entscheidet, dass der Einsatz sofort beginnen muss. Es macht keinerlei Sinn mehr, mit dem Täter zu sprechen, der offensichtlich hoch erregt ist. »Wir nehmen Böller vor der Tür, wir sprengen anschließend die Tür auf, gleichzeitig wird der Zugriff durch die Decke erfolgen. Einsatz.«

Zwei Männer des SEK verfolgen, was sich in der Krypta tut. Leo Kaminski sitzt in einer Kirchenbank, die Geisel sitzt geduckt am anderen Ende dieser Bank und bewegt sich. Kaminski hat also nicht auf sie geschossen. Die beiden Beamten ziehen sowohl das Mikrofon als auch die Kamera zurück.

Zwei weitere Beamte bereiten an der Tür vor der Krypta eine Reihe von Sprengsätzen vor, und gleichzeitig eine Blendgranate, die so grell explodiert, dass Leo Kaminski für mindestens zwei Minuten nichts mehr sehen wird.

DAUN, Freitag 8. Juli, 23.00 Uhr.
Der SEK-Mann Albert (es gibt keinerlei Einzelheiten über den Mann) wird von zwei Kollegen im Altarraum der *Nikolauskirche* einsatzbereit gemacht. Die Sandsteinplatte ist herausgehoben, das Loch ist etwa 42 Zentimeter groß. Tatsächlich besteht die Abdeckung zur Krypta nur aus einer Pappe. Albert trägt nur einen Helm und eine schusssichere Weste. Mehr geht nicht, weil das Loch zu eng ist. Er trägt auch keine Handschuhe. Er ist bewaffnet mit einer Neun-Millimeter-Faustfeuerwaffe, die mit einer Laser-Zieleinrichtung versehen ist. Die Lasereinrichtung legt einen grellen, roten Punkt auf das Ziel.

DAUN, Freitag, 8. Juli, 23.01 Uhr.
Der Einsatzleiter des SEK befiehlt den Zugriff.

Es werden zunächst die Böller gezündet, die einen erheblichen Lärm machen, und die in nächster Nähe befindlichen Menschen völlig taub zurücklassen. Es sind mehrere Sprengkörper, die nacheinander gezündet werden. Dann erfolgt das Aufsprengen der Tür.

Gleichzeitig wird der SEK-Beamte Albert von einem stählernen Bock aus senkrecht in das Loch hinuntergelassen. Bei der ersten Explosion schneidet er die Pappe durch. Dann gibt er ein Handzeichen. Jetzt wird er mit einem Ruck herabgelassen, durchbricht mit dem Helm die restliche Abdichtung und hängt dann frei, kopfunter in dem Raum. Er hat das Ziel Leo Kaminski sofort im Visier. Aber er schießt nicht.

In diesem Augenblick wird die Tür aufgesprengt.

Drei SEK-Beamte stürmen in diesen Sekunden über die zersplitterte Tür hinweg den Raum. Sie sind schussbereit, schießen aber nicht.

Einer der Beamten sagt gelassen: »Wir haben einen Suizid, wir haben einen Suizid.«

Leo Kaminski hat sich das schreckliche Messer in den Hals gestoßen.

DAUN, Samstag, 9. Juli, 0.13 Uhr.
Der Redakteur des *Trierischen Volksfreunds*, Stephan Sartoris, sitzt an seinem Schreibtisch und schreibt direkt in den Onlinedienst seiner Zeitung unter dem Titel *Geiselnahme in Daun* seinen Bericht. Zwei seiner Kollegen fotografieren noch, was es zu fotografieren gibt.

Um 2.35 Uhr an diesem Samstag wird die gedruckte Ausgabe der Zeitung über die Autobahn von Trier nach Daun transportiert.

Um diese Zeit sitzt die Geisel Cynthia Fries immer noch geduldig neben dem leeren Bett ihres Gefährten im Krankenhaus *Maria Hilf* und wartet auf das Ende der Operation an dem Splitterbruch. Die OP dauert insgesamt sechs Stunden.

Jonnys Coup

Das Ganze begann damit, dass Jonny sich von Gabi sagen lassen musste, er sei furchtbar langweilig. »Du hast einfach nichts drauf!« flüsterte sie hämisch. »Du bist so was von Flasche, da kriegste ja nicht mal Pfand für!« Jonny, der natürlich eigentlich Johann hieß, dachte darüber nach, und fragte sich, ob er Gabi eine scheuern sollte, oder ob er ihr beweisen müsse, dass er keine Flasche war. Er entschied sich für das Letztere, und scheiterte dabei schon nach zwei Sekunden. Er war total pleite. Er war zwar der Erbe vom reichsten Hof im Dorf, aber das änderte nichts an der Tatsache, dass sein Vater ihn ständig an der kurzen Leine hielt. Dabei war er schon 25, und er konnte verdammt gut arbeiten, und er arbeitete unablässig und hart. Aber sein Vater war schlicht ein Geizkragen.

Jonny gelangte zu der Einsicht, dass nur ein anständiger Bankraub ihn bei Gabi wieder ganz nach vorn bringen würde. Und also plante er die Sache kurz und schmerzlos, stieg in der Nacht auf die MB-Maschine, hatte runde fünfhundert PS unter dem Hintern und fühlte sich so stark wie Dschingis Khan kurz nach der Eroberung von Konstantinopel. Er fuhr ganz leise zur B 257 mitten im Ort. Dann sah er sich die Sache in aller Ruhe an und entschied, dass er am besten frontal vorging.

Er hatte die schwere Kette bei sich, mit der er im Wald schon mal eine achtzigjährige Buche aus dem Forst zog, mit der man garantiert ein Einfamilienhaus zu Bruch ziehen konnte. Dann stellte er den MB frontal gegen den Automaten, nahm die Kette und legte sie sorgfältig um das Gehäuse. Dann stieg er in das Fahrerhaus und legte den Rückwärtsgang ein. Er gab einmal Gas, und er dachte unwillkürlich, dass der Automat aus der Wand kam, als wenn er im Hochsommer Butter schnitt, ganz locker, ganz easy.

Natürlich gab es ein paar unangenehme Geräusche. Es quietschte grell und laut, es bumste, als habe jemand die dicke Trommel geschlagen, es staubte, dann quietschte das Ding über das Trottoir. Aber Jonny ließ sich in keiner Weise stören. Stattdessen legte er den Frontlader nach unten und fuhr ihn unter den Automaten. Das machte zwar auch Krach, aber es funktionierte glatt und problemlos. Dann fuhr er mit dem Automaten auf dem Lader schnell und sicher nach Hause und stellte das Ding in der großen Scheune in eine Ecke, sodass man ihn nicht gleich sah.

Dann machte er sich erneut auf die Socken. Diesmal wollte er Juppes um Hilfe bitten, denn Juppes, das war vollkommen klar, würde das Ding aufmachen und sie würden vor einem Haufen Kohle stehen. »Zehn Prozent für dich!«, würde er großzügig sagen.

Juppes war zwar nicht mehr wach, aber Juppes kam wie ein Rehkitz aus dem Haus gesprungen, als Jonny erklärte: »Ich habe einen Safe, und du musst ihn knacken.«

In der Scheune sah sich Juppes den Automaten sehr lange an. Dann sah er Jonny ebenso lange an. Dann fragte Jonny: »Ey, hast du eine Ladehemmung?«

»Das nicht gerade«, erwiderte Juppes. »Aber du hast nicht den Geldautomaten erwischt, sondern den Kontoauszugsdrucker, du Vierfruchtmarmelade!«

Heerdegens Rache zu Werl

Als Karl-Ludwig Heerdegen beschloss, Onkel Albert zu töten, war er fünfundvierzig Jahre alt und hatte im Leben viel Unglück erlebt. Er war niemals auf die Idee gekommen, sich das selbst zuzuschreiben, er war der festen Überzeugung, dass Onkel Albert an all dem Schuld trage. Und also sollte Onkel Albert sterben. Möglichst spektakulär, möglichst sichtbar, möglichst vor den Augen einer großen Öffentlichkeit.

Nach Jahren der Planung, nach unendlichen Überlegungen war Karl-Ludwig zu dem Schluss gekommen, Onkel Albert am Ende des sonntäglichen Hochamtes vor dem Franziskanerkloster in Werl zu erschießen. Und zwar in dem Moment, in dem die Gläubigen auf den Platz vor der Basilika und der alten Wallfahrtskirche traten, sich auf der breiten Freitreppe freundlich zunickten, eine Weile beieinanderstanden und über Belangloses sprachen. Karl-Ludwig stellte sich diese Szene immer bei Sonnenschein vor und er wusste genau, dass Onkel Albert stets umringt war von Menschen. Karl-Ludwig nannte diese Menschen für sich ›die Schleimer‹.

Er würde mit einer Armbrust schießen. Vollkommen lautlos, schlimmstenfalls mit einem leisen Plopp, das niemand in der Menge wahrnehmen würde.

Karl-Ludwig hatte beobachtet, dass sich Onkel Albert nach dem Hochamt in der Regel mit Menschen umgab, die in der Hierarchie dieser Stadt sehr weit oben standen. Mit dem dicken, voll gefressenen Dechanten zum Beispiel, der immer so leutselig tat, so zugewandt im Sinne des Herrn, und dabei mit Sicherheit nur an den sonntäglichen Hirschbraten dachte oder – noch wahrscheinlicher – an die attraktiven, ungemein reizvollen Oberschenkel seiner sehr jungen Zugehköchin, die fest davon überzeugt war, sie leiste einen sozialen kirchlichen Dienst, wenn sie sich dem frommen Mann öffnete.

Was die große Öffentlichkeit betraf, war sich Karl-Ludwig seines Planes vollkommen sicher. Immerhin war Werl drittgrößter deutscher Wallfahrtsort, besucht von mehr als zweihunderttausend Menschen im Jahr, die es in die große doppeltürmige Wallfahrtsbasilika zur *Trösterin der Betrübten* zog, einer Marienstatue aus dem 12. Jahrhundert, deren wechselvolle Geschichte Karl-Ludwig trotz der eingehenden Ausführungen in den Broschüren, die er während seiner Zugfahrten nach Werl gelesen hatte, immer noch nicht ganz genau nachvollziehen konnte. Zunächst, so viel hatte er verstanden, hatte die *Trösterin der Betrübten* in der Kirche *Mariä Heimsuchung* ihre Heimat gehabt, dann gegen Ende des 18. Jahrhunderts in einer neuen, neben dem alten Platz errichteten Kirche, die man heute die *Alte Wallfahrtskirche* nannte. Als die Pilgerströme größer und größer wurden, erbaute man Anfang des letzten Jahrhunderts neben der alten Wallfahrtskirche ein noch größeres Gotteshaus für die Pilger, die Basilika, die wieder den Namen *Mariä Heimsuchung* trug und auf dem gleichen Platz stand wie die erste Heimstätte der *Trösterin der Betrübten*. Hier, auf diesem großen, bedeutenden kulturgeschichtlichen Terrain sollte jetzt Onkel Albert das Zeitliche segnen.

Karl-Ludwig kannte sich mittlerweile sehr gut aus in Werl, kannte die Geschichte der Stadt, wusste über die bedeutende Rolle der einstmaligen Grafen von Werl Bescheid, die beste Beziehungen in die höchsten kirchlichen wie politischen Kreise des Heiligen Römischen Reiches Deutscher Nation unterhalten hatten. Wie oft war Karl-Ludwig wohl hier gewesen, wie oft war er durch die alte Hansestadt gestreift, die schon vor Jahrhunderten bis nach Gotland Handel getrieben hatte, woher die Marienstatue in der Wallfahrtsbasilika der Franziskaner womöglich ursprünglich herkam.

Was er mittlerweile nicht alles über Werl wusste! Er hätte als Stadtführer anheuern können. Nur die Justizvollzugsanstalt, eine der größten Haftanstalten Deutschlands, gar nicht einmal weit von der Stadtmitte gelegen, die hatte er instinktiv gemieden.

Immer wieder hatte er sich ein Bild von der Stadt gemacht, irgendwie zwanghaft unter dem Blickwinkel, was wohl der beste Ort für Onkel Alberts Hinrichtung sein konnte. Und stets hatte es ihn am Ende zu der prächtigen Basilika gezogen, ein paarmal hatte er das daneben gelegene Franziskanerkloster besichtigt, Führungen mitgemacht, den Klostergarten bewundert. Oder diese großartigen Doppeltürme der Basilika, in die die Touristen und Wallfahrer fast zu jeder Tageszeit strömten.

Und diese Wallfahrer würden sich mischen mit den wichtigen Bewohnern der Stadt, würden fassungslos Onkel Albert betrachten, wie er da mit dem stählernen Bolzen im Herzen unter ihnen lag und zum letzten Male röchelte. Und sie würden voller Erstaunen registrieren, dass am Ende des Bolzens ein grellrotes künstliches Gefieder für den sicheren Weg des Geschosses gesorgt hatte und jetzt auf dem schwarzen Anzug von Onkel Albert wie ein Karnevalsorden aussah. Und dann – erst dann – würden sie beginnen, in Panik zu schreien, und in alle Himmelsrichtungen laufen.

Und er würde über der Szene sein, alles genau beobachten, über die Leiche lächeln und dann verschwinden.

Schon seit Langem war Karl-Ludwig Heerdegen in der Raserei wuterfüllter Nächte das Opfer seiner Allmachtsfantasien geworden. Über Monate beherrschte ihn beispielsweise die Vorstellung, er könne Onkel Albert auf ein Türblatt binden und dann langsam, Stück für Stück, töten. Besonders befriedigt hatte ihn dabei die Vorstellung, dass er an den Extremitäten anfing, einen dicken Zeh amputierte, dann das Bein auf der Hälfte der Wade, dann vielleicht ein Stück aus der Schulter. Immer sorgfältig um die großen Blutbahnen herum, damit Onkel Albert nicht das Bewusstsein verlor und dadurch hautnah erlebte, wie das so ist: das sehr langsame Sterben.

Er hatte auch darüber nachgedacht, ob es nicht möglich wäre, eine ätzende Flüssigkeit einzusetzen. Onkel Albert würde seinen Tod trinken und hilflos erleben, wie er sich unaufhaltsam innerlich auflöste. Aber das barg zu viele Unsicherheiten, war auch nicht feinsinnig genug. Denn sofort musste sich Karl-Ludwig die Frage stellen: Wohin mit der Leiche? Die meisten Mörder scheitern an genau diesem Problem. Mit einer Leiche wollte sich Karl-Ludwig nicht beschweren, er wollte die Leiche herstellen, sie aber nicht als zu entsorgenden Unrat begreifen.

Nein, Onkel Albert würde vor der Kirche umfallen mit dem Bolzen im Herzen und die Leiche würde nicht Karl-Ludwigs Problem sein, die musste von der Kriminalpolizei erst bestaunt und dann beiseitegeschafft werden. Das war schließlich Aufgabe des Staates.

Öffentlichkeit war und blieb wichtigstes Prinzip! Seht her, ein großer Unbekannter hat ein Kapitalistenschwein hingerichtet!

Onkel Albert, so viel war sicher, waberte über Karl-Ludwigs Leben, seit er denken konnte. Er erinnerte sich zuweilen an seinen Vater, der als Maurer auf dem Bau gearbeitet und ständig den Spruch im Munde geführt hatte, dass ein Hundertstel vom Besitz des Onkel Albert ausreichend sei für mindestens fünfzig Menschenleben in beschaulicher Ruhe und Sicherheit. Karl-Ludwig erinnerte sich, dass er gefragt hatte: »Warum fahren wir nicht hin in dieses Werl und reden mit Onkel Albert?«

Sein Vater hatte geantwortet: »Wenn du auf das Geld von Geldsäcken aus bist, musst du leise und geduldig sein!«

Tatsächlich waren sie einmal nach Werl gefahren, mit dem Zug über Holzwickede, Unna, Lünern und Hemmerde, kurz nachdem Mutter an Krebs gestorben war. Sie hatten sich bescheiden auf eine Stunde angemeldet, hatten sogar Kuchen gekauft, hatten Onkel Albert ganz demütig die Hand geschüttelt, steif wie Bretter an seinem Tisch gesessen, kaum zu trinken gewagt.

»Du hast es schwer, auf deinen Reichtum aufzupassen, nicht wahr?«, hatte Vater geäußert.

Und Onkel Albert hatte zuerst maßlos verblüfft die Augen aufgerissen, dann gelacht, energisch den Kopf geschüttelt und geantwortet: »Weißt du, mein Lieber, ich muss auf das Geld nicht aufpassen. Das machen die Banken besser als ich.« So war das.

Vater hatte noch einen Versuch gestartet, vom Tod seiner lieben Frau berichtet, weinerlich vom Leben eines Witwers erzählt. Onkel Albert hatte aufmerksam zugehört und dann geantwortet: »Weißt du, mein Lieber, du wirst das alles schaffen. Der Herr hat ein Hindernis in deinen Lebensweg gerollt, aber du wirst ihn meistern!«

Onkel Albert hatte dauernd solche Sprüche drauf. Karl-Ludwig erinnerte sich daran, dass der Vater auf dem Heimweg nach Dortmund sehr sicher gemeint hatte: »Na ja, du kannst dich darauf verlassen, dass du eines Tages ein sehr reicher Mann sein wirst.«

Das verstehe er nun gar nicht, hatte Karl-Ludwig erwidert und der Vater hatte daraufhin schnörkellos erklärt: »Du wirst eines Tages sein einziger Verwandter und damit sein gesetzlicher Erbe sein. So einfach ist das.«

»Und wenn Onkel Albert heiratet?«, hatte Karl-Ludwig gefragt.

»Onkel Albert heiratet niemals. Dazu ist er viel zu katholisch.«

Die Erklärung reichte Karl-Ludwig zwar nicht, aber er nahm sie hin. Und tatsächlich heiratete Onkel Albert ja auch nicht und tatsächlich mehrte sich sein Vermögen.

Onkel Albert besaß über ganz Werl verteilt, auch in der Innenstadt rund um den Alten und Neuen Markt und den Kirchplatz an der Probsteikirche, mindestens zwanzig Luxusimmobilien, in denen sich Banken und vornehme Geschäfte eingemietet hatten und für die nur seriöse und solvente Mieter infrage kamen. Vater hatte aus angeblich sicherer Quelle gehört, dass Onkel Albert über ein Vermögen von etwa fünfzehn Millionen Euro verfügte. Das war vor zehn Jahren gewesen. Wie viele Millionen es jetzt waren, konnte nur grob angenommen werden. Die Schätzungen schwankten zwischen achtzehn und zweiundzwanzig Millionen, wobei es auf die eine oder andere Million nicht ankommen mochte. Es waren jedenfalls ungeheure Werte an Bausubstanz mit dem Flair ständig rieselnden Bargeldes. Und Karl-Ludwig dachte mit Erheiterung an die immerwährenden Verbeugungen, die die Werler machen würden, wenn er selbst über diese Werte verfügte.

Aber erst einmal ging seine Ehe mit Elvira kaputt und er verlor die Arbeitsstelle als Rinderhälftenzerteiler im Schlachtbetrieb Dortmund-West. Der Verlust der Arbeitsstelle störte ihn nicht weiter, dass Elvira ihn verließ, schon eher.

Es war keine himmelstürmende Liebesgeschichte gewesen, es war eher ein bedächtiges Sicheinlassen auf den anderen. Karl-Ludwig hatte noch seine Arbeitsstelle gehabt, Elvira kümmerte sich in einem kleinen Bistro in der Innenstadt um die Küche. Sie lebten nicht im Überfluss, aber es reichte immerhin für ein kleines Auto. Bis Elvira schwanger wurde.

Karl-Ludwig mühte sich redlich, die kleine Familie durchzubringen, aber es war schwer und Elvira wurde immer unduldsamer. Sie schrie ihn an, er solle gefälligst Sonderschichten machen, und er antwortete verzagt, er könne keine Sonderschichten machen, weil sein Arbeitgeber Sonderschichten nicht vorgesehen habe. So kleinlich ging das hin und her und sie begannen, einander zu hassen. Karl-Ludwig äußerte gelegentlich hochfahrend, sie werde staunen, wie viel Geld er eines Tages besitzen werde. Sie brüllte nur: Onkel Albert sei garantiert nicht der Meinung, sein Erbe einer solchen Null zu hinterlassen. Irgendwann sagte Elvira: »Du kannst mich kreuzweise!« Dann packte sie ihre Siebensachen und verschwand mitsamt dem Kind. Sie meldete sich nie mehr bei Karl-Ludwig, lebte irgendwo in der Gegend zwischen Soest und Paderborn und fiel der Vergessenheit anheim.

Er zog in eine Einraumwohnung, lebte in einem vermüllten Zustand, kassierte des Staates Wohlfahrt und träumte unverdrossen den großen Traum von Onkel Alberts Geld.

Dann starb sein Vater. Er fiel sturzbetrunken von einem Gerüst und verabschiedete sich ohne große Seufzer und ohne Traurigkeit von dieser Welt. Im Krankenhausbett flüsterte er als Letztes traumverloren, Karl-Ludwig werde einmal ein reicher Mann sein, ein reicher Mann in Werl. Er selbst hinterließ nichts als Schulden, aber niemand konnte auf Karl-Ludwig zurückgreifen, denn der hatte auch nichts.

An Margot wäre er beinahe gescheitert. Er las sie auf der Straße auf, als sie vor dem Hauptbahnhof Vorübergehende um eine Spende bat. Sie war vollkommen abgerissen und träumte von einem hascherfüllten Leben an der Côte d'Azur. Sie war renitent, sie brüllte gern, sie war ungefähr dreißig Jahre alt und sie behauptete voll Verachtung, sie wolle niemals vierzig Jahre alt werden. Sie ging mit ihm, weil er versprach, ihr ein Sixpack Bier zu kaufen und eine Flasche Wodka, der Dreiviertelliter zu drei Euro fünfzig. So hatte sie etwas zu trinken und er etwas, um sich zu wärmen.

Es dauerte aber nicht sehr lange, bis sie ihm vorwarf, er sei ein Verrückter, er habe eine geradezu idiotische Obsession. Die trage den Namen Onkel Albert. Woher er denn, um Gottes willen, wisse, dass dieser Onkel ihm auch nur fünfzig Cent hinterlassen würde? Und überhaupt – wenn der Onkel so vor Geld stank, dann solle er doch in dieses gottverfluchte Werl fahren und den Onkel um schlichte zwanzigtausend bitten, oder fünfzigtausend meinetwegen. Warum er das denn nicht täte? Warum er ständig sein Leben festmache an Millionen, die er niemals besitzen würde?

»Ich bin der einzige Erbe!«, schnaubte er. »Mein Vater hat das festgestellt, mein Vater wusste das schon. Jetzt ist er tot, aber an mir ändert das nichts.« Und dann wollte er noch wissen, was das denn sei: eine Obsession?

»Wie bitte?«, fragte sie gedehnt. Und dann kicherte sie verächtlich und gab ihm vollends das Gefühl, ein Nichtwisser zu sein, ein Versager, ein ewiger Verlierer. Und er konnte ihr loses Maul nur stopfen, indem er ein Sixpack Bier und eine Flasche Wodka für drei fünfzig kaufte. Er war schrecklich wütend auf diese Frau.

Zu der Zeit las er gerade in einem Buch über berühmte Verbrechen in England von einem Arzt, der einige seiner Patientinnen auf eine höllisch raffinierte Art und Weise erst getötet und dann beerbt hatte. Und weil Karl-Ludwig Margot unbedingt loswerden wollte, ging er daran, diese Mordmethode zu kopieren.

Margot hatte einen Tick: Sie badete jeden Abend lange und ausführlich. Legte ein Brett über die Wanne, darauf standen ein Sixpack und ein Schnaps. Dazu las sie in billigen Yellowpress-Blättern über die Liebesgeheimnisse bekannter Frauen und die Seitensprünge junger, schöner Männer des Glitzerlebens. Irgendwann wurde das Wasser kälter und sie ließ es heiß nachlaufen, wurde langsam betrunken und döste vor sich hin. Und genau an diesem Punkt setzte Karl-Ludwig an.

Er ging in das Badezimmer und nahm das Brett vor ihr von der Wanne. Er sagte freundlich: »Willst du noch einen Schnaps?«

Sie antwortete natürlich: »Aber ja doch!« Dann ging er in die Küche und goss ihr einen Schnaps ein und brachte den an die Badewanne. Dann stellte er sich an das Fußende, strahlte sie an und sagte: »Du bist schon ein toller Schuss!« Sie lächelte beduselt und fand das Leben schön.

Er griff ihre beiden Fußgelenke und zog sie mit aller Gewalt mit einem Ruck zu sich heran. Ihr Kopf schoss mit der Heftigkeit eines Faustschlages unter Wasser, das Wasser in ihre Nase, sie war augenblicklich bewusstlos. Er musste nur noch ihren Kopf eine Weile unter Wasser halten. Dann war sie tot.

Es war schon erstaunlich, dass man in einem Buch nachlesen konnte, wie man so etwas macht.

Natürlich hatte er jetzt ein Problem, denn er musste Margot entsorgen. Im Normalfall mag so etwas keine große Schwierigkeit darstellen, aber bei Karl-Ludwig wurde es das, denn seine Einraumwohnung lag im neunten Stock, die Fahrstühle funktionierten nicht immer und das Kommen und Gehen in dem Block, auch des Nachts, war erheblich. Das Gebäude wurde immerhin in Dortmund ganz unverhohlen der Nuttenbunker genannt.

Wichtig war jetzt, dass er sich keine Panik erlaubte, nicht verzagte, nicht zitterte. Er besaß eine alte, einfache Holztruhe, in der er den Krimskrams seines Lebens aufhob, nicht irgendetwas, was wichtig war. Er leerte die Truhe, er schaffte sie neben die Badewanne. Dann ließ er das Wasser aus der Wanne laufen, trocknete Margot sorgfältig ab und packte sie in die Truhe.

Schließlich rief er seinen Nachbarn Herbie an und sagte: »Ein Sixpack für dich, wenn du mit mir eine Truhe nach unten schleppst und mir kurz deinen Wagen leihst.«

Herbie war begeistert. Herbie war immer begeistert, wenn man ihn zu Hilfe rief. Und Herbie war vor allem ein sicherer Zeuge dafür, dass niemals eine tote Frau aus Karl-Ludwigs Wohnung transportiert worden war. Herbie war fett und kurzatmig, aber ungeheuer liebevoll. In diesem Fall war er der Retter in der Not. Wie zu erwarten, verlief der Transport der Kiste mit Margot darin vollkommen reibungslos, sogar der Lift funktionierte. Unten luden sie die Truhe in Herbies Kleintransporter, mit dem er tagsüber Entrümpelungen machte. Karl-Ludwig sagte Herbie einen tiefen Dank, gab ihm die Wohnungsschlüssel und sagte: »Das Sixpack steht im Eisschrank, ich bin gleich wieder da.«

Er fuhr los, ließ Dortmund hinter sich, schlug die Richtung nach Holzwickede ein, kam an Unna vorbei, wo schon Wiesen waren mit lebenden Kühen darauf, und ihm wurde plötzlich klar, dass er schon fast auf dem Weg nach Werl war. In der Ferne leuchteten die Doppeltürme der Basilika im Scheinwerferlicht. Er fuhr rechts ran und hielt an einer Bushaltestelle, an der zu dieser Zeit kein Bus stoppen würde. Er lud die nackte Margot aus und setzte sie der Einfachheit halber auf die Metallsitze des Bushäuschens. Sie saß etwas schlapp, aber sie saß. Die Kiste trug er in ein Gebüsch und ließ sie dort, nicht ohne sie gründlich zu zertrümmern. Dann machte er sich auf den Heimweg und wirkte sehr gelöst, als er zu Herbie stieß, der schon drei Dosen Bier hinter sich gebracht hatte und auf einem Stuhl in der Küchenecke schlief.

Natürlich wurde die nackte Margot entdeckt, natürlich wurde festgestellt, dass sie in einem sehr billigen und überall erhältlichen Schaumbad gestorben war. Aber in der kleinen Notiz in der *Westfälischen Rundschau* wurde auch, reichlich melancholisch, kein Hehl daraus gemacht, dass diese Frau seit fünf Jahren in und um Dortmund herumgestrichen sei, keinen festen Wohnsitz gehabt und im Wesentlichen neunzig Prozent ihres Lebens im betrunkenen Zustand verbracht habe. Der wunderbare Kriminalkommissar, der, wie in solchen Fällen üblich, den Tod der unschuldigen Sünderin rächen will und mit viel Raffinesse aufklärt, war in Dortmund nicht zur Stelle.

Eine zweite Margot durfte es nicht geben, beschloss Karl-Ludwig. Und weil er unbedingt etwas für sein Alter tun wollte, konzentrierte er sich auf Onkel Albert und dessen faszinierenden Reichtum. Und er hielt sich an den Rat seines Vaters, Geldsäcken niemals zu dicht auf den Pelz zu rücken.

Er rief Onkel Albert in Werl an und erreichte ihn mühelos. »Hier ist der Karl-Ludwig«, sagte er. »Ich dachte gerade an dich und wollte einfach nur fragen, wie es dir so geht?«

»Es geht mir gut«, antwortete Onkel Albert. »Aber im Moment bin ich beschäftigt. Ruf doch später noch mal an.«

»Ja, natürlich. Wann denn?«, fragte Karl-Ludwig.

»Nachmittags«, antwortete Onkel Albert.

Nachmittags war Onkel Albert nicht erreichbar, eine Bandstimme sagte, er sei im Moment nicht am Platz. Das blieb so in den nächsten Tagen und Karl-Ludwig hinterließ nie eine Botschaft. Nach zehn Tagen erst sprach er ihn wieder.

»Hier ist Karl-Ludwig. Wie geht es dir?«

»Sehr gut«, antwortete Onkel Albert vollkommen desinteressiert.

»Ich habe dir noch nicht erzählt, dass Vater tödlich verunglückt ist.«

»Das trifft mich aber. War er wieder besoffen?«

»Er ist vom Gerüst gefallen.«

»So was!«, kommentierte Onkel Albert. »Du, ich habe keine Zeit, ruf ein andermal an.«

Karl-Ludwig lauschte diesen Worten nach. Er dachte an Elvira und an Margot, die behauptet hatten, Onkel Albert würde ihm niemals einen müden Cent vererben. Was, wenn das stimmte? Das konnte nicht sein. Onkel Albert wusste schließlich, dass er der Letzte in einer langen Kette von Verwandten war, der letzte Erbe. So etwas zählt!

Dann endlich fiel ihm auf, dass er von Onkel Albert im Grunde keine Ahnung hatte. Wie lebte der eigentlich? Was machte der den ganzen Tag? Zählte er sein Geld? Machte er jeden Tag Geschäfte? Hatte er Freunde? Und wer waren diese Freunde?

Das alles herauszufinden war möglicherweise machbar. Aber dazu musste er beweglich sein. Er musste nach Werl, ohne Onkel Albert zu sagen, dass er in Werl war. Aus rein praktischen Gründen kaufte Karl-Ludwig also eine Jahreskarte der Bahn für Fahrten nach Werl, die sich, weiß Gott, rentieren würde. Er begann an einem Montag, fuhr nach

Werl, über Holzwickede, Unna, Lünern und Hemmerde, schlenderte unauffällig vom Bahnhof an den Rand der Innenstadt in die Nähe von Onkel Alberts Haus und wartete. Die Stadt gefiel ihm, so ruhig und entspannt, wie sie war, ganz im Gegensatz zu der Hektik, die er aus seinem Vorort in Dortmund gewohnt war.

Onkel Albert kam gegen elf Uhr aus seinem Haus, schien guter Dinge, pfiff vor sich hin und machte sich gemächlich auf den Weg in Richtung Innenstadt. Am Markt setzte sich in ein Café, bestellte einen Kaffee, dazu ein belegtes Brötchen. Er telefonierte dauernd mit seinem Handy, entweder rief er selbst an oder wurde angerufen. Die Bedienung kannte ihn anscheinend, lachte mit ihm, schien seine Bemerkungen zu mögen. Onkel Albert biss in das Brötchen, telefonierte kauend.

Und er empfing in dem Café eine Menge Besucher. Im Wesentlichen waren es Männer, die allesamt einen vornehmen Eindruck machten. Sie erschienen im Anzug mit Krawatte, deuteten eine Verbeugung an, setzten sich Onkel Albert gegenüber, hörten ihm aufmerksam zu, notierten zuweilen etwas. Es kam oft vor, dass Onkel Albert einen kleinen Taschenrechner aus der Tasche zog und irgendetwas ausrechnete, um das Ergebnis dann seinem Gegenüber triumphierend vorzuhalten. Verblüfft stellte Karl-Ludwig fest, dass das Büro von Onkel Albert offenbar aus einem Tisch in einem Café bestand. Er hatte noch nicht einmal eine Sekretärin. Das war unglaublich.

In den nächsten beiden Wochen wurde Karl-Ludwig zum Stammgast in der Regionalbahn über Holzwickede, Unna, Lünern und Hemmerde nach Werl und lernte das Leben am Markt in all seiner Vielfalt kennen, denn in Onkel Alberts Tagesablauf gab es wenig Abwechslung: Den Vormittag verbrachte er im Café am Markt mit seinen Geschäften, den

Nachmittag daheim. Dienstags und freitags, wenn der Wochenmarkt stattfand, schienen weniger Besucher an Onkel Alberts Tisch aufzutauchen als an den anderen Tagen, wenn er an seinem Fenstertisch im Café saß, den Blick über den Platz schweifen ließ, angefangen beim schönen alten Gebäude der Marien-Apotheke über das Ristorante Hemmer am Dom und den markanten Turm der Probsteikirche, dann über das alte Rathaus, wo heute die Musikschule beheimatet war, bis hin zur Bank und dann wieder zurück, als sei dies alles hier, diese Stadt sein Eigentum.

Bei der achtzehnten Tour nach Werl passierte eine Panne. Es war ein Samstag. Auch an diesem Tag lebte Onkel Albert sein normales Leben, marschierte gegen elf Uhr in die Innenstadt, ging in das Café am Markt, begann zu telefonieren, wurde angerufen, bekam Besuche von schlipsbewehrten Herren, zeigte seine Berechnungen im Taschenrechner, lachte und trank gegen Ende einen wasserhellen Schnaps. Dann stand er unvermittelt auf und verließ das Café. Aber er ging nicht nach Hause und er betrat auch nicht das Restaurant an der Marktstraße, in dem er gewöhnlich eine Kleinigkeit zu sich nahm. Stattdessen verschwand er in einer Seitengasse und Karl-Ludwig hatte erhebliche Mühe, hinter ihm zu bleiben und zu sehen, was er tat. Onkel Albert betrat ein Haus.

Es gab kein Schild an diesem Haus, keinen Hinweis auf einen besonderen Bewohner. Auf den Klingelschildern standen Allerweltsnamen. Aber da Karl-Ludwig gelernt hatte, pingelig genau zu sein, schrieb er sich die Namen auf. Und noch während er das tat, öffnete sich die Tür und Onkel Albert kam heraus.

»Ja, das ist ja ein Ding!«, sagte Karl-Ludwig nicht ohne Erheiterung.

»Was tust du denn hier?«, fragte Onkel Albert grob.

»Ich bin zufällig hier«, sagte Karl-Ludwig. »Ich mache einen Wochenendtrip.«

»Na schön«, nickte Onkel Albert gelangweilt. »Aber kannst du nicht in deinem Scheißdortmund bleiben?« Sagte das und ging einfach weiter, bog um die nächste Ecke und war verschwunden.

Es war ganz klar: Onkel Albert wollte von Karl-Ludwig nichts wissen, wollte nicht einmal den Hauch von Freundlichkeit zeigen, von verwandtschaftlichen Beziehungen ganz zu schweigen. Karl-Ludwig wurde böse, Karl-Ludwig überlegte wuterfüllt, wie er diesen Mann aus der Fassung bringen konnte.

Bei der siebenundzwanzigsten Reise nach Werl am Hellweg erlebte er Onkel Albert nach dem Hochamt auf dem Platz vor der Kirche in der hellen Sonne. Und da reifte der Plan, Onkel Albert hier zu töten, ihn zu bestrafen, ihn ganz klein zu machen, ihn zu reduzieren auf das, was er wirklich war, im Angesicht der Gläubigen und der Pilger, die Tag für Tag, Woche für Woche nach Werl strömten.

Er war auch eine Art Pilger geworden, war durch Budberg, Büderich, Hilbeck, Holtum, Mawicke, Niederbergstraße, Oberbergstraße, Sönnern und Westönnen herumgekommen, alles Ortsteile von Werl. Er hatte die Stadt in sich aufgesogen, er kannte den Hallenbau der Propsteikirche St. Walburga mit seinem spätromanischen Turm von außen und innen genau wie das Städtische Museum Haus Rykenberg in dem alten Burgmannenhaus. Wie oft hatte er es besucht, wenn er nach seiner Beschattung von Onkel Albert noch Zeit hatte bis zur nächsten Regionalbahn nach Dortmund? Auch im Forum der Völker, dem Völkerkundemuseum, war er mindestens ein Dutzend Mal gewesen. Die Franziskaner hatten es aufgebaut, Klosterbrüder, die weit in der Welt herumgekommen waren und Abertausende von Exponaten der außereuropäischen Kunst und Alltagskultur zusammengetragen hatten.

Es gab viele Ideen und noch mehr Pläne, bis Karl-Ludwig auf die Idee mit der Armbrust kam. Er hatte sich nie sonderlich für Waffen interessiert, aber nun musste er es tun. Er hatte an ein Kleinkalibergewehr gedacht, an eine Faustfeuerwaffe auf kurze Distanz, an ein Spezialgewehr mit Zielfernrohr. Aber nachdem er den Dachboden gegenüber dem Haupteingang der Kirche entdeckt hatte, musste er auf die Armbrust stoßen. Das war die Waffe seiner Wahl. Sie war punktgenau, sie hatte eine ungeheure Durchschlagskraft, sie schoss auf siebzig Meter absolut präzise und durchschlug auf dreißig Meter immer noch jede Tür. Es war schon erheiternd, dass man sie ohne Waffenschein kaufen konnte, man musste nur älter sein als achtzehn Jahre.

Der Dachboden war ein Geschenk des Himmels. Die Haustür dieses Baus stand immer offen, nach den Klingeln zu urteilen wohnten dort sechs Parteien. Wenn er das Treppenhaus hinaufstieg, erreichte er oberhalb des dritten Stocks eine unverschlossene Tür. Auf dem Dachboden selbst war gar nichts, nicht einmal Gerümpel, keine Wäscheleinen. Es war einfach nur heiß und stickig. Wenn er das Dachfenster aufklappte, konnte er den ganzen Platz überblicken. Zwei Sonntage lang beobachtete er Onkel Albert, wie er aus der Messe kam, freundlich nach allen Seiten grüßte und dann dem dicken Dechanten in den Weg lief, der ihn aufhielt zu einem langen Gespräch. Die Entfernung schätzte Karl-Ludwig auf etwa vierzig Meter.

Er entschied sich nach reiflicher Überlegung für die Armbrust Barnett-Rhino, ein fantastisches Gerät. Mit einer Zugkraft von siebzig Kilogramm, einem aufgesetzten Zielfernrohr, weiteren vier Ersatzpfeilen sowie einer Ersatzsehne und einem Töpfchen Sehnenwachs musste er für sie rund tausend Euro bezahlen. Der Verkäufer machte es ihm leicht, er könne das Gerät in zehn Raten bezahlen, kein Problem.

Üben war schwierig. Wo sollte er das tun? Schließlich fuhr er nach Werl, wo er sich inzwischen hervorragend auskannte, ging weit hinaus aus der Stadt und übte auf einem schattigen Waldweg nahe der Autobahn nach Arnsberg. Er hatte wunderbare Erfolge, traf die Grapefruits, die er mitgenommen hatte, punktgenau auf etwa sechzig Meter, Schwierigkeiten traten nicht auf.

Dann nahte der Tag. Er nahm den Morgenzug nach Werl, über Holzwickede, Unna, Lünern und Hemmerde, war sehr früh an Ort und Stelle, klappte das Dachfenster hoch und visierte verschiedene Ziele an. Kein Zittern, kein Zagen, er fühlte sich großartig. Er hockte sich auf einen Balken und wartete.

Das Hochamt war gegen elf Uhr zu Ende, die Sonne schien, die Gottesdienstbesucher strömten auf den Vorplatz, nur Onkel Albert erschien nicht. Das war sehr verwirrend.

»Er kommt nicht«, sagte eine Männerstimme hinter ihm. »Legen Sie die Armbrust auf den Boden, sonst schieße ich.«

»Wieso kommt er nicht?«, fragte Karl-Ludwig und legte das Gerät neben seine Füße.

Der Mann lachte leise. »Weil Sie ein Arsch sind. Sie haben jetzt genau vierundsiebzig Mal die Reise von Dortmund hierher gemacht. Das ist uns aufgefallen, und auch dass Sie immer in seiner Nähe waren.«

Der Mann zeigte Karl-Ludwig einen Dienstausweis. Kriminalpolizei.

»Ach so«, sagte Karl-Ludwig nur.

»Ihr Pech ist, dass wir seit zwei Monaten ebenfalls ein Auge auf Ihren Onkel haben«, sagte der Polizist. »Wirtschaftsdezernat, die ganzen Immobiliengeschäfte und so weiter, Sie verstehen?« Er half Karl-Ludwig hoch und legte ihm die Arme auf den Rücken. »Nachdem wir Sie identifiziert hatten, haben wir uns mal bei Ihnen im Block in Dortmund umgehört«, fuhr er fort und Karl-Ludwig hörte die Handfesseln um seine Gelenke einrasten. »Dabei haben wir erfahren, dass eine gewisse Margot, die im Mai tot in einem Bushäuschen hinter Unna saß, vorher bei Ihnen gewohnt hat. Die Kollegen in Dortmund haben wegen der Sache jetzt noch ein paar Fragen an Sie. Wir bringen Sie zurück, mit dem nächsten Zug ...«

»... über Hemmerde, Lünern, Unna, Holzwickede«, murmelte Karl-Ludwig. »Ich kenne die Strecke.«

Sie hieß Madeleine

Es war so, dass Frau Ginsterblum Madeleine freundlich riet, sie solle sich ruhig mal gründlich umsehen auf dem Gelände. Und: Sie dürfe nie vergessen, dass das alles quasi weltberühmt sei, weil zu Hitlers Zeiten hier die reinrassigen Junker auf ihr großes Leben im neuen deutschen Osten vorbereitet worden seien, auf ihr Leben als Herren der Welt bis tief in Asien hinein, auf ihre glorreiche Hauptrolle als Beherrscher aller minderen Rassen auf diesem Planeten. Und mindere Rassen seien – mit wenigen Ausnahmen – alle gewesen. Eine böse Geschichte sei es, »und jetzt müssen wir damit leben, so traurig es auch ist.« Dann hatte Frau Ginsterblum ein wenig melancholisch gelächelt und hinzugesetzt: »Das ist nun mal unser Vogelsang. Und ziehen Sie sich warm an, meine Liebe. Nicht, dass Sie sich den Unterleib verkühlen!«

Madeleine war siebzehn Jahre alt und sie stammte aus Kall und war auf eine sehr frauliche Art bildhübsch. Schlank gewachsen mit allen nötigen Rundungen an den genau richtigen Stellen, und mit verstörend hellgrauen, glitzernden Augen, die alles zu sehen schienen und immer ein wenig lachten über diese so wunderbare Welt.

Und jetzt lag sie da.

»Wir sollten da nicht rangehen!«, sagte Otto Storm bedächtig. »Irgendwas hat sie getroffen und nun ist sie tot.«

»Was ist das denn da auf ihrer Stirn?«, fragte Frau Ginsterblum schrill.

»Es ist nicht auf ihrer Stirn, es ist in ihrer Stirn«, sagte Otto Storm beinahe flüsternd. »Und hinten am Kopf kommt es wieder raus. Siehst du das?«

»Und du meinst nicht, dass sie noch atmet?«

»Keine Spur«, sagte Otto Storm. »Ich habe mich neben sie gekniet. Sie atmet nicht mehr, und sieh mal, ihre Augen sind offen, aber sie sieht nichts.«

Das dauerte fünf Minuten, und Frau Ginsterblum sagte häufig und drängend: »Wir müssen Kantermann anrufen, wenn es richtig ist, dass sie tot sein könnte.«

Jedes Mal erwiderte Otto Storm: »Aber guck doch, sie atmet nicht mal.«

»Und was ist das da?«

»Sieht aus wie ein Bolzen«, sagte Otto Storm. »Aber genau weiß ich das auch nicht.«

Dann riefen sie Kantermann an, weil er der Chef war, und weil er gesagt hatte, er müsse, verdammt noch mal, alles wissen, was in Vogelsang passierte, alles.

Also rief Frau Ginsterblum Kantermann zu Hause an und sagte tonlos: »Ich glaube, die Madeleine ist tot.«

»Wer ist denn Madeleine?«, schrie Kantermann sofort nervös.

»Die Praktikantin«, sagte Frau Ginsterblum. »Sie wissen schon, die Kleine, die bei uns anheuern will.«

»Die aus Kall?«, brüllte Kantermann.

»Die aus Kall«, nickte Frau Ginsterblum »Und ich habe sie losgeschickt.«

»Wieso losgeschickt?«, fragte Kantermann. Und weil er wusste, dass diese spröde Unterhaltung endlos dauern konnte, entschied er rasch: »Ich komme.«

Dann begann es zu schneien, und Otto Storm flüsterte: »Wie ein Leichentuch. Sag doch mal selbst, wie ein Leichentuch.«

»Sie wird bestimmt frieren«, sagte Frau Ginsterblum fassungslos, bewegte sich aber nicht von der Stelle.

»Also, das ist einwandfrei ein Bolzen«, flüsterte Otto Storm. »Aus Aluminium, oder so. ich glaube, wir müssen die Polizei rufen. Sie kann ja hier nicht liegen bleiben.« Und weil er im Fernsehen am liebsten Krimis sah und ziemlich viel Ahnung hatte, bemerkte er: »Das ist ja wohl ein Tatort, oder so.«

»Meinst du, hier läuft einer rum?«, fragte Frau Ginsterblum zittrig.

»Muss ja wohl«, nickte Otto Storm. »Sonst würde sie hier ja nicht liegen.«

Madeleine lag auf einem schmalen Pfad, der hinunter zu den ehemaligen Junkerhäusern auf Level drei führte. Sie sah ungeheuer verletzlich aus und gänzlich schutzlos, wie sie da auf dem Rücken lag, und der Schnee auf ihr Gesicht tanzte.

Das riesige Areal hatten sie der Einfachheit halber in Ebenen unterteilt und jeder wusste, was es hieß, wenn jemand sagte »auf Level drei« oder »da müssen wir auf Level zwei eine Anschüttung machen.«

»Also, ich rufe die Polizei«, sagte Otto Storm.

»Warte damit, bis Kantermann kommt.«

»Das kann ich nicht«, sagte Storm entschieden. »Schließlich bin ich hier der Hausmeister, schließlich muss ich entscheiden, egal, was passiert. Vielleicht decken wir sie mit irgendetwas ab, am besten mit einer Decke.«

»Wir haben keine Decke«, sagte Frau Ginsterblum.

»Ich hätte eine, aber da haben die Katzen reingeschissen.«

»Sie spürt ja nichts mehr, sie kann das ja auch nicht mehr riechen.«

Otto Storm rief die Polizei an und sagte ohne Atem: »Wir haben in Vogelsang einen Mord, oder irgendetwas in der Richtung. Also, es ist ein Mädchen und sie hat einen Bolzen im Kopf, also sie ist erschossen worden, sage ich mal.«

Dann ging alles sehr schnell, Schlag auf Schlag.

Kantermann kam auf den Hof gerauscht, schloss nicht einmal mehr sein Auto ab, sondern rannte auf dem schmalen Pfad talwärts, bis er Frau Ginsterblum und Otto Storm erreichte. Er war schon blass und bleich, noch ehe er die Tote richtig sehen konnte. Weil er eine beachtliche Wampe hatte, japste er heftig nach Luft und konnte nur immer wieder einen Stoßseufzer wiederholen: »Heilige Scheiße!« Es klang wie ein Mantra.

»Sie war so lieb«, murmelte Frau Ginsterblum.

»Wir haben einen Irren auf der Anlage«, murmelte Kantermann. »Wir sollten hier nicht rumstehen. Und dass mir kein Mensch über das hier redet. Das fehlt mir noch, dass alle Rechtsaußen in der Eifel hier ein Heiligtum errichten. Und auch die Bullen müssen die Schnauze halten. Überhaupt jeder, der davon weiß. Hier ist nichts passiert, ein für alle Mal:«

Frau Ginsterblum hatte auf eine schrecklich lautlose Art zu weinen begonnen

»Blümchen«, sagte Kantermann leise. »Mach zwei, drei Liter starken Kaffee, die Bullen brauchen was zum Aufwärmen Und kein Schwein rennt mir in der Anlage herum und sucht nach dem, der das da angerichtet hat. Und du haust hier auch ab, Storm. Du musst doch Ahnung haben, was das ist. Ich meine, technisch. Wieso geht das Ding durch ihren ganzen Kopf? Und niemand redet, sonst werde ich sauer.«

»Ich weiß es nicht«, sagte Storm versunken. »Ist ein Bolzen. Aluminium wahrscheinlich. Armbrust, könnte ich mir vorstellen. Irgendetwas in der Art. Aber wirklich Ahnung habe ich nicht von so Sachen.«

»Weg hier!«, befahl Kantermann.

Also gingen sie wieder zurück in die Büros, waren bleich und stumm und konnten es nicht fassen.

Dann kam die Polizei, genauer gesagt zwei Streifenwagen. Sie kamen ohne Blaulicht und Martinshorn, weil sie wahrscheinlich dem Begriff MORD nicht trauten. Wer sollte da in Vogelsang irgendjemanden töten? Das war doch abartig, das war doch keine Diskussion wert, das musste ein Irrtum sein.

»Geht mal den Weg da runter«, sagte Storm mit einem ganz grauen Gesicht. »Sie liegt da, gar nicht weit weg. Sie war unsere Praktikantin, sie war siebzehn. Und von Hitler und Konsorten, von diesen Scheiß-NS-Typen, hatte sie doch keine Ahnung. Sie war doch unschuldig, sage ich mal.«

Die Polizisten verschwanden den Hang hinunter, und als sie wieder zurückkamen, wirkten sie fahrig und gestresst und sagten: »Kein Mensch bewegt sich draußen auf der Anlage, keiner verlässt die Häuser, bis wir klar sehen. Es ist jetzt vier Uhr, und in einer Stunde ist es sowieso dunkel. Niemand geht raus, niemand rein, bis wir wissen, was los ist.«

Kantermann tobte. »Wir haben gekämpft für Vogelsang, wir haben der Landesregierung gesagt: Wir machen hier was ganz Großes! Und die sagen uns zig Millionen Euro zu, damit wir alles hier auf Vordermann bringen. Und dann geht irgendein Arschloch hin und schießt unsere Praktikantin tot. Was sage ich den Eltern, was sage ich der Presse, was sage ich den Fernsehsendern? Das schmeißt uns doch um Lichtjahre zurück, das trifft doch ins Herz des Nationalparks Eifel, das können wir uns doch gar nicht leisten.«

»Wollen Sie auch einen Kaffee?«, fragte Frau Ginsterblum schüchtern.

»Verdammt noch mal!«, brüllte Kantermann »Arbeite ich deshalb seit Jahren? Damit mir ein Arschloch hingeht und Leute totschießt? Einfach so. Und dann noch eine Praktikantin, die von Tuten und Blasen keine Ahnung hatte? Und der Täter? Der ist doch garantiert schon meilenweit weg.«

»Ist er vielleicht nicht«, gab Storm zu bedenken. »Vielleicht ist er noch hier auf der Anlage. Vielleicht steckt er irgendwo in einer Tannenschonung? Vielleicht unten am See? Ein Mensch kann sich hier Monate halten, ohne entdeckt zu werden. Oder sehe ich das falsch? Schließlich sind das hier viele Quadratkilometer Wald. Und es gibt keinen Zaun, oder? Und vielleicht hat er eine Mission?«

»Eine was?«, fragte Kantermann irritiert.

»Was weiß ich?«, murmelte Storm.

»Auf jeden Fall brauchen wir eine KSK-Truppe, damit uns nicht irgendein Besucher abgeschossen wird«, stellte Kantermann fest. »Wir müssen das Schwein schließlich ganz schnell fangen und unschädlich machen. Was anderes kommt mir nicht vor.« Er hatte eine ganz schrille Stimme und er setzte hinzu: »Die Landesregierung in Düsseldorf darf von der Sache hier nichts erfahren. Nichts! sage ich. Es kann ja auch ein Unfall gewesen sein, ja, warum eigentlich nicht?«

Dann stand Reddemann in der Tür und sagte gemütlich: »Mein Name ist Reddemann, Kriminalhauptkommissar Reddemann, Vorname Günter. Ich habe mir die Tote angeschaut, ich bin betroffen.« Er trug einen Trenchcoat, der aussah, als habe er seit Monaten darin geschlafen. Dazu einen grauen Anzug mit verdächtig viel glänzenden Partien im Stoff. »Haben Sie eine Ahnung, wer das getan haben könnte?«

»Keine«, sagte Kantermann. »Wirklich keine.«

»Gleich kommen ein paar Spezialisten«,. murmelte Kantermann. »Also würde ich sagen, dass niemand die Anlage verlässt und jeder dort bleibt, wo er normalerweise arbeitet. Niemand läuft draußen rum, klar?«

»Ich kann die Büros anrufen«, sagte Frau Ginsterblum.

»Das klingt vernünftig. Und die Leute sollen zu Hause

anrufen, dass es etwas später werden kann. Wie viel Leute arbeiten hier?«

»Dreißig würde ich sagen«, gab Frau Ginsterblum Auskunft. »Wir haben eine Menge Büros, wo es doch hier um einen Neuanfang geht.«

»Machen Sie das«, entschied Reddemann. »Ist hier auf dem Gelände jemals mit einer Armbrust gejagt worden?«

»Niemals«, sagte Storm. »Hier doch nicht. Ist der Bolzen aus Aluminium?«

»Ganz recht«, nickte Reddemann. »Ich schätze mal: einhundert Kilopond Druck. Die Waffe, für die Sie keinen Waffenschein brauchen. Lautlos und effektiv. Gibt es hier in den Ortschaften Leute in der Eifel, die mit so etwas jagen?«

»Niemals«, sagte Frau Ginsterblum empört.

»Wie viele Gebäude gibt es auf den anderen Ebenen?«

»Insgesamt achtzehn«, sagte Storm.

»Gab es dort Einbruchsspuren?«

»Da ist ja nichts drin. Wer soll dort einbrechen?« Storm schüttelte den Kopf.

»Kann man die ganze Sache behutsam anpacken? Ich meine: verschwiegen?«, fragte Kantermann.

»Was stellen Sie sich darunter vor?«, fragte Reddemann.

»Dass kein Theater darum gemacht wird«, erklärte Kantermann. »Wir brauchen hier Planungssicherheit, wir arbeiten hart. Ich meine: Kann man das Ganze nicht still erledigen?«

»Ach, Gottchen«, nickte Reddemann, kommentierte das aber nicht weiter.

Dann bekam er einen Anruf auf seinem Handy und sagte knapp: »Ich komme zu euch raus.«

Natürlich gingen sie alle in den Vorraum, um zu erleben, was sich draußen auf dem großen Vorplatz tat. Dort standen zwei einfache weiß lackierte kleine Busse. Ungefähr sechzehn Leute stiegen aus, wirkten aggressiv, dunkel, bedrängend, mit Helmen auf dem Kopf und schweren schwarzen Waffen in den Händen.

Reddemann ging zu ihrem Anführer und sprach leise mit ihm. Dann teilten sich die Männer in zwei Gruppen und liefen mit geradezu atemberaubender Schnelligkeit an den Gebäuden vorbei und verschwanden talwärts. Sie hörten keinen Laut, und Reddemann kam zurück in das Haus und sagte kein Wort

»Also, es wäre wunderbar, wenn man diese ganze Sache lautlos beerdigen könnte«, sagte Kantermann in die Stille.

»Da wurde eine Siebzehnjährige erschossen«, stellte Reddemann klirrend vor Kälte fest. »Ich weiß nicht, was Sie sich unter Lautlosigkeit vorstellen. Ein Bolzen steckt im Schädel dieses Mädchens, irgendein Irrer tobt hier herum. Sagten Sie wirklich lautlos?«

»Ich bin dann in meinem Büro«, sagte Kantermann hochrot im Gesicht.

»Tja«, murmelte Storm in die Stille. »Er ist nervös.«

Es dauerte eine geschlagene Stunde, bis sich Reddemanns Handy meldete, und er ruhig und besonnen fragte: »Was liegt an?«

Jemand sagte irgendetwas, es dauerte nur Sekunden, dann murmelte Reddemann: »Okay. Und welches Gebäude ist es? Und danke für eure Hilfe.« Er steckte das Handy in die Manteltasche und sagte freundlich: »Herr Storm, Sie sollten mich begleiten. Im zweiten der Junkerhäuser müssen wir etwas anschauen. Und Sie, Frau Ginsterblum, sollten zwei Dinge tun: Sie müssen schnell herausfinden, wie die beste Freundin von Madeleine heißt. Sie muss hierherkommen, und zwar sofort. Haben wir ein Aufnahmegerät hier im Haus?«

»Haben wir nicht«, sagte Frau Ginsterblum. »Aber ich kann Steno.«

»Das ist fantastisch«, strahlte Reddemann. Dann klopfte er Storm leicht auf die Schulter und stellte fest: »Haben Sie eine Taschenlampe? Packen wir´s an!«

Es war jetzt dunkel geworden, der Schnee fiel sanft vom Himmel, und Storm bemerkte: »Es wird kalt, es wird ein strenger Winter.«

»Wird so sein«, sagte Reddemann.

Erstaunlicherweise marschierte er ohne einen Seitenblick an der Leiche von Madeleine vorbei, sagte kein Wort, verlangsamte nicht einmal den Schritt, ging stetig voran den steilen Pfad zu Tal, wobei Storm es schwierig hatte, den Pfad vor ihnen auszuleuchten.

»Ich will in das zweite Junkerhaus«, sagte Redemann. »Wissen Sie Bescheid?«

»Ich bin hier zu Hause«, antwortete Storm ein wenig außer Atem. »Das da meinen Sie? Wieso steht denn die Tür offen?«

»Weil der Mörder sie öffnete und dann wartete, bis er an Madeleine herankonnte. Sehen Sie? Da hängt er. Leuchten Sie mal nach oben an mir vorbei.«

»Mein Gott«, sagte Storm leise und erschreckt.

Der Körper des Jungen hing mit dem Hals an einem Seil und bewegte sich sanft schaukelnd hin und her.

»Er ist mit dem Seil in das Gebälk da oben gestiegen, hat es sich um die Hals gelegt und ist dann gesprungen. Sein Genick brach, und er war auf der Stelle tot.«

»Das ist ja noch ein Kind«, sagte Storm fassungslos.

»Ja, ja«, nickte Reddemann, »Aber ein gefährliches Kind.«

»Und was passiert jetzt?«

»Wir lassen ihn hängen«, bestimmte Reddemann. »Wir können zurückkehren. Sehen Sie mal, da liegen noch weitere Bolzen. Und was ist das da?« Er bückte sich. »Sieh mal einer an. Er hat sich Butterbrote mitgebracht. Sechzehn, siebzehn Jahre, schätze ich. Er wusste schon, dass er sich anschließend töten würde.«

»Aber warum denn?«

Reddemann lächelte ein wenig müde. »Warum hätte er sonst das Seil mitgebracht?«

»Wer ... ich meine, wer ist er denn?«, fragte Storm.

»Ein Junge aus Kall«, sagte Reddemann. »Er hatte sogar seinen Personalausweis bei sich. Er heißt Andreas, sie nannten ihn Andy. Jetzt müssen wir den Berg wieder hochkraxeln.«

»Und wer kümmert sich jetzt?« Storm war ein praktischer Mensch.

»Die Mordkommission. Ich bin nur die Vorhut.«

»Und was machen Sie mit der besten Freundin von der Madeleine?«

»Sie wird uns eine hoffnungslose Liebesgeschichte erzählen, eine, die sehr grausam war. Und ich wette, die Madeleine hat sich über diesen Jungen lustig gemacht. In aller Öffentlichkeit und vor allen Jugendlichen der Cliquen. Wahrscheinlich hat sie gesagt: Ich schlafe nur mit Erwachsenen, niemals mit Kindern. Und sie ahnte nicht, was auf sie wartete.«

»Ihren Beruf möchte ich auch nicht haben«, sagte Storm leise. »Vorsicht! Hier sind überall Kiefernäste.«

»Man gewöhnt sich niemals daran«, murmelte Reddemann. »Glauben Sie mir, niemals.«

Kischkewitz ahnt etwas

Der Tatort deutete auf Raserei hin, auf die Explosion von Hass und ungezügelter Wut. Der Tote war Gerhard Osebius, sechsundvierzig Jahre alt, von Beruf Kaufmann und Immobilienhändler, in der ganzen Eifel berühmt dafür, jedem das passende Haus zu besorgen, es dann nach Wunsch umzubauen, die Möbel dafür zu vermitteln und sich dann bei der Eröffnungsparty hemmungslos zu besaufen und in diesem Zustand jungen Frauen so häufig wie möglich an die Wäsche zu gehen.

Er war, nach einhelliger Meinung der Frauen, schlicht ein Kotzbrocken, nach Ansicht des Ortsbürgermeisters ein Kerl von echtem Schrot und Korn, ein Typ, wie ihn nur die Eifel formen kann, ein Kerl, den dieser Landstrich dringend braucht. Der Bürgermeister pflegte nach dem fünften Bier zu formulieren: »Ein Glück, dass wir den haben. Wenn wir ihn nicht hätten, müssten wir ihn erfinden.«

Jetzt lag dieser Kerl tot in der alten Melkkammer auf den weißen Fliesen, und Kischkewitz wusste nach einem Schnelltest bereits, dass er mindestens 2,8 Promille im Blut hatte. Kischkewitz wusste auch, dass der Tod morgens gegen sechs Uhr eingetreten war, plusminus dreißig Minuten. Sein Assistent, Gernot de Buur, war der Meinung, »dass wir den Täter wohl sehr schnell haben werden«, aber Kischkewitz beurteilte die Lage mit wesentlich größerer Vorsicht und mahnte zur Zurückhaltung: »Wir haben nicht den Schimmer eines Verdachts, es sei denn, man zählt seine wirklichen Gegner. Dann hätten wir etwa fünfzig Tatverdächtige, plus etwa zweihundert bis dreihundert Frauen.« Dann setzte er eigens für de

Buur hinzu: »Du musst dich in Zurückhaltung üben, mein Junge, sonst drehen dir die Pressefritzen einen Strick.«

»Also, der Fundort der Leiche ist der Tatort«, stellte Dr. Heugen fest und brüllte nach dem Fotografen, der ihm bestimmte Blutspritzer an den Fliesen dicht hinter dem Toten fotografieren sollte. »Und zwar so, dass das Muster erkennbar wird. Aufprall der Spritzer auf den Fliesen und die Richtung der Spritzer, wenn du weißt, was ich meine.«

»Aber das reflektiert so auf den Kacheln«, sagte der Fotograf sauer.

»Dann fotografiere das so, dass es nicht reflektiert«, bestimmte der Mediziner kurz angebunden.

»Immer auf die Kleinen«, sagte der Fotograf etwas verbissen.

Es war zehn Uhr morgens an einem Montag, und Kischkewitz hatte nicht die geringste Lust auf Mord.

Dicht neben dem Kopf des Toten lag ein altes, aber sehr scharfes Fleischerbeil. Das Merkwürdige an dem Fall war nun, dass der Täter dieses Beil für die Tat nicht benutzt hatte. Kischkewitz sinnierte, ob der Täter das Beil vielleicht als einen Hinweis neben den Kopf des Toten gelegt hatte. Aber auf was wollte er hinweisen? Ein Beil neben einem zerschmetterten Kopf? Kopf ab? Hinweis auf einen Henker? Todesurteil?

»Haben wir Fingerabdrücke auf dem Beil?«

»Haben wir nicht!«, antwortete de Buur.

»Heißt das, es wurde abgewischt?«

»Korrekt!«, nickte de Buur. »Arbeitshandschuhe der üblichen Sorte, billig, überall für ein paar Euro zu kaufen. Aber die haben wir nicht gefunden.«

»Heugen, mein teurer medizinischer Freund, war es der Knüppel da?«, fragte Kischkewitz.

»Der Knüppel war es, geliebter Bruder!«, nickte Heugen.

Manchmal trieben sie ihre Scherze, manchmal erheiterten sie die Kommission durch galantes Biedermeier, schlimm wurde es, wenn sie Shakespeare zitierten und sich stritten, aus welchem Königsdrama dieses oder jenes Zitat stammte. Aber die Scherze lockerten auf und machten den Tod ein wenig erträglicher.

Der Knüppel war ein etwa einhundert Zentimeter langer Eichenast von unbestimmbarem Alter, so dick wie eine kräftige Männerfaust und als Mordinstrument absolut tödlich.

»Eisenhart!«, hatte de Buur festgestellt.

»Fingerabdrücke?«, fragte Kischkewitz.

»Keine«, sagte de Buur. »Abgewischt mit den gleichen Handschuhen.«

»Sag mir, wieso hier, in dieser öden Melkkammer?«, fragte Kischkewitz. »Das riecht hier nicht gut, gehen wir vor die Tür.«

Die Sonne schien, es war ein Montag im Juli, zwei Schmetterlinge taumelten durch die Luft, die Schwalben flogen sehr hoch, Grund genug fröhlich zu sein.

»Also, es ist so, dass Osebius ziemlich häufig in der Melkkammer gesoffen hat. Da steht immer ein Kasten Bier, und in einem Schrank siehst du locker zwanzig Flaschen Hochprozentiges«, eröffnete de Buur. »Er kommt nachts nach Hause und hat Durst auf das letzte Bier und so. Und meistens hat er irgendwelche Kumpel bei sich. Manchmal sogar Frauen, meist solche, die zu Hause sowieso Zoff haben, manchmal auch solche, die ihn einfach ausnehmen wollen und Geld verlangen ...«

»Heißt das, dass er mit solchen Frauen in der Melkkammer Geschlechtsverkehr hatte?«

»Genau das heißt es.«

»Wer sagt das?«

»Seine Frau«, nickte de Buur. »Das alles sagt seine Frau. Geh rein und frage sie, wenn du mir nicht glaubst.«

»Junge! Nicht so eitel. Weiter. Wer hat ihn gefunden?«

»Das ist unklar«, murmelte de Buur.

»Also, wer hat die Bullen gerufen?«

»Alois. Alois, siebzig Jahre, immer noch Waldarbeiter in der Gemeinde, kam hier gegen zwanzig nach sechs heute Morgen vorbei. Er sieht die offene Tür der Melkkammer und weiß sofort, dass Osebius sein Bett noch nicht erreicht hat. Und Alois denkt: Da kann ich noch ein Morgenbier abstauben. Er geht also rein und sieht die Bescherung.«

»Was daran ist denn unklar?«

»Unklar ist, ob Alois der Erste oder der Zweite war. Denn Alois sieht die Bescherung und greift nach seinem Handy, das ihm sein Sohn geschenkt hat. Er ruft die Bullen und den Notarzt über die 1-1-2. Und nur mit Sekunden Verspätung ruft im DRK-Zentrum eine Frau an und sagt: ›Ihr könnt den Osebius auf den Friedhof fahren!‹ Und hängt ein.«

»Hast du eine Stimmenbeschreibung?«

»Habe ich nicht. Allerweltsstimme. Ist auf Band.«

»Kann es seine Ehefrau gewesen sein?«

»Eher nein. Außerdem sagt Heugen, es sei wohl eher ein Mann gewesen. Weil nur ein Mann diesen Prügel dermaßen brutal einsetzen kann, mit aller Kraft. Du darfst nicht vergessen: Osebius hat nicht nur drei Schläge auf den Kopf bekommen, von denen jeder einzelne zum Tode geführt hätte, sondern der Täter hat ihm beide Unterarme und beide Oberarme gebrochen, sechs Rippen so höllisch zersplittert, dass er Blut geatmet hat. Und auch noch den linken Unterschenkel zerschmettert. Das alles mit dem Knüppel. Ich weiß gar nicht, wie das Bewegungsbild dieses Täters aussehen wird. Wahrscheinlich was für Schulungen.«

»Wie sieht die Familie aus?«

»Die Ehefrau stammt hier aus der Gegend. War vor der Ehe Assistentin eines Arztes, jetzt zweiundvierzig Jahre alt. Eine Tochter, vierzehn Jahre alt, ein Sohn, acht Jahre alt, ein weiterer Sohn, sechs Jahre. Alle machen einen ganz ruhigen Eindruck, irgendwie gelassen. Die Ehefrau sagte mir, sie habe so etwas kommen sehen. Bei dem Lebenswandel ihres Angetrauten sei ein solcher Tod irgendwie normal. Sie sagte: ›Er hat alle beschissen, und jetzt hat endlich einer zugelangt.‹«

»Warum sagt sie, er habe alle beschissen?«

»Weil es wahrscheinlich stimmt«, antwortete de Buur. »Er hat jeden Preis grundsätzlich erst einmal gedrückt. Und wenn nichts mehr zu drücken war, hat er weiter zu drücken versucht. Er muss als Kaufmann immer eine richtig stinkende Nummer abgezogen haben. Und jetzt, in der Krise, hat er natürlich jeden Preis grundsätzlich infrage gestellt. Der Immobilienmarkt in der Eifel ist halt im Arsch, und du kannst hier Häuschen kaufen, für die kriegst du in Köln nicht mal ein Wohnklo. Die Situation hat er natürlich ausgenutzt, viel an die Belgier und die Holländer verkauft. Und die sind richtig glücklich mit den Häuschen im Grünen und den hübschen Bergen hier. Alles in allem hat dieser Mann zurzeit dreiundzwanzig Klagen gegen Kunden laufen, was keine guten Schlüsse zulässt.«

»Hast du seine Feinde festgestellt?«

»Ein paar jedenfalls. Er hat manchmal Bauern Wiesen abgekauft, von denen er vorher wusste, dass sie demnächst als Baugelände ausgewiesen werden sollten. Irgendwie hat er immer Vorwissen gehabt. Wahrscheinlich stoßen wir auch da auf faule Dinge. Und möglicherweise auf Korruption in Rathäusern. Aber das ist nicht unser Bier.«

»Und was hat er mit seinem Geld gemacht?«

»Er hat in Ferienhäuschen an der holländischen Küste investiert. Angeblich besitzt er inzwischen rund zweihundert davon. Und das ist ein ganz sicheres Investment.«

»Stammen diese Einzelheiten auch von der Ehefrau?«

»Aber ja«, nickte de Buur. »Wenn du mich fragst, ist die richtig glücklich. Sie muss nur noch durchhalten bis nach der Beerdigung.«

»Das ist ja Zynismus!«, sagte Kischkewitz mit leichtem Vorwurf.

»Lass mich doch«, entgegnete de Buur ironisch. »Man gönnt sich ja sonst nichts.«

»Und er kam von irgendeiner Sauferei?«

»Ja, stimmt. Da will ich jetzt weitermachen. Gestern Abend war irgendein Kameradschaftsabend bei der Freiwilligen Feuerwehr. Das ging um 18 Uhr los, Osebius war von Anfang an dabei. Sie hatten noch Gäste von einer befreundeten Wehr. Rund vierzig Mann, und hoch die Tassen bis etwa drei Uhr. Aber ich habe noch keine Zeugen. Die muss ich jetzt auf der Arbeit treffen.«

»Sag mal, war er eigentlich Alkoholiker?«

»Also, das kann ich noch nicht sagen. Er soff grundsätzlich ziemlich viel, und wahrscheinlich auch jeden Tag. Nach Meinung der Anonymen Alkoholiker war er todsicher einer, nach Meinung der Eifler war er wohl einer in Ausbildung.«

»Ich will dich nicht von der Arbeit abhalten«, betonte Kischkewitz. »Und dieser alte Bauernhof hier?«

»War der vom Vater. Und es wird behauptet, dass er den schon beschissen hat.«

»Hatte er gar keine gute Seite?«

»Er war kalt und gierig und vulgär, sonst nichts.«

Kischkewitz war einigermaßen ratlos. Wie begegnet man der Gier?

Er ging zum Wohnhaus über den großen Hof und klingelte.

Die Frau, die ihm öffnete, war eine der Frauen, von denen er zu sagen pflegte: Sie sind stark, und sie bergen die meisten Überraschungen. Sie hatte sehr lange, blonde Haare, die hinten zu einem dicken Zopf geflochten waren. Er hatte Schwierigkeiten mit Haaren, immer schon gehabt. Also fragte er in ihr ruhiges, sehr weibliches und schönes Gesicht hinein: »Sind die gefärbt?«

Das Verblüffende war, dass sie nicht verblüfft war. »Nein«, antwortete sie. »Warum?«

»Weil ich das nie weiß«, sagte er. »Haben Sie etwas Zeit für mich? Ich bin der Chef von dem Haufen da draußen.«

»Natürlich«, nickte sie. »Kaffee oder Tee?«

»Tee, bitte. Kaffee macht meinen Magen kaputt. Sind Ihre Kinder zu Hause?«

»Aber ja. Brauchen Sie die auch?«

»Ja, aber später erst, und wenn sie es nicht so merken, verstehen Sie?«

»Das verstehe ich«, sagte sie und ging vor ihm her. Sie hatte einen eigenartigen Gang, sie lief über die dicken Onkel, und sie bemühte sich erst gar nicht, so etwas wie eine Dame vorzuspielen. Einfach gesagt: Sie ging nicht, sie latschte.

Das Wohnzimmer sah nach drei Kindern aus, es herrschte heillose Unordnung.

»Nehmen Sie Platz, wo Sie können«, sagte sie. Dann verschwand sie irgendwohin und kam kurze Zeit später mit Tassen, Milch und Zucker auf einem Tablett zurück. »Sie erwarten hoffentlich keine Weinkrämpfe, oder?« Ihre Jochbögen waren stark ausgeprägt, sie sah aus wie Frauen aus dem Kosovo. Ihre Augen waren vollkommen ruhig und von einem intensiven, graublauen Schimmer.

»Nein«, nickte Kischkewitz brav. »Sie sollten aber nicht versuchen, mir etwas über menschliche Beziehungen beizubringen. Das wäre töricht.«

»Okay«, nickte sie sachlich. Dann setzte sie sich ihm gegenüber in einen Sessel und wartete ganz gelassen.

»Haben Sie ihn geliebt?«

»Nein, schon seit langer Zeit nicht mehr.«

»Respektiert?«

»Nein, auch nicht mehr.«

»Als Sie ihn heute Morgen sahen: Wie könnte man Ihre erste Reaktion beschreiben?«

»Ich habe geheult. Schließlich war es mal Liebe.«

»Wie haben Ihre Kinder reagiert?«

»Erschreckt, maßlos erschreckt.«

»Die Vierzehnjährige?«

»Sehr distanziert irgendwie. Sie ist vor einem Jahr Frau geworden. Sie hat Schwierigkeiten damit, sie muss sich damit einrichten. Ich habe ihr natürlich nicht erlaubt, ihren toten Vater zu sehen.«

»Wer hat Sie informiert?«

»Der alte Alois. Er war vollkommen aus dem Häuschen.«

»Was werden Sie jetzt machen?«

Sie überlegte eine Weile. »Weggehen, so schnell wie möglich.«

»Was werden Sie mit seinem Besitz und seinem Geld machen?«

»Keine Ahnung. Das wird mal den Kindern gehören.«

»Seit wann ist er so gierig gewesen?«

»Vor ein paar Jahren fing es an. Den genauen Zeitpunkt kenne ich nicht. Es mögen fünf oder sechs Jahre sein. Er zählte sein Geld, jeden Tag. Von morgens bis abends.«

»Wie viel Geld ist es denn?«

»Er sagte vor einem halben Jahr, es seien jetzt vier oder fünf Millionen. Ich sollte ihn bewundern, aber das konnte ich nicht.«

»Für wen, glauben Sie, hat er all das Geld verdient?«

»Für die Kinder, für mich. Das hat er jedenfalls gesagt.«

»Und was haben Sie darauf geantwortet?«

»Dass wir das nicht wollen, habe ich ihm gesagt.«

»Und das Leben mit ihm?«

Sie sah ihn verblüfft an, verstand aber sofort, was er meinte. »Wir ... also, ich habe nicht mehr mit ihm geschlafen. Das durfte er nicht mehr.« Sie machte eine kleine Pause. »Was denken Sie?«

»Ich weiß nicht, was ich denken soll«, antwortete Kischkewitz. »Wem trauen Sie zu, es getan zu haben?«

»Da fallen mir einige ein. Aber darüber möchte ich nichts sagen.«

»Das werden Sie aber müssen.«

Sie hob sehr schnell ihren Kopf und sah ihn scharf an. »Müssen? Das werde ich nicht müssen. Nein, niemals!«

»Ich hörte von meinen Leuten, dass er manchmal auch mit Frauen in der Melkkammer war. Kam das häufig vor?«

»Ich weiß nicht, was eine Mordkommission unter häufig versteht. Ich habe das leider erleben müssen. Vielleicht zehn Mal, vielleicht zwanzig Mal, ich habe es nicht gezählt. Es nahm mir meine Würde, die Frauen waren Nutten.«

»Haben Sie ihm das gesagt?«

»Oh ja!«

Sie tanzt um die Wahrheit herum!, dachte er verblüfft. Sie hat sich sehr lange auf so ein Gespräch vorbereitet, sie hat es wahrscheinlich geübt, hundert Mal hat sie es im Geiste ablaufen lassen.

Jetzt kommt die Generalprobe: »Kann ich mit Ihrer Tochter sprechen?«

»Ja. Kann ich dabei sein?«

Er überlegte eine Sekunde. Sie konnte im Zweifelsfall sogar auf einem Anwalt bestehen, und das würde eine sehr schwierige Sache sein. Und es war eine lästige Regel geworden, dass ein Anwalt sofort darauf bestand, einen Psychologen hinzuzuziehen. »Zum Schutz des Kindes«, formulierten sie meistens und torpedierten damit jeden Erfolg der Kriminalisten.

»Natürlich«, nickte er.

Sie stand auf und ging hinaus. Kischkewitz trank einen Schluck Tee.

Das Mädchen war auf eine sehr eigenwillige Weise hübsch und fraulich. Und sie wusste, dass sie hübsch war, und sie bewegte sich so. Wahrscheinlich hatte sie es schon ausprobiert. Wahrscheinlich traf sie sich des Abends mit ihren Freundinnen und Freunden im Jugendraum, und sie probierten das immer ganz neue und aufregende Leben aus und diskutierten ihre wilden Träume. Sie hatte die Haare und die Augen ihrer Mutter.

»Sie heißt Esther«, erklärte ihre Mutter sanft.

Esther war nicht im Geringsten verlegen, nicht einmal unsicher.

»Esther, ich leite diese Kommission, die sich mit dem Tod deines Vaters beschäftigen muss. Wann hast du davon erfahren?«

»Ganz früh am Morgen. Mami kam an mein Bett und sagte: Papa ist tot. Jemand hat ihn ... also, ihn erschlagen.«

»Und was geschah dann?«

»Dann habe ich mir schnell Jeans und so angezogen und wollte rüberlaufen in die Melkkammer. Aber Mami hat es verboten.«

»Hast du geweint?«

»Ja, klar.«

»Und was hast du dann getan?«

»Ich bin zu Bert und Gerrit ins Zimmer und habe auf die aufgepasst.«

»Weißt du, mit was dein Vater erschlagen wurde?«

»Ja, klar. Mit diesem Stock, der da immer rumliegt.«

»Wer hat das gesagt?«

»Na ja, die Leute.«

»Welche Leute denn?«

Sie war unsicher, sie sah ihre Mutter an.

»Sie meint wohl die unformierten Beamten, die im Streifenwagen. Die kamen zuerst.«

»Ja, klar, die meine ich.« Sie hatte die Haare im Nacken zu einem Zopf geflochten, die Ähnlichkeit mit ihrer Mutter war verblüffend.

»Also, ich muss dich um Hilfe bitten, Esther. Der alte Alois hat das Unglück mit deinem Vater entdeckt, als er ganz früh hier am Hof vorbeikam. Er hat dann sofort die Polizei und das Rote Kreuz angerufen. Und in der gleichen Sekunde hat eine unbekannte Frau dort bei den Hilfskräften angerufen und gesagt: ›Ihr könnt den Osebius zum Friedhof bringen.‹ Welche Frau könnte das getan haben?«

»Na klar, das war die Scharren, die blöde.«

»Wer ist denn die blöde ... wie war der Name?«

»Scharren heißen die. Die wohnen hinten am Bach, das letzte Haus links. Der Mann säuft immer, manchmal auch mit meinem Vater.«

Kischkewitz sah die Mutter an, und er murmelte eindringlich: »Brutale Ereignisse dieser Art haben einen Nachteil: Wir Erwachsene versuchen immer, eine Situation darzustellen, die uns in ein gutes Licht rückt. Kinder können das zwar begreifen, aber sie können nicht mitspielen. Sie sind nämlich unschuldig. Aus Gründen der Fairness muss ich das an dieser Stelle einfügen, damit Sie verstehen, was ich meine. Und damit Sie nicht wütend werden.«

»Ich denke, ich habe das verstanden. Warum sollte ich wütend werden?« Die Mutter sah ihn sehr streng an, als habe er etwas Verbotenes erwähnt.

»Das hoffe ich sehr«, nickte Kischkewitz mit leichtem Lächeln, und er strahlte sie für zwei Sekunden an, als warte etwas ganz Besonderes auf sie.

Dann wandte er sich wieder an das Mädchen. »Esther, wann hat dein Vater dich denn geholt? Ich meine: in die Melkkammer. Hast du zufällig auf die Uhr gesehen?« Als Kischkewitz das fragte, sah er für den Bruchteil einer Sekunde die Mutter des Mädchens an, und er sah, wie sie zusammenzuckte, als habe sie jemand geohrfeigt.

Es gab keine Unsicherheit bei dem Mädchen. Die Frage war klar, also war auch die Antwort klar. Das Mädchen sagte: »Ja. Er stand an meinem Bett und wankte so. Er wankt immer, wenn er trinkt. Es war fünf, oder fünf nach fünf. Ich sagte: ›Ich bin so müde.‹«

»Da war diese Scharren aber schon weg, oder?«

»Ja, klar, die war schon weg.«

»Aber sie kam wieder, oder?«

»Ja, klar, hinterher stand sie plötzlich in der Tür.«

»Du und deine Mutter, ihr wart in der Melkkammer. Der Vater war tot, lag auf den Fliesen, die Scharren stand plötzlich in der Tür. War sie eigentlich noch sehr betrunken?«

»Ja, ich glaube, die war sehr betrunken. Sie stand in der Tür, und sie konnte gar nicht richtig sprechen. Sie lallte irgendwie, sie fragte: Habt ihr noch ein Bier?«

»Kind!«, sagte die Mutter sehr sanft und eindringlich und schloss dabei die Augen. Ihr Gesicht war kalkweiß.

Kischkewitz spürte nicht einmal den Hauch von Triumph. Kischkewitz versank ganz einfach in einem Meer von Melancholie. Er war zutiefst traurig.

»Er hat sie ... er hat sie aber ...« Die Mutter neigte den Kopf nach vorn und begann ohne einen Laut zu weinen.

»Mami!«, sagte Esther ganz erschreckt.

Kischkewitz wartete sehr lange, weil das Mädchen vor der Mutter kniete, sie umarmte und mit ihr weinte.

Er sagte leise: »Also, die Scharren ging erst vom Hof. Vor fünf Uhr in der Frühe. Dann warst erst du allein in der Melkkammer, weil dein Vater etwas mit dir machen wollte. Dann kam deine Mami. War das so?«

»Ja, so war das. Ich meine, ich ...« Dann begriff sie, dass dieser freundliche Mann jetzt etwas wusste, was er nicht wissen durfte. Und sie war verunsichert und drehte ihren Kopf von der Mutter weg.

»Und dann stand die Scharren wieder in der Tür, nicht wahr? Und sie sah deinen toten Vater.«

»Ja«, nickte das Mädchen und ließ die Mutter nicht los. »Sie stand da plötzlich in der Tür.«

»Er hat sie ... er hat Esther missbraucht«, die Stimme der Mutter war rau. »Er war so schlimm.«

»Das glaube ich Ihnen aufs Wort«, nickte Kischkewitz. »Trotzdem sagen unsere Gesetze, dass wir nicht töten sollen.«

»Mein Gott, er hat Esther sogar bezahlt. Er hat gesagt, es wäre gutes Geld.« Sie hatte keine Stimme mehr, jedes Wort quälte sie.

»Das glaube ich Ihnen auch. Kennen Sie einen guten Anwalt, einen guten Strafrechtler?« Er wedelte mit den Händen. Er wollte raus aus diesem verdammten Wohnzimmer. »Machen wir es so: Ich gebe Ihnen den Namen des Mannes, und Sie rufen ihn an, ja? Machen wir es so. Sie brauchen ihn. Sie brauchen ihn dringend.«

Die Sache mit Gitte

Von Ralf Kramp und Jacques Berndorf

Lieber Onkel Franz,

diesen Brief schreibe ich Dir, weil ich nicht so richtig weiterweiß. Vielleicht kannst Du mir ja helfen. Da war nämlich diese Sache mit der Melkmaschine, der Gitte und der Olga.

Die Olga, das ist unsere älteste Milchkuh. So eine schwarzweiße mit einem kleinen Fleck neben dem Maul, wie Marianne Koch. Und die Gitte, das muss ich ja nicht erst sagen, das ist meine Frau. Damit wir uns nicht falsch verstehen: Ich will Dich da in nichts reinziehen, wo Du Dir doch nie was hast zuschulden kommen lassen, aber ich brauchte halt so dringend Deinen Rat. Schließlich warst Du immer wie ein Vater zu mir.

Schade, dass Du jetzt in Berlin bist. Hier in der Eifel ist die ganze Zeit ein richtiges Scheißwetter, und da bin ich jetzt natürlich viel daheim. Ich hatte nicht den Eindruck, dass Gitte das recht ist, aber, was soll ich denn machen? Jedenfalls haben wir uns ganz schön oft in der Wolle gehabt in letzter Zeit.

Ich schlafe jetzt in der Kammer über der Toreinfahrt. Gemütlich ist das nicht. Geht aber nun mal nicht anders. Und dann kam, wie gesagt, diese Sache mit der Melkmaschine. Also eigentlich geht es darum, dass wir kein Isolierband mehr im Haus hatten, und die Geschäfte hatten auch schon zu. Die Gitte und ich, wir hatten einen Riesenkrach, weil ich ihr das falsche Shampoo aus dem Ort mitgebracht hatte. Gegen Spliss sollte ich kaufen, aber es war nur noch gegen Schuppen da. Und Schuppen hat sie doch eigentlich auch.

Als sie so mit mir rumgebrüllt hat, kam der Hans vorbei, um Milch abzuholen. Und die Gitte brüllte immer noch im

Stall herum, wo sie gemolken hat. Dem Hans hab ich dann in der Küche einen Aufgesetzten ausgeschüttet, und der guckt mich an und sagt: »Der würde ich den Hals rumdrehen.« Und dann bin ich mit seiner Milchkanne in den Stall, weil er sich da selbst nicht reintraute, und als ich in den Stall komme, da knistert es plötzlich an der Melkmaschine, und es riecht verschmort, und die Olga guckt mit einem Mal so komisch und kippt um. Und die Gitte, die hat auch ganz weit die Augen aufgerissen, und dann ist sie auch vom Schemel gefallen. Da war sie endlich still. Und natürlich mausetot.

Ich habe dem Hans dann schnell die Kanne vollgemacht, und dann ist er gefahren. Ich habe ihm nichts gesagt, sonst hätte er am Ende noch gedacht, ich hätte die Gitte auf dem Gewissen. Und jetzt stehe ich da mit der toten Kuh, und mit der toten Gitte natürlich auch. Die habe ich erst mal in die Tiefkühltruhe gelegt. Seit Tagen esse ich aufgetauten Kuchen und die acht Plastikdosen mit Gemüsesuppe, die von meinem Vierzigsten im vorigen Jahr übrig waren. Kannst Du mir vielleicht helfen?

Viele Grüße aus der Eifel,
Dein Joachim

Mein lieber Neffe!

Ich habe mich so furchtbar über Deine lieben Zeilen gefreut, dass ich beinahe geweint hätte, aber hier in Berlin hat man ja meistens zu nix Zeit. Diese Stadt ist einfach wahnsinnig, und man braucht auch nicht für jedes Aspirin zwanzig Kilometer zu fahren, oder einen ganzen Tag auf den nächsten Bus zu warten. Ja, ich weiß: Wenn man die älteste Milchkuh verliert, ist man ganz unten. Sich davon zu erholen, ist sehr, sehr schwer.

Und als meine geliebte Frau Bärbel damals zu ihrem HERRN heimging, weil sie gedacht hat, die Leiter in der Scheune steht an ihrem gewohnten Platz, da habe ich auch sehr, sehr gelitten. Nun ja, später stand die Leiter dann ja auch wieder da. Jedenfalls bin ich froh, dass sich alles so gut hat abwickeln lassen mit dem Erbe und dem Verkauf des Hofs und so. Und wie wunderbar, dass ich tatsächlich die Stelle beim Landwirtschaftsminister gekriegt habe. Ich bin an jedem Tag, an dem ich die Post von Abteilung zu Abteilung anliefere, richtig zufrieden und rundum glücklich.

Das mit der Gefriertruhe, Du weißt schon, ist ja durchaus ganz in Ordnung, jedenfalls fürs Erste. Schlecht ist nur, dass die Dinger kaputtgehen, wenn zu viel Flüssigkeit reinkommt: Dann fangen sie an zu stottern, und es haut die Sicherungen raus.

Tja, da kann ich wenig helfen, denn die Truhe steht ja nicht in Berlin, oder? Aber du warst schon immer ein heller Kopf. Mach was draus.

Es grüßt Dich
Dein Dich liebender Onkel Franz

Lieber Onkel Franz,

Kühltruhe ... stottern ... Sicherungen raus ... hätte ich auch von selbst drauf kommen können.

Bin ich aber leider nicht. Im Moment bin ich ja auch dauernd auf dem Feld. Und spät abends sehe ich dann die

Bescherung, als ich nach Hause komme. Jetzt ist endgültig alles aufgetaut. Auch die Backofenfritten und der Wirsing ... und die Gitte auch wieder.

Zuerst habe ich dann allen mal erzählt, sie wäre verreist. Nach Berlin, zu Dir. Und dann habe ich mich bei Nacht und Nebel daran gemacht, den alten Misthaufen umzuschichten.

Schöner Mist.

Jetzt sieht alles aus wie immer. Gitte und ihr Koffer sind erst mal von der Bildfläche verschwunden. Du hilfst mir doch oder?

Immerhin ist sie ja unterwegs zu Dir.

Dein Joachim

P.S.: Was war das denn mit der Leiter von Tante Bärbel? Ich habe mal an der Theke rundgefragt. Das wusste ja gar keiner. Nicht einmal der Hübi, der in Daun bei der Polizei ist. Der fand das zwar interessant, aber ich konnt ihm ja auch nix Genaues erzählen.

Mein lieber Neffe!

Also, ich glaube, Du hast sie nicht mehr alle! Du kannst doch nicht über Deine Tante Bärbel an der Theke labern, wo Du doch nicht die geringste Ahnung hast, was damals passiert ist! Da ist überhaupt gar nichts faul dran, da lege ich aber Wert drauf. Das mit der Leiter war ein astreiner Unfall! Meine Güte, und Du redest dadrüber, wo der Hübi von den Bullen dabei ist, das kannst Du doch nicht machen!

Und gerade jetzt habe ich das wichtigste Amt in dem Betrieb hier. Unser Staatssekretär will nämlich jeden Tag fünf

Flachmänner von mir, weil seine Ehefrau in der Oberpfalz seit sechs Monaten mit dem Besitzer eines Ponyhofs pennt. Ich erledige hier alles. Auf mich ist Verlass!

Also das mit der Tante Bärbel war so, dass bei uns die Hühner immer in der Scheune waren und die Eier oben ins Heu gelegt haben. Und die Tante Bärbel ist ja jeden Morgen Punkt sieben auf den Heuboden geklettert, um die Eier einzusammeln. Und dann ist sie im Heu runtergerutscht, bis sie auf die Leiter traf. Aber da war keine Leiter an dem Morgen. Und die Beerdigung war ja auch einsame Klasse.

Es grüßt Dich ganz herzlich
Dein Onkel Franz

P.S.: Das mit dem Misthaufen finde ich gut. Jetzt komm bloß nicht auf die Idee, den Betrieb aufzugeben und Manni Hermes von nebenan zu bitten, den ganzen Mist wegzufahren. Keine Eile! Ein paar Tage kann Gitte ja auch zu mir unterwegs sein.

Lieber Onkel Franz,

das mit dem Misthaufen war mir dann doch zu heikel. Also habe ich sie wieder rausgeholt.

Schön war das nicht. Jetzt ist sie ganz woanders, und ich versuche zu vergessen, wo. Klappt schon ein bisschen, ich vergesse ja sowieso immer alles sehr schnell.

Vorgestern war Hübi bei mir. In Uniform. Mit einem Kollegen. Und dann kamen noch zwei von der Kripo. Zuerst war ich natürlich unglaublich erschrocken, weil ich dachte, die kommen wegen Gitte.

Aber die wollten wohl nur ein bisschen klönen. Und nach Dir und Tante Bärbel haben sie gefragt. Nett, oder? Aber da Dir das unangenehm zu sein scheint, wenn ich darüber rede, habe ich sie beruhigt und erklärt, dass Du hinterher ... also, als die Tante Bärbel schon tot war ... dass Du da ganz ordentlich die Leiter wieder hingestellt hast. Da haben sie richtig zufrieden geguckt und sich zugenickt. Ich glaube, die waren auch froh, dass alles so harmlos war.

Dann hat Hübi aber doch noch nach der Gitte gefragt, und ich habe ihm erklärt, dass sie mich erst vor zwanzig Minuten aus Deiner Wohnung in Berlin angerufen hat und mich gebeten hat, ihr noch das blau-weiß karierte Kostüm zu schicken. Das war doch gut, oder? Jetzt wissen sie, dass Gitte wirklich bei Dir angekommen ist. Damit keiner Verdacht schöpft, habe ich das Kostüm eingepackt, bei Annemarie auf der Post aufgegeben und tatsächlich an Dich abgeschickt. Ist es schon angekommen?

Das mit Deinem toten Staatssekretär tut mir übrigens leid. Ich habe in der Zeitung gelesen, dass er besoffen gegen den Baum gefahren ist. Hübi hat mir auch in die Hand versprochen, keinem weiterzuerzählen, dass der viele Schnaps von Dir kam. Netter Typ, finde ich.

> Vielen Dank, dass Du mir so lieb
> mit Rat und Tat zur Seite stehst,
> Dein Joachim

Mein lieber Neffe!

Also, die Berliner haben echt eine Schramme im Hirn. Behaupten die doch, ohne sich zu schämen, das mit Deiner Tante Bärbel wäre mindestens Totschlag, wenn nicht sogar glatter Mord. Und dann sagten sie auch noch, ich soll mir genau überlegen, was ich sage. Und ich habe gebrüllt, sie sollen gefälligst nicht einen ganz und gar sauberen Bürger aus der Eifel so elend beschmutzen! Jeder in der Eifel weiß, dass ich mein ganzes Leben lang ohne Fehl und Tadel gelebt habe, wie damals unser hochwürdigster Herr Pfarrer betont hat, als wir Deine Tante Bärbel zu Grabe trugen. Und jetzt steht hier in der Zeitung, ein Bürobote des Landwirtschaftsministeriums, der den Staatssekretär mit Alkohol in den Verkehrstod getrieben habe, werde des Mordes an seiner Frau daheim in der Eifel verdächtigt und sei überdies in Erklärungsnotstand geraten, weil die Frau seines Neffen bei einem Berlinbesuch völlig von der Bildfläche verschwunden sei. Ein zurückgelassenes blau-weißes Kostüm habe den Unhold verraten.

Wir wissen ja alle, was wir von den Medien zu erwarten haben: Dreck, Dreck und nochmals Dreck. Ich werde die Zeitung verklagen. Mensch, bin ich sauer!

                              Dein Dich liebender Onkel Franz

P.S.: Ich habe vergessen, Dir meine neue Adresse zu geben. Ich bin erreichbar unter Alt-Moabit Nummer 136. So heißt hier das Untersuchungsgefängnis.

Lieber Onkel Franz,

bitte entschuldige, dass ich mich so lange nicht bei Dir gemeldet habe. Bei uns in der Eifel ist alles in Ordnung. Im Paket findest Du ein leckeres Stück Schinken aus der Heimat. Dass Du sechzehn Jahre gekriegt hast, finde ich nicht in Ordnung. Wenn Du wieder rauskommst, kannst Du mich ja mal besuchen kommen. Das ist ja das Mindeste bei all dem, was Du für mich getan hast,

Dein Neffe Joachim

Alfred, der Angeber

1.

Der Tag, an dem Alfred ermordet wurde, war ein schöner Tag. Die Sonne schien grell von einem blauen Himmel, an dem nur ganz wenige Schäfchenwolken segelten. Die Schwalben flogen hoch, die Wiesen standen voller Blumen, die Wälder rauschten sanft in einem milden Sommerwind, die Leute kamen zu Tausenden aus den Städten, fielen in die Dorfkneipen ein, setzten sich in die Biergärten, wanderten auf schattigen Wegen, oder lagerten auf einem kühlen Wiesenfleck und aßen den mitgebrachten Kartoffelsalat. Es war ein richtiger, goldiger Ausflugstag, ein Sonntag, wie er im Buche steht.

Wann genau Alfred ermordet wurde, war nicht herauszufinden. Das Einzige, was sich mit Sicherheit sagen ließ war, das es etwa gegen zwölf Uhr mittags passiert sein musste. Denn um genau 11.54 Uhr war Alfred noch am Leben, weil er putzmunter über seinen Hof marschierte. Dass jemand im Dorf so präzise Auskunft über einen bestimmten Zeitpunkt geben konnte, lag ausdrücklich am Confederation Cup, der in diesen Tagen in Deutschland ausgetragen wurde. Und um Punkt 12 Uhr sollte auf einem der unwichtigeren Kanäle des Bezahlfernsehens ein bestimmtes Spiel wiederholt werden. Und weil Justus, der Küster, dieses Spiel auf keinen Fall versäumen wollte, ging er sechs Minuten vor Anpfiff am Hof von Alfred entlang und hoffte, dass er rechtzeitig zu Hause sein würde. Nach Justus Angaben grüßte Alfred muffig: »Tach auch!« und marschierte vom Wohnhaus zur Scheune hinüber. Was er dort wollte, konnte nicht geklärt werden, aber auf jeden Fall betrat er die Scheune.

In der Scheune wurde er dann gegen 12.40 Uhr von Mathilde gefunden, die Reibekuchen gemacht hatte und Alfred sechs Stück davon vorbeibringen wollte. Das tat sie seit zwanzig Jahren, denn noch immer hoffte sie, dass Alfred sie bitten würde, seine Frau zu werden. Mathilde sagte in die heiße Dämmerung der Scheune: »Wieso liegst du da auf dem Boden rum?«, aber Alfred antwortete nicht. Er konnte auch nicht antworten. Er war tot und lag seltsam verrenkt auf dem Beton vor dem uralten, blau lackierten Lanz-Schlepper, mit dem er mindestens einmal pro Woche durch die Botanik zockelte.

Komischerweise lag neben ihm eine alte Sense, die seit Jahrzehnten an einem Haken an einem der schweren Eichenbalken der Scheune gehangen hatte. Was Mathilde nicht sofort begriff war die Tatsache, dass Alfred mit eben dieser Sense getötet worden war. Irgendjemand hatte das alte, verrostete Gerät an Alfreds Hals ausprobiert. Das Ergebnis war einfach entsetzlich. Dann schrie Mathilde, und sie hörte nicht eher damit auf, bis Jochen auftauchte, der den Rettungswagen des Deutschen Roten Kreuzes fuhr, und der genau wusste, was in derartigen Fällen zu tun war. Jochen hatte sie schreien hören, war vom Mittagstisch aufgesprungen und zu Alfreds Scheune gelaufen. Dann brüllte er Mathilde an, sie solle gefälligst das Maul halten. Als das nichts brachte, haute er ihr sehr gekonnt rechts und links eins um die Ohren, und Mathilde hörte auf zu schreien.

Jochen war in diesen Minuten des großen Erschreckens die Rettung. Er war der Mann, der die meisten Totalschäden aus den Straßengräben holte, wenn an den Wochenenden die Biker den Landkreis stürmten, oder zum Nürburgring fegten, um zu beweisen, dass sie notfalls schneller waren als der Schall. Jochen wusste genau, was zu tun war. Zum einen schubste er Mathilde aus der Scheune und riet ihr, das Gesicht mit kaltem

Wasser abzuwaschen. Weil mittlerweile das ganze Dorf aus unerfindlichen Gründen bereits Bescheid zu wissen schien und neugierig antrabte, schloss Jochen die Scheune und sagte kühl: »Hier gibt es nichts zu sehen, Leute!« Dann rief er die Kripo an.

Am Telefon traf er auf den Kriminalhauptkommissar Walter Bogner, der den Sonntagsdienst schob und eigentlich nicht vorgehabt hatte, am Wochenende zu arbeiten. Der Traum war jetzt ausgeträumt.

Jochen blieb sachlich und sagte: »Ich melde einen Mord.«

»Woher wissen Sie, dass es ein Mord ist?«, fragte Bogner.

»Haben Sie schon von einem Selbstmörder gehört, der sich den Kopf mit einer Sense abgeschnitten hat?« fragte Jochen zurück.

Seufzend schob Walter Bogner die Frage nach: »Und wer ist das Opfer?«

Jochen blieb sehr sachlich: »Also, der Tote heißt Alfred Wagenbach und ist von Beruf Bauer, hat aber den Beruf aufgegeben. Er ist – warte mal – 43 Jahre alt, nicht verheiratet, lebt allein im größten Bauernhof des Dorfes. Und er hat den schlechtesten Leumund, den man sich vorstellen kann. Er baggerte grundsätzlich jede Frau an, er gab an wie ein Sack Seife, er log, dass sich die Balken bogen. Das Schlimme mit den Frauen war, dass er meistens Erfolg hatte.«

»Ach, du mein lieber Vater«, murmelte Walter Bogner.

2.

Der Kriminalhauptkommissar Walter Bogner stand vollkommen ratlos vor Alfreds Leiche und wurde noch ratloser, als einer seiner Spurenspezialisten trocken bemerkte: »Chef, auf der Sense sind keine Fingerabdrücke. Das Sensenblatt allerdings weist starke Blutspuren auf, und weil die Sense alt und rostig war, sogar Gewebespuren. Und wenn du mich fragst, ist mir das ein Rätsel, weil in einem solch kleinen Dorf doch niemand hingeht und sich Handschuhe anzieht, wenn er seinen Nachbarn mit einer Sense in den Himmel schicken will. Das Nest hat nur 425 Einwohner.«

»Wer hat sie gefunden?«, fragte Bogner.

»Eine Nachbarin, zwei Häuser weiter. Sie wollte ihm Reibekuchen bringen.«

»Bring mir die Nachbarin. Und bring mir den jungen Mann, der uns angerufen hat.«

Wenig später kam Jochen die Dorfstraße hinunter und murmelte: »Ich habe Sie angerufen, aber ich weiß nichts.«

»Das wollen wir nicht hoffen«, seufzte Bogner. »Sie haben erwähnt, dass der Tote ein Angeber war und nicht sehr beliebt. Und dass er hinter den Frauen her war. Bleiben Sie dabei?«

»Aber ja«, gab Jochen zurück. »Wir haben immer gesagt: Irgendwann geht einer hin und bringt den Alfred um.«

»Sie werden verstehen, dass ich mit einer solch seidenweichen Aussage nichts anfangen kann. Wer könnte denn das gewesen sein?«

»Tja«, murmelte Jochen, »ich kann mir nicht erlauben, Ihnen zu erzählen, an wen ich dabei denke. Denn dann kann ich anschließend das Dorf auf ewig verlassen, falls mich nicht vorher jemand totschlägt. Das müssen Sie verstehen.«

»Das verstehe ich nicht«, sagte Bogner ungerührt. »Es geht um einen Mord, junger Mann, und ich würde niemandem erzählen, von wem ich bestimmte Namen gekriegt habe. Und ein Untersuchungsrichter hätte auch kein Verständnis für Ihre Haltung, von der Staatsanwaltschaft ganz zu schweigen.«

»Sie meinen, Sie könnten mich dazu zwingen, Geschichten aus diesem Dorf zu erzählen?«

»Ich will das nicht Zwang nennen«, murmelte Bogner. »Außerdem muss ich Sie darauf aufmerksam machen, dass Sie nicht der einzige Zeuge sind. Irgendjemand wird irgendwann reden, sagt man in meinen Kreisen.«

Jochen überlegte das sehr lange, während zwei dunkelgekleidete Männer Alfred in eine Zinkwanne legten und dann zu einem Auto trugen. Schließlich sagte er: »Also gut. Dazu fallen mir vier Namen ein. Da wäre der Hennes Breidenbach, der Klaus Zumwinkel, der Jupp Breloer und der Heiner Katzwinkel. Und wenn Sie mich fragen, warum einer von denen es getan haben kann, antworte ich: Weil Alfred behauptet hat, mit deren Ehefrauen was zu haben, obwohl diese Ehefrauen das bestreiten. Alfred war eben ein schrecklicher Schwätzer, und er hatte Feinde satt.«

»Ist es denn nicht lebensgefährlich, in so einem kleinen Dorf solche Geschichten in die Welt zu setzen?«

»Oh ja«, nickte Jochen und grinste breit. »Und nicht nur das. Vor zwei Tagen hat Alfred behauptet, er habe sechs Richtige im Lotto. Und falls das wahr ist, fällt seinen Erben ein Haufen Bargeld in den Schoß. Und in diesem Ort hat er allein zwei Erben, Geschwister nämlich, die hier am Ort verheiratet sind. Die Lieselotte und der Bernie. Aber die Lieselotte fällt sicher aus. Eine Frau könnte doch so etwas Brutales nicht tun, oder?«

»Das, junger Mann, halte ich für ein Gerücht, weil gerade Frauen zuweilen erstaunlich brutal sein können«, murmelte Bogner. »Sie sind ein guter Zeuge, ich danke Ihnen.« Er starrte auf den Block, in den er die Namen eingetragen hatte, und er wusste, dass er ein großes und schwieriges Stück Arbeit vor sich hatte, denn in den kleinen Provinznestern war jeder irgendwie mit jedem verbunden und niemand würde freiwillig reden, vor allem dann nicht, wenn er mit der Sache zu tun hatte.

Dann kam Mathilde und sagte artig: »Ich bin Mathilde Leuwers, und ich habe ihn gefunden.« Sie mochte Ende der Dreißig sein, und ihr Gesicht war von Schmerz und Trauer erfüllt.

»Sie haben ihm Reibekuchen bringen wollen, nicht wahr?«, fragte Bogner. »Haben Sie ihm öfter etwas zu essen gebracht?«

»Er mochte Reibekuchen so gern«, antwortete sie und brach dann unvermittelt in Tränen aus.

»Haben Sie ihn geliebt?«, fragte Bogner gedämpft.

Sie antwortete nicht, sie nickte nur stumm.

»Und Sie haben niemanden gesehen? Keinen aus dem Dorf und keinen Fremden?«

»Ich habe keinen gesehen«, seufzte sie. »Er sah so furchtbar aus.«

»Und Sie haben keine Idee, wer ihn getötet haben könnte?«

»Ich weiß es nicht, nein, ich habe keine Idee.«

»Aber er hatte einen schlechten Ruf«, wandte Bogner ein. »Wissen Sie etwas von einem Lottogewinn?«

»Das hat er mir gesagt: Eine Million und sechshundertzwanzigtausend Euro.«

Du lieber Himmel, dachte Bogner, das wird eine schwierige Kiste.

3.

Es war exakt 16 Uhr, als Walter Bogner die Mordkommission zu einer Besprechung bat. Er wusste genau, dass er ein gutes Team hatte, und also scheute er sich auch nicht, seine Unsicherheit zuzugeben. »Wir haben es mit einem Mordfall zu tun, der seltsam schizophren ist, zweigeteilt. Auf der einen Seite eine Tat, die nach plötzlich aufsteigender Wut aussieht, und zum anderen ein ungewöhnliches Tötungsinstrument, das offensichtlich mit Handschuhen angefasst wurde. Also eine sorgfältig überlegte Tat. Es gibt keine Fingerabdrücke. Als Täter kommen viele Menschen infrage. Mindestens vier Ehemänner, die stinksauer gewesen sein müssen, weil der Tote etwas mit ihren Frauen hatte. Zum anderen haben wir Erben, die möglicherweise gewusst haben, dass der Tote gerade im Lotto gewonnen hatte. Runde einskommasieben Millionen Euro, eine fette Gabe. Wir müssen also zunächst an diese sechs Personen heran, und wir müssen sie als mögliche Zeugen behandeln. Erst wenn wir ihre Aussagen vergleichen können, kommen wir möglicherweise weiter. Ich werde also sechs Leuten von Euch einen Namen geben, und dann bitte ich um höfliche Auskünfte. Aber da ist noch etwas, was mich verstört: Das ist das Leben in diesem kleinen Dorf an einem heißen Mittag an einem Sonntag zu einer Zeit, in der die Familien zu Mittag essen. Da latscht der Küster um kurz vor zwölf durch das Dorf und sieht einen lebenden Alfred. Da läuft eine Frau zu Alfred mit sechs Reibekuchen. Kann mir einer von Euch sagen, was sonst noch gebacken war in diesem Dorf der Schweigsamkeiten?«

»Ja, ich«, grinste der Fahnder Jonny, der dafür bekannt war, dass er einen Tatort so lange durchsuchte, bis er auch eine Blattlaus festgestellt hatte. »Mich hat von Anfang an interessiert, was um die Tatzeit hier im Dorf los war, weil ich selbst aus so einem kleinen Dorf stamme. Also bin ich rumgelaufen und habe an jeder zweiten Haustür geschellt. Es war nichts los, es war wie jeden Sonntag. Um zehn Uhr war Messe in der kleinen Kirche. Der Ermordete war auch da. Man traf sich, man schwätzte miteinander. Dann trennte man sich und ging heim. Essenszeit. Um zwölf etwa, also zur Tatzeit, kam das Essen auf den Tisch. Es kamen zwei große Gruppen Biker durch das Dorf. Beide Gruppen etwa gleich groß, etwa dreißig Maschinen. Eine Gruppe aus Dortmund, eine zweite aus Holland.

Auch die Hitze spielt eine Rolle, die Leute sind träge. Es kamen noch Touristen durch, meistens in Pkws, keine Wanderer, zum Wandern über Mittag war es einfach zu heiß. Mit anderen Worten: Dieses Dorf lag still in der Hitze, und niemand hat irgendjemanden auf der Straße gesehen, weder einen Fremden, noch jemanden aus dem Dorf. Mit Ausnahme des Küsters und der Mathilde. Der Hof von Alfred liegt zur Straße hin, wie übrigens die meisten Häuser, und er ist von allen Seiten einsehbar. Deshalb kann ich sagen: Es herrschte Totenstille.«

»Entweder wir haben den Täter in zwei Stunden, oder das hier wird ein monatelanges Unternehmen«, nickte Bogner düster. »Okay, ich teile euch jetzt die Namen zu. Und ich persönlich hätte als Ersten gern den Bruder Bernie.«

Eine halbe Stunde später saß ihm in Alfreds Wohnzimmer dieser Bernie gegenüber. Bernie war 39 Jahre alt, ein schüchterner Typ, von Beruf Tischler, verheiratet, zwei Kinder. »Ich habe Sie kommen lassen, weil Sie wahrscheinlich am besten über Ihren Bruder Bescheid wissen.«

»Das ist nicht so!«, stellte Bernie unmissverständlich fest. »Wahrscheinlich wissen andere im Dorf mehr als ich. Wir waren zwar Brüder, aber wir haben uns nie gemocht.«

»Warum denn das?«, fragte Bogner sanft.

»Na ja, er wollte immer der Erste sein, er wollte immer gewinnen, er wusste alles immer besser, er hat sogar mal versucht, mir meine Frau auszuspannen. Und er gab immer an wie ein Sack Seife. Das hat unser Vater mal gesagt. Aber er war der Erbe, und also hatte er das Sagen. Also, wenn Sie mich fragen, musste das eines Tages schief gehen.«

»Was würden Sie mir antworten, wenn ich behaupte: Sie stehen unter dringendem Mordverdacht, weil Sie wussten, dass Ihr Bruder 1,7 Millionen Euro im Lotto gewonnen hat?« Bogner hatte beschlossen, die Zügel etwas fester zu führen.

Offensichtlich war Bernie verblüfft und wusste viele Sekunden lang keine Antwort. Dann sagte er: »Das ist vollkommen verrückt. Ich habe auch von der Lotto-Arie gehört, aber ich wette, sie stimmt nicht. Und ich bin einfach kein Typ für einen Mord. Es stimmt, ich mochte ihn nie, weil er mich als Kind schon immer gequält hat. Aber ihn umbringen? Niemals.«

Bogner widersprach nicht, Bogner glaubte ihm. »Können Sie sich irgendeinen Menschen in diesem Dorf vorstellen, der das getan haben könnte?«

»Sechs, oder sieben«, erwiderte Bernie mit fester Stimme. »Am meisten die, bei denen er versucht hat, sie geschäftlich übers Ohr zu hauen. Zum Beispiel wegen der Grünenlay. Da sollte ein Industriegebiet ausgewiesen werden. Und plötzlich stellt sich heraus, dass Alfred das ganze Gelände vorher heimlich für einen Appel und ein Ei gekauft hat. Aber nicht einfach so, sondern weil er bei der Verbandsgemeinde einen Spion hatte, der ihm gegen Bargeld die Pläne gegeben hat. Darüber ist ein Vorbesitzer Pleite gegangen. Ja, so etwas könnte ich mir vorstellen. Er war regelrecht verhasst. Und die Weibergeschichten waren zum Teil ekelhaft.«

»Wichtige Frage, Bernie«, sagte Bogner. »Glauben Sie, dass er tatsächlich mit vielen Frauen etwas hatte?«

»Er liebte es, Unfrieden zu stiften. Das meiste war todsicher gelogen.«

4.

Der Kriminalist Walter Bogner ließ den Bruder des Alfred namens Bernie nach Hause gehen. Der Mann machte nicht den Eindruck, als könne er seinen Bruder getötet haben. Bogner war der tiefen Überzeugung, dass der Täter nur jemand sein konnte, der eine unglaubliche Wut im Bauch gehabt hatte, und der Handschuhe getragen hatte. Wahrscheinlich hatte der Täter genau überlegt, weshalb er Handschuhe verwendete, und das bedeutete, dass er von der Bedeutung der Fingerabdrücke für die Aufklärung eines Verbrechens wusste. Bogner starrte missmutig auf einen Ölschinken an der Wand, der einen röhrenden Hirsch vor einem Tannenwald zeigte. Der Hirsch sah so aus, als ob er lachte. Der Fall Alfred könnte mein beruflicher Untergang sein, dachte Bogner matt.

Dann stürmte, ohne anzuklopfen, sein Fahnder Dirk Jung in das Wohnzimmer. Sie nannten ihn Derrick, weil er einen vollkommen harmlosen Eindruck machte. »Ich habe was, Chef!«, stellte er fest. »Du hattest mir den Klaus Zumwinkel zugeteilt, dessen Ehefrau angeblich mit Alfred etwas hatte. Ich habe ganz harmlos getan, sodass die Eheleute keinen Verdacht schöpften. Tatsache ist aber, dass sie einen Riesenkrach haben. Bei denen hängt der Haussegen nicht schief, sondern ist total von der Wand gefallen. Und es ging um Alfred Wagenbach. Die Ehefrau sagt, sie habe niemals irgendetwas mit Alfred gehabt. Und der Ehemann schrie, wieso denn Alfred gewusst haben kann, dass sie einen weißen Schlüpfer mit blauen Blümchen trägt. Da antwortete die Ehefrau, dann müsse Alfred ihre Unterwäsche auf der Leine gesehen haben.«

»Keine schlechte Erklärung«, nickte Bogner.

»Es kommt noch besser!«, versicherte Derrick strahlend. »Ungefähr um zehn Minuten vor zwölf, als sich die Familie zum Essen versammelte, schoss der Ehemann stinkwütend aus dem Haus, hatte ein Paar Arbeitshandschuhe bei sich und eine Gartenschere. Ich fragte ihn: Wieso denn das? Und er antwortete, dass er eine Landparzelle besitzt, auf der große Flecken Brennnesseln stehen. Und weil er sowieso so stinksauer war, habe er sich gedacht, er könnte sie bei der Gelegenheit erledigen. Das habe ich nachgeprüft, die Brennnesseln sind tatsächlich frisch abgeschnitten und die Wurzeln aus der Erde geholt. Aber: Der Mann behauptet, er wäre nach einer Viertelstunde zurückgekehrt. Die Frau sagt aber: Der war erst nach vierzig, fünfzig Minuten wieder da. Mit anderen Worten: Er kann es gewesen sein. Und noch etwas ist dabei herausgekommen. Ich habe die Ehefrau getrennt befragt, auf welche Weise denn der Tote solche Gerüchte in die Welt setzte. Sie antwortete, Alfred habe niemals etwas direkt behauptet, sondern immer nur so angedeutet, dass die betroffenen Ehemänner misstrauisch wurden. Und: Was machen wir jetzt, Chef?«

»Wir tun so, als seien wir ahnungslos, und kreisen gleichzeitig den Klaus Zumwinkel ein. Glaubst du, er war wütend genug, zu töten?«

»Ja und nein, Chef. Eigentlich ist er ein netter Kerl, aber genau das reicht uns eben nicht. Und bei der Gelegenheit ist mir die Idee gekommen, dass wir es möglicherweise mit mehreren Tätern zu tun haben könnten, und dass der Zumwinkel seine Wut tatsächlich nur an den Brennnesseln ausgelassen hat. Ich hatte plötzlich die Idee: Der Zumwinkel war außer Haus, aber die Frau Zumwinkel war es auch, weil niemand beschwören kann, dass sie zu Hause hockte und auf den wütenden Ehemann wartete. Die Kinder sind klein. Was ist, wenn zwei, oder drei, oder vier der beschuldigten Frauen sich zusammentaten, um Alfred in das große Nirwana zu schicken?«

»Das könnte auch passen«, murmelte Bogner seufzend. »Die Frauen heutzutage sind auch nicht mehr das, was sie mal waren. Sehr selbstbewusst. Ja, das könnte auch passen. Lieber Himmel, ich hasse diesen Sonntag, weil du nicht vergessen darfst, lieber Derrick, dass der gleiche Verdacht auch auf mindestens vier Ehemänner zutrifft. Denn:

Warum sollen sie sich nicht verbündet und gemeinsam getötet haben?«

»Ach, du lieber Gott, Chef. Da hast du recht.«

»Und noch etwas«, schob Bogner nach. »Ich nehme an, dass der Küster ein tiefgläubiger Katholik ist. Gehe einmal davon aus, dass fast jeder in diesem Dorf den Alfred nicht besonders mochte. Nimm weiter an, dass der Küster sich verantwortlich fühlt für die Moral. Und dass er durchdrehte und Alfred in einem nervlichen Blackout tötete.«

»Aber der Mann ist über die siebzig, Chef«, widersprach Derrick.

»Das mag sein«, murmelte Bogner. »Aber immerhin hatte er eine Sense und war sehr wütend.«

5.

Dann folgte, Schlag auf Schlag, eine heftige Bewegung. Kaum hatte der Fahnder mit dem Spitznamen Derrick Alfreds Wohnzimmer verlassen, kam der behäbige Schorsch, ein Verhörspezialist, und sagte freudestrahlend: »Ich glaube, wir haben den Täter, Chef.«

»Lass es raus«, erwiderte Bogner melancholisch.

»Es ist die Ehefrau eines gewissen Hennes Breidenbach. Ich sollte den Mann vorsichtig befragen und landete bei der Ehefrau namens Maria. Die beiden haben Zoff miteinander, weil der gute Breidenbach seiner Frau nicht mehr traut.«

»Das kenne ich«, murmelte Bogner, »aber mach weiter.«

»Also gut. Die beiden haben drei Kinder, vier, acht und neun Jahre alt. Und der Hennes hatte versprochen, mit den Kindern am Sonntag zu Mittag zu essen. Die Kinder sind einfach wild, richtige Zappelphilipps. Die Mutter Maria hat gesagt, sie hat keinen Hunger. Das war ungefähr um Viertel vor zwölf. Kurz nach zwölf entdeckt der Ehemann, dass seine Maria gar nicht zu Hause ist. Dann, um etwa zwanzig Minuten nach zwölf, kommt Maria wieder heim. Und: Sie hat Arbeitshandschuhe bei sich. Warum denn das? fragt der Ehemann. Das geht dich nichts an, sagt Maria wütend. Dann bricht sie in Tränen aus und erklärt, dass Alfred mit seinen Scheißgerüchten ihre Ehe zerstört. Und dass das jetzt ein Ende haben muss. Ist das gut, Chef?«

»Das ist sehr gut«, antwortete Bogner. »Hol mir die Dame mal her. Und verhör den Mann weiter. Der wird noch mehr wissen.«

Maria Breidenbach war ein stämmiges Weib vom Typ Kumpel. Sie hockte auf dem Stuhl vor Bogner und sagte angriffslustig: »Was soll das hier werden, verdammt noch mal? Ich habe keine Zeit für Fisimatenten.«

»Langsam«, murmelte Bogner freundlich. »Kein Mensch will Ihnen was. Ich will nur eine Auskunft. Als Sie mittags das Haus verließen, weil Sie keinen Hunger hatten, wohin sind Sie da gegangen?«

»Ich würde mal sagen, dass Sie das einen Scheißdreck angeht«, antwortete sie wütend.

Nein, Frauen sind auch nicht mehr das, was sie mal waren, dachte Walter Bogner müde. Und weil er wusste, dass es sehr schwierig werden würde, in diesem winzigen Nest zu klaren Aussagen zu kommen, antwortete er unumwunden: »Junge Frau, ich verbitte mir derartige Töne. Wir haben einen Mordfall. Und Minuten vor dem Mord zockeln Sie höchstpersönlich durch das Dorf und tragen Arbeitshandschuhe bei sich. Wollen Sie jetzt behaupten, das sei völlig normal? Und wohin sind Sie mit den Arbeitshandschuhen denn gegangen?«

»Zu meinem kleinen Garten. Ich hatte plötzlich Lust auf Radieschen«, antwortete die erstaunliche Maria

»Und wo ist dieser Garten?«, fragte Bogner schnell.

»Hinter der Scheune von Alfred«, antwortete Maria Breidenbach. Und setzte hinzu: »Aber das weiß doch jeder.«

Bogner verzichtete auf eine Erwiderung, stattdessen sagte er gefährlich leise: »Und dann kam Alfred in die Scheune. Und weil Sie stinksauer auf ihn waren, und sowieso stinksauer wegen des Krachs mit Ihrem Ehemann, haben Sie die Sense gegriffen und Alfred damit einen Schlag gegen den Hals versetzt. Und kommen Sie mir nicht mit irgendeiner blöden Ausrede.«

»Wieso denn Ausrede?«, giftete Maria leise. »Wenn ich Alfred umgebracht hätte, würde ich mich selbst fürs Bundesverdienstkreuz vorschlagen.«

Das war selbst für den humorvollen Bogner zu viel. »Würden Sie derartiges Zeug bitte nicht mehr erwähnen. Da ist ein Mensch getötet worden. Auf eine ziemlich scheußliche Weise. Und Sie sagen locker: Gut so! Wo kommen wir denn da hin?«

Da nahm Maria Breidenbach Anlauf, da pumpte sie ihren beachtlichen Brustkasten auf, da zischte sie: »Ich habe die Nase voll von diesen Höflichkeiten. Alfred Wagenbach war eindeutig ein Angeber, und ein mieser dazu. Und er hat systematisch Unfrieden gesät und unsere Ehen belastet. Ich kenne mindestens sieben Frauen, mit denen er angeblich was hatte. Und jede dieser Frauen sagt: Da ist nix dran. Und er hat Familien beschissen, denn auch als Geschäftsmann war er rücksichtslos und hintenrum. Ich weiß wirklich nicht, warum ein Mensch so sein kann, aber Alfred war so ein linker Typ. Wissen Sie was? Er hat, als ich sechzehn war, schon behauptet, er hätte mit mir geschlafen. Und was war passiert? Gar nichts. Wir haben im Kaffeekränzchen neulich darüber diskutiert, wie man Alfred auf die gründlichste Weise töten kann. Wollen Sie Zeugen? Ich hätte da welche.«

»Wollen Sie behaupten, dass das ganze Dorf Alfred so gehasst hat, dass er dabei zum Opfer werden konnte?«

»Natürlich«, sagte die erstaunliche Maria Breidenbach. »Sie würden das sowieso alles herausfinden. Deshalb sage ich es gleich. Und einigen Männern hier sollte man den ... na ja, Sie wissen schon, abschneiden, weil sie nicht den Mut hatten, zu Alfred zu gehen und dem mal gründlich die Meinung zu sagen. Alles Schluffis.« Sie grinste plötzlich breit. »Ich hätte da sechs bis acht Mörder im Angebot. Aber wer es wirklich war, weiß ich nicht. Ich leider nicht. Ich war nur bei meinen Radieschen.«

6.

Als Maria Breidenbach gegangen war, hockte der Kriminalist Bogner im Wohnzimmer des Ermordeten und starrte missmutig auf den röhrenden Hirsch an der Wand. Irgendjemand mit einer ungeheuren Wut im Bauch hatte eine alte, verrostete Sense gegriffen und damit dem Alfred Wagenbach gegen den Hals geschlagen. Wer konnte es sein? Jemand, den Alfred geschäftlich übers Ohr gehauen hatte? Jemand, dessen Frau angeblich mit Alfred etwas hatte? Gab es noch ein Feld der Motivationen?

Dann klopfte es behutsam, und sein jüngster Mitarbeiter tauchte auf, der 26-jährige Student der Kriminologie Thomas Herne, der ein sechswöchiges Praktikum bei der Mordkommission absolvierte, und der ständig aufgeregt wirkte, und der kalkweiß geworden war, als er Alfred mit dem halb abgeschlagenen Kopf ansehen musste.

Er sagte brav und schüchtern: »Also, Chef, das mit dem Lottogewinn stimmt nicht. Ich war bei der Ladenbesitzerin, die auch das Lottogeschäft betreut. Sie sagt: Der hat seit Jahren nicht mehr Lotto gespielt. Und schon gar keine sechs Richtige. Denn da wäre sie sofort benachrichtigt worden. Ich habe dann gefragt, ob Alfred vielleicht irgendwo in der

Region gespielt haben kann. Ja, sagte sie, das sei möglich. Aber da wäre sie auch benachrichtigt worden, weil hier seine Heimatadresse ist. Und es gab den seltsamen Zwischenfall, dass er vor drei Jahren schon mal behauptet hat, fünf Richtige gehabt zu haben. Aber es waren nur drei.«

»Der Mann scheint ein professioneller Lügner gewesen zu sein«, sagte Bogner. »Aber wer gibt sich die Mühe, so kompliziert zu leben? Irgendwann kann er doch seine Lügen nicht mehr voneinander trennen und wirft alles durcheinander. Jedenfalls hat irgendjemand vorübergehend den Verstand verloren und ihn umgebracht. Und von Staats wegen sind wir dazu da, diesen Jemand zu finden. Schonzeit für Mörder gibt es nicht. Gut gearbeitet, Junge.« – Thomas Herne errötete sanft.

Dann erschien Gustav Nellig, ein verträumt aussehender Mitvierziger, dessen Spezialität atemberaubend langweilige Verhöre waren, der aber immer ans Ziel kam.

»Chef, ich habe mir den Küster vorgenommen, und der ist meiner Einsicht nach sauber. Er ist sozusagen ein moderner Katholik und der Ansicht, dass auch ein Papst mal Scheiße bauen kann. Das hat er so wörtlich formuliert.«

»Wir haben also einige Frauen, die es getan haben können, einige Männer, die es getan haben können, und dann können sich einige Frauen und einige Männer zusammengetan haben, um Alfred ins Nirwana zu schicken.«

Plötzlich musste Bogner grinsen. »Vielleicht sollten wir den Mut haben, über diese Situation zu lächeln. Vielleicht sollten wir auch noch einmal ganz von vorne beginnen. Was haben wir eigentlich an genauen Fakten?«

»Nicht viel, Chef«, antwortete Gustav Nellig. »Eigentlich verdammt wenig. Es ist heiß, es ist Sonntagmittag, das Dorf liegt tot in der Walachei, ein paar Touristen ziehen durch, ganz wenige Menschen, eigentlich nur zwei, bewegen sich auf der Dorfstraße, ganz wenige auf den Nebenwegen. Eigentlich haben wir gar nix, Chef.«

Bogner zählte auf: »Wir haben den Küster, der Alfred zuletzt lebend sah. Dann haben wir eine in Alfred verschossene Nachbarin, die seit zwanzig Jahren darauf wartet, dass er sie heiratet. Dann bringt sie ihm frische Reibekuchen und findet ihn ermordet. Dann flippt sie aus und heult sich die Seele wund. Das ist buchstäblich alles, was wir haben. Und wir haben einen Haufen Verdächtige, und einen Haufen Zeugen, die alle behaupten, dass Alfred ein Extremekel war. Also: Wer hat die Sense vom Haken genommen und zugeschlagen?«

»Keine Ahnung«, antwortete Gustav Nellig. »Aber erzähl mir jetzt nicht, dass du weißt, wer es getan hat. Ich meine, du bist gut. Aber ob du besser bist als ein perfekter Hellseher, möchte ich bezweifeln.«

»Es sind immer die Kleinigkeiten, die wir allzu schnell übersehen, und von denen wir immer annehmen, dass sie normal sind, und also in unser Bild von den Ereignissen hineinpassen. Und in diesem Fall haben wir schlicht etwas übersehen, das die ganze Zeit greifbar vor uns lag. Gustav, setze dein Gehirn in Trab, und du wirst sofort begreifen, was ich meine, falls du dein Gehirn nicht an der Garderobe abgegeben hast.«

7.

Bogner sagte kurz: »Spring durch das Dorf und ruf unsere Leute zusammen. Sie müssen ja nicht unbedingt länger arbeiten als nötig.«

Gustav Nellig nickte nur und machte sich auf den Weg. 45 Minuten später saß Bogner vor seiner versammelten Mordkommission und sagte: »Eigentlich ärgere ich mich, dass ich nicht eher drauf kam. Aber im Grunde ist die Lösung unseres Falles ziemlich einfach. Thomas, lauf mal eben rüber zur Mathilde Leuwers und bitte sie hierher. Geh freundlich mit ihr um.«

Nach fünf Minuten kam Mathilde über den Hof und setzte sich brav auf den Stuhl vor Bogner. »Was ist denn?«, fragte sie sachlich

»Na ja«, murmelte Bogner halblaut. »Ich will eigentlich nur wissen, was Alfred zu Ihnen gesagt hat, als Sie ihm die Reibekuchen brachten.«

»Was er gesagt hat? Irgendetwas ganz Blödes. Aber das tat er oft, das tat er jedes Mal. Ich glaube, er sagte: Stell die Reibekuchen auf den Schleppersitz und verpiss dich.«

»Und: Was haben Sie getan? Haben Sie sich verpisst?«

»Nein, habe ich nicht. Ich habe gefragt: Warum tust du mir dauernd weh? Na ja, hat er gesagt, weil du genauso dumm bist wie alle Weibsbilder hier.«

»Und dann haben Sie die Sense gesehen, nicht wahr?«

»Ja, dann habe ich die Sense gesehen.«

»Und Sie trugen Küchenhandschuhe, nicht wahr? Weil die Reibekuchen frisch aus der Pfanne waren und sehr heiß.«

»Oh ja, ich habe sogar die ganze Portion noch einmal in den Bräter im Küchenherd geschoben, damit auch der Teller heiß war. Jetzt bin ich wohl verhaftet, oder?«

»Das könnte man so nennen«, nickte Bogner. Dann wandte er sich an seine Truppe und murmelte. »Geht gut mir ihr um. Und denkt daran, dass wir hier stundenlang eine Kleinigkeit übersehen haben: Eine Frau mit Küchenhandschuhen.« Dann nickte er Mathilde zu und murmelte: »Sie können heimgehen und in Ruhe ein paar Sachen zusammenpacken. Der Staatsanwalt wird Sie sehen wollen. Aber der ist auch ein netter Mann.«

Bernie

Bernies Mutter rief mich um genau 17 Uhr an. Ich weiß das deshalb, weil es der Nudelsalat-Tag war, und weil ich in diesem Zusammenhang beinahe wahnsinnig geworden wäre. Gegen Mittag, als ich im Garten werkelte und mich des Lebens freute, erschien Kurt aus Nohn, grinste mich über zwanzig Meter an und rief: »Hier kommt der Bundesverpflegungswagen.«

Er schwenkte irgendetwas hin und her. Es war ein Senfeimer, wie Frittenbuden und Gastronomen ihn kaufen, aber es war kein Senf darin, sondern drei Kilo selbstgeschnitzter Nudelsalat wie nur Kurt ihn kann – eigens gestylte leichte Mayonnaise, herausragende Fleischwurst, ein paar Erbsen, etwas Mais, und das Ganze in erlesenem Gewürz. In Sachen Nudelsalat bin ich hoffnungslos bestechlich.

Wir wandten also meinem Garten den Rücken, packten den Eimer in die Küche, und ich entnahm ihm einen großen Teller voll Herrlichkeit. Dann hockten wir uns hin, er schlürfte Kaffee und erzählte mit leuchtenden Augen etwas von einer gewissen Eilen, die ihm total den Kopf vernebelt habe, sodass er jetzt Mühe habe, sich an seinen eigenen Namen zu erinnern. Er war nicht mehr ganz von dieser Welt und murmelte dauernd in Richtung Eisschrank: »Und sagenhafte Augen hat sie, sage ich dir.« Die Liebe lag wie eine sanfte Geisteskrankheit auf seiner Seele, und irgendwie erschien es mir logisch, dass er der Welt für das Geschenk namens Eilen einen Nudelsalat gewidmet hat. Er hielt einen ungefähr neunzig Minuten währenden Monolog über das Glück dieser Erde und verabschiedete sich dann mit vollkommen leerem

Blick. Er hatte Schwierigkeit, den Rückwärtsgang zu finden.

Nudelsalat macht träge, und so beschloss ich, die körperliche Arbeit für diesen Tag an den Nagel zu hängen, zu baden und möglicherweise gegen Abend nach Hillesheim in Runges Kino zu fahren. Und an den Filmtitel kann ich mich auch noch erinnern TITANIC. Irgendjemand, ich glaube Markus in Niederehe, hatte gesagt: »Da darfst du nicht reingehen, das ist eine Schmonzette, und alle Weiber um dich herum heulen und sind tränenblind.« Aber die Titanic erreichte ich nicht mehr.

Ich hockte im Badewasser, und MANHATTAN TRANSFER dröhnte eine A-capella-Version von TUXEDO JUNCTION durch mein altes Gemäuer, es war richtig schön. Bis Bernies Mutter anrief. Sie sagte mit einer piepsigen Altfrauenstimme vollkommen übergangslos: »Er kommt nicht mehr zurück.« Sie schien keine Luft zu kriegen. »Er kommt nicht mehr.«

»Wer kommt nicht mehr?«

»Bernard, mein Bernard.«

Erst dann begriff ich, wer sie war. »Wieso kommt Bernie nicht mehr? Er muss vielleicht etwas länger arbeiten.«

»Nein, das muss er nicht. Heute nicht. Er ist ja in Berlin.«

»Und was macht er da?«

»So genau weiß ich das nicht. Er hatte da was Geschäftliches zu tun. Er hat sich im Ministerium freigenommen und ist nach Berlin. Gestern Morgen. Ich hatte gleich so ein komisches Gefühl.«

»Aber was ist denn?«, drängte ich.

»Er ist ... er ist tot. Und er hat doch gesagt, ich soll Sie anrufen, wenn ich mal nicht weiter weiß.«

»Wer hat Ihnen gesagt, dass Bernie tot ist?«

»Die Polizei. Sie haben mir eine Nummer gegeben. Ich kann das nicht, ich weiß wirklich nicht, also ...«

»Geben Sie mir die Nummer«, sagte ich schnell. Ich stieg aus dem Badewasser, fischte einen Kugelschreiber aus meiner Weste und schrieb die Nummer auf die Tapete. Ich sagte, ich riefe sie gleich wieder an, trocknete mich flüchtig ab und wählte diese Nummer.

Jemand sagte gelangweilt: »Staatsanwaltschaft.«

»Es geht um einen Bernard Wegmann aus Bad Münstereifel, dreißig Jahre alt, Bürobote im Innenministerium in Bonn, ich will wissen ...«

»Was soll mit dem sein?«, fragte die Stimme.

»Er soll, er müsste, er ist tot, sagte man mir. Ich rufe im Namen seiner Mutter an.«

»Der erste Buchstabe des Hausnamens, bitte.«

»W wie Wilhelm«, sagte ich.

»Ich verbinde.« Eine Musik berieselte mich. Freude, schöner Götterfunken. Dann sagte eine Frau muffig und tonlos: »Sie wollen in Sachen Wegmann etwas wissen?«

»Richtig.«

»Und wer sind Sie, bitte?«

»Siggi Baumeister, ein Freund der Familie. Die Mutter rief mich eben an. Sie ist eine alte Dame, sie kann das nicht erledigen. Und sie ist herzkrank.«

»Da weiß ich aber nicht, ob ich das darf.«

»Hören Sie zu. Ich mag es gar nicht, wenn ich verarscht werde. Die alte Dame ist eben von der Polizei aus Berlin benachrichtigt worden. Wie könnte ich sonst anrufen?«

Sie überlegte. »Das ist richtig«, entschied sie dann. »Können Sie mir ein körperliches Merkmal des Wegmann nennen?«

»Wie bitte?« Ich wollte brüllen, sie irgendwie beleidigen. Dann fiel mir ein, dass sie auch nur ihre Pflicht tat. »Das kann ich. Er trug einen dicken, unförmigen orthopädischen Schuh, er hinkte, er hinkte stark.«

»Könnte hinhauen«, lobte sie mich. »Die Karteikarte hier sagt mir, dass er auch drogenabhängig war. Heroin und so.«

»Ganz unmöglich«, murmelte ich heiser.

»Das ist aber so«, beharrte sie. »Kommen Sie hierher?«

»Ja. Morgen früh. Ich brauche Ihre Adresse.« Ich notierte alles und rief Bernies Mutter an. Ich sagte ihr, ich würde nach Berlin fahren, um nach ihrem Bernard zu schauen. Ich würde sie anrufen, wenn ich alles in Erfahrung gebracht hätte. Ich überlegte, ob ich noch eine Abendmaschine Bonn-Berlin erreichen würde, entschied mich aber dann für das Auto. Ich wollte einfach nicht unter Menschen. Irgendwo im Haus schepperte etwas sehr laut, dann kam heftiges Fauchen. Meine Kater prügelten sich, und wahrscheinlich ging es um irgendeine dämliche Maus, die sie erbeutet hatten. Ich ging hinüber ins Schlafzimmer und warf ein paar notwendige Utensilien in die große Reisetasche. Dann rief ich den *Kastanienhof* an der Kastanienallee in Berlin-Mitte an, und sie hatten noch ein Zimmer für mich, und es sei egal, wann ich ankomme, es sei immer jemand da. Wieder ein heftiges Scheppern, diesmal eindeutig aus der Küche. Meine Kater Paul und Willi hatten Kurts Nudelsalat in Angriff genommen, und sie hatten es sehr heftig gemacht. Der Eimer war von der Abstellplatte auf die Fliesen gestürzt, und da der Deckel nicht geschlossen war, hatte sich der Inhalt wie eine Sturzflut über meine saubere Küche gebreitet. Der leicht gelbliche Schleim mit den würmerähnlichen Nudeln darin war praktisch überall und machte sich auf dem dunkelbraunen Holz der Küchenzeile sehr dekorativ. Paul und Willi saßen sehr selbstbewusst und satt auf dem Küchentisch, sahen aus wie Schweine und versuchten ernsthaft, sich zu säubern, wobei Paul drei sehr dicke Nudeln wie einen Sommerhut auf dem Kopf trug und davon nichts bemerkte, weil Kurtchens Mayonnaise wie ein Schleier ganz allerliebst jeden Quadratzentimeter seines einstmals grauen Fells bedeckte.

Und dann begann der Eimer auf den Fliesen zu rollen, er torkelte gewissermaßen selbsttätig. Ich drehte ihn vorsichtig in meine Richtung und siehe da, mein Jungkater Satchmo saß darin und blinzelte mich traulich an. Das einzige, was mich verwunderte, war, dass er mich nicht anrülpste. Ich packte ihn am Nacken und trug ihn am ausgestreckten Arm ins Badezimmer. Ich ließ lauwarmes Wasser ein, tat etwas Badeschaum hinzu und versenkte ihn. Dann spülte ich ihn ab und schob ihn durch die Katzenklappe. Das machte ich mit Paul, das machte ich mit Willi. Anschließend zog ich mich aus, hatte Mühe, alle glitschigen Nudeln aus der Badewanne zu entfernen, duschte und zog mich an. Zeitverlust: alles in allem etwa zwei Stunden. Katzen sind furchtbar. Als ich am Bliesheimer Kreuz auf der A 1 in Richtung Dortmund zog, schob ich ein Band mit dem Titel THE STREETS OF NEW ORLEANS ein und hörte mit halbem Ohr Sidney Bechet, Monty Sunshine, Chris Barber, Pete Allen, die ganze alte Garde.

Was, zum Teufel, wusste ich eigenlich von Bernie? Na gut, er war Bürobote im Innenministerium, na gut, er hinkte wegen eines angeborenen Fehlers, na gut, er war ein höflicher, stiller, leise sprechender Mensch. Er sang in Bad Münstereifel im Kirchenchor. Er lebte allein mit seiner Mutter, er hatte seinen Vater nie gekannt. Freunde? Hatte er welche? Freundin? Hatte er eine? Was tat er eigentlich, wenn er nicht seinen Botenkarren durch die endlosen Flure schob? Warum mochte ich ihn eigentlich? Warum mochte er mich? Weil ich Journalist war, weil das ein Beruf zu sein schien, den er sich maßlos für sich selbst gewünscht hätte? Ich mochte ihn wahrscheinlich, weil er einer der Menschen war, die demütig aber sehr stolz ihr Hinkebein tragen und niemals aufgeben werden, was auch immer geschieht. Heroin? Bernie und Heroin? Niemals! Das passte nicht, das passte absolut nicht. Was hatte ihn nach Berlin getrieben? Halb Bonn würde in diesem Jahr nach Berlin umziehen. Wollte Bernie das etwa auch? Würde seine Mama das alte Häuschen in der Eifel für Berlin eintauschen? Das erschien mir unmöglich, klang geradezu absurd. »Bernie, du machst mir Kummer«, sagte ich laut in meine Frontscheibe und Monty Sunshine blies dazu auf seiner Klarinette den BURGUNDY STREET BLUES.

Der Tag war gekommen, als ich nach Berlin hineinrollte. Ich war aufgeregt, nicht im geringsten müde. Ich duschte und rasierte mich, ging hinunter zum Frühstück, hielt ein Schwätzchen mit dem Hausherrn und rief dann Bernies Mutter an. »Ich bin in Berlin, und Sie müssen mir jetzt helfen. Warum ist Bernie nach Berlin gekommen? Und wie kam er? Mit dem Auto, mit der Eisenbahn, mit dem Flieger?«

»Also, mit dem Flieger. Aber was er da wollte, weiß ich nicht. Geschäftliches, hat er gesagt.«

»Hat er irgendwann gesagt, dass er nach Berlin geht, wenn die Regierung umzieht?«

»Oh ja.« Die Stimme wurde ein wenig ruhiger und klarer. »Das wollte er wohl. Und ich sollte mitkommen. Und für mich wollte er was ganz Besonderes, er wollte mir etwas schenken.«

»Und? Wären Sie nach Berlin gegangen?«

»Aber ja. Immer Bad Münstereifel ist doch auch nichts, oder? Und ich bin doch erst sechzig, nicht mal sechsundsechzig wie der Udo Jürgens immer singt.«

»Dann hat er eine Wohnung für euch beide gesucht, oder?«

»Nein, nein, die haben wir doch schon. Aber da wird noch gebaut. Nein, nein, eine Wohnung haben wir schon.«

»Was wollte er Ihnen denn schenken?«

»Das weiß ich nicht.« Sie begann zu weinen.

»Ich verstehe Sie, es tut mir sehr leid. Haben Sie sich denn etwas gewünscht?« Sie schniefte heftig, sie stieß mit dem Telefon gegen etwas Hartes.

»Na ja, ich habe mal gesponnen, ich würde gern beim Regierungsviertel eine Imbissbude haben. Er sagt immer, ich kann Frikadellen so gut. Aber er hat nur gelacht und gemeint: Mama, das ist zu teuer für uns. Na ja, das war so Flachserei. Ich habe ja auch alles, was ich brauche.«

»Ich melde mich wieder. Halt, stopp, ich muss noch wissen, wo er denn gewohnt hat. Hotel? Pension?«

»Das ist die Pension Heide. Da wohnen wir immer. Das ist in Kreuzberg.«

Es regnete, als ich loszog, um das anzuschauen, was von Bernie geblieben war. Ich ließ den Wagen stehen, ich nahm ein Taxi, ich war fiebrig. In der Vorhalle des großen, grauen Gebäudes wartete ein Mann auf mich.

»Sind Sie Herr Baumeister. Mein Name ist Witt. Ich habe eben mit seiner Mutter gesprochen. Könnten Sie ihn ...«

»Ja, ich kann ihn identifizieren.« Ich fragte nicht weiter, erst wollte ich Bernie sehen. Witt war ein schlanker, kleiner, drahtiger Mann mit kurzem, schwarzem Haar und sehr lebhaften braunen Augen.

»Er ist ziemlich zugerichtet«, murmelte er, als müsse er sich für Bernies Zustand entschuldigen. »Wir müssen in den Keller.« Der Keller war riesig, grellweiß vom Neonlicht, mit endlosen Korridoren und dem Summen irgendwelcher Maschinen. »Er ist in der Sieben«, murmelte Witt. Er ging durch eine Stahltür, der Raum dahinter war groß, ganz gefliest. Eine Längsseite war belegt mit den Schubladen für die, deren Erdenreise zu Ende ist. »Er liegt dort hinten auf dem Tisch. Er gibt uns Rätsel auf.« Er nahm das weiße Tuch sehr behutsam, als könne er Bernie stören, und zog es ganz herunter. Merkwürdigerweise faltete er es sorgfältig. »Lassen Sie sich Zeit.«

Ich sah Bernie an. »Du lieber Gott, wer hat das gemacht?«

»Wir wissen es nicht.« Bernies Gesicht war wachsbleich, seine Augen waren geschlossen. Auf der Stirn war eine klaffende Wunde, das rechte Ohr war halb abgerissen. Der Körper war übersät mit Hämatomen.

»Sie haben ihn wohl mit Springerstiefeln bearbeitet«, erklärte Witt. »Er hat keinen heilen Knochen mehr im Leib. Und sehen Sie mal hier«, er nahm Bernies rechten Arm und drehte ihn leicht. »Da sind Einstiche, wie Sie sehen. Die chemischen Werte haben einen hohen Alkoholspiegel ergeben und außerdem eine nicht unbeträchtliche Menge Heroin.«

»Das kann nicht sein«, widersprach ich.

»Er war ein netter Kerl, nicht wahr?«

»Ja, das war er. Und er trank nicht, und er hatte todsicher mit Drogen nichts am Hut.«

»Sie müssen ihn nicht verteidigen«, sagte er leichthin. »Wir wissen auch, dass er schon tot war, als er das Heroin und den Alkohol gespritzt bekam. Und genau das ist es, was uns Sorgen macht.«

»Da will jemand etwas vortäuschen.«

»Richtig«, sagte er. »Das sieht nach Auftragsarbeit aus.«

»Was hatte er in den Taschen?«

»Nichts. Auch das sieht nach Auftragsarbeit aus. Die Täter haben nur die kleine Visitenkarte der Pension Heide in Kreuzberg übersehen. Sonst wüssten wir nicht, wer er ist. Und er ist es, nehme ich an.«

»Er ist es«, nickte ich. Ich hatte einen trockenen Mund. »Heißt das, dass er diese Pension Heide gar nicht erst betreten hat?«

»Richtig. Er rief von irgendwo in der Stadt dort an und sagte, er käme abends. Und niemand in der Pension hat eine Ahnung, was er hier wollte.«

»Ich auch nicht. Sein Gepäck?«

»Stand neben seiner Leiche. Er lag auf einem privaten Parkplatz an der Kantstraße. Aber dort, wo er lag, ist er nicht getötet worden. Die Spuren sind einwandfrei. Er kann überall getötet worden sein.« Er entfaltete das weiße Tuch und breitete es sorgsam über den toten Bernie, er wirkte ein wenig feierlich. »Können Sie uns weiterhelfen?«

Ich biss mir auf die Unterlippe. »Wahrscheinlich nicht. Er wollte mit seiner Mutter nach Berlin gehen, wenn das Ministerium umzieht. Sie haben auch schon eine Wohnung, die noch im Bau ist. Es gibt nur einen Punkt, der etwas bringen könnte. Seine Mutter wünschte sich sehnlichst eine Frittenbude irgendwo im neuen Regierungsviertel. Bernie hat gesagt, das wäre zu teuer. Gleichzeitig hat er aber durchblicken lassen, er habe ein Geschenk für sie. Und weil er ein liebevoller Mensch ist ... war, könnte es durchaus sein, dass er nach Berlin kam, um einen Kiosk zu mieten, oder zu pachten, oder zu kaufen. Wir müssten seine Bankverbindung kennen.«

»Das mache ich sofort«, sagte Witt. »Lassen Sie uns hier rausgehen, ich werde mich mein Leben lang nicht daran gewöhnen. War er ein Freund von Ihnen?«

»Nein, kann man nicht sagen. Wir mochten uns, ich sah ihn dauernd. Freunde waren wir wohl nicht.«

»Könnte es Ihrer Meinung nach einen Grund geben, weshalb er wollte, dass seine Mutter ausgerechnet Sie anruft, wenn irgendetwas Außergewöhnliches geschieht?« Er sah mich ganz ruhig an.

»Er bewunderte Journalisten. Ich bin einer. Und wir mochten uns.« Wir kamen in ein ödes Treppenhaus und stiegen in dem betongrauen Schacht nach oben. »Was ist mit Ihnen?«, fragte ich. »Sie sind der Praktiker, Sie haben die Erfahrungen. Was könnte dahinterstecken?«

»Ich weiß es wirklich nicht. Da kommt ein Büroboote nach Berlin, ein Klumpfuß, überhaupt nicht wichtig. Und der wird einfach totgeschlagen. Und er bekommt post mortem eine Alkohol-Heroin-Mischung gespritzt. Da werde ich nachdenklich. Wissen Sie zufällig, bei wem er sich die Wohnung besorgt hat, in die er mit seiner Mutter einziehen wollte?«

»Keine Ahnung«, sagte ich. »Ich weiß plötzlich gar nicht mehr, was ich hier in Berlin soll.« Er grinste matt.

»Zurück in die Eifelwälder?«

»Genau das. Zurück in meine Welt. Muss ich ein Protokoll unterschreiben?«

»Nur ein paar Formulare wegen der Identifizierung der Leiche. Wo wohnen Sie?«

Ich sagte es ihm. Ich unterschrieb ungefähr zwanzig Formulare und er versprach, mich anzurufen, falls irgendetwas geschehen würde, was Klärung versprach. So trennten wir uns. Ich ließ mich in den Kastanienhof bringen, duschte kalt und schlief sofort ein. Ich träumte wirres Zeug, Geschichten aus einem Leben, das ich nie gelebt hatte. Ich wurde wach, weil irgendetwas mich bedrohte. Ich nahm eine Flasche Wasser aus dem Eisschrank und trank. Danach schlief ich traumlos weiter, zumindest erinnerte ich mich an nichts.

Als das Telefon schellte, wollte ich es gegen die Wand werfen, aber ich wollte auch wissen, wer es war. Die Frau im Empfang sagte, da sei ein Herr Witt. Ob ich Zeit hätte.

»Rauf mit ihm«, krächzte ich. Ich fühlte mich scheußlich. Aber ich öffnete ihm. Es war zehn Uhr abends. Er hatte einen sehr verkniffenen Mund, ging an mir vorbei und setzte sich in einen Sessel.

»Da ist etwas«, erklärte er übergangslos. »Bernie hat sechzigtausend Mark in bar von der Bank bekommen. Sein Erspartes. Es war in einem schmalen braunen Aktenkoffer. Wir haben keinen Aktenkoffer gefunden. Also ...«

»Also war es sein Geld«, sagte ich. »Aber wer konnte davon wissen? Und wieso sechzigtausend Mark in bar?«

»Da ist noch etwas«, murmelte er. »Ich habe noch mal mit Bernies Mutter geredet. Sie haben die Wohnung von einer Treuhandgesellschaft gekauft. Vollkommen normal, vollkommen legal. Diese Gesellschaft hat einen Ableger, eine Firma namens Immo-Trust. Die wiederum handelt mit Ausschank-Konzessionen, Kneipen, Restaurants und so weiter. Unter anderem auch mit Kiosken. Von dieser Firma geht die Sage, dass sie mit Schlägertrupps arbeitet, wenn ihre Rechnungen nicht beglichen werden. Ich kann nichts beweisen, aber vielleicht ergibt sich eine Spur.« Er lächelte mit schmalem Mund.

»Ich verstehe Sie nicht«, sagte ich etwas verwirrt.

»Das ist doch ganz einfach«, murmelte er. »Sie gehen morgen hin und Sie wollen eine Kneipe. Haben Sie doch schon immer gewollt, oder?«

»Das ist richtig«, nickte ich. »Das war immer schon der Sinn meines Lebens.«

»Genau das habe ich erwartet«, nickte er. Dann war er genauso schnell wieder verschwunden, wie er erschienen war. Es war spät am Abend, aber vielleicht noch nicht zu spät.

Ich rief Bernies Mutter an. »Ich habe ihn gesehen. Er ist überfallen worden.« Sie sagte nichts. »Sind Sie noch dran?«

»Ja, ich bin noch hier. Hat er ... ich meine ...«

»Er hat nicht gelitten«, sagte ich schnell. »Aber er muss noch genau untersucht werden. Das dauert einige Tage. Hatte er eigentlich Freunde unter seinen Kollegen?«

»Nein. Nur mit dem Chef verstand er sich gut. Der hat uns ja auch den Tipp mit der Wohnung gegeben.«

»Wie heißt denn der?«

»Das ist der Rainer Ewerhard. Der mochte ja den Bernard so gern. Die waren ein Herz und eine Seele. Der wird weinen. Kriege ich ihn bald?«

»Er wird bald freigegeben«, versprach ich. Dann machte mich auf den Weg, um eine Kneipe zu finden, die mir noch etwas zu essen verkaufte. Da ist kein Mangel am Prenzlberg. Ich landete gleich um die Ecke bei einem Inder, der für annähernd achtzig Gäste einen Kellner hatte. Der Mann bewegte sich so schnell, als gleite er auf Schlittschuhen. Neben mir saß eine Frau mit hennarotem Haar, die dauernd flüsterte: »Ist der süß, ist der süß!« Sie meinte den Kellner, nicht mich. Ich aß irgendetwas, das mich verzweifelt an reine Pfefferschoten erinnerte. Mir tränten die Augen, ich keuchte leicht, ich trank vielleicht zwei Liter Wasser, und der schnelle Kellner sah mich an und grinste sich eins.

»Sind Sie auch fremd hier?«, fragte die Hennarote.

Ich sagte nein, ich sagte, ich wohne um die Ecke. Und so sehr gelogen war das nicht einmal. Aber ich bot ihr nicht an, meine Briefmarkensammlung zu begucken. Ich dachte plötzlich verkrampft darüber nach, warum irgendjemand den Tod eines Menschen will, der eigentlich von keinerlei ausschlaggebender Bedeutung ist. Es sei denn, dieser Mensch wusste etwas, was er nicht wissen durfte, hörte etwas, was er nicht hören durfte, wurde plötzlich zu einer überwältigenden Gefahr. Aber, verflixt noch einmal, im Zusammenhang mit dem sanften Bernie war das einfach unvorstellbar. Die Hennarote unterbrach mich dauernd, ich hörte nicht hin, lächelte sie ein paarmal an, nickte, schüttelte den Kopf und zahlte schließlich und ging. Ich schlief nicht, ich döste bestenfalls, stand um sieben wieder auf und wartete aufgeregt und genervt, bis ich um acht diese Firma anrufen konnte. Eine unendlich Gelangweilte sagte, ja, ich könne durchaus vorbeikommen, ein gewisser Geschäftsführer stünde mir zu einem Gespräch zur Verfügung, und selbstverständlich sei die Firma in der Lage, mir zu einer Kneipe zu verhelfen. Ich nahm ein Taxi und flehte den Alten Mann dort oben an, mir endlich die Rückreise in die Eifelwälder zu erlauben. »Weißt du«, sagte ich ihm, »ich gehöre eigentlich nicht hierher, ich brauche den Burberg und den Dreisbach und die Lieser und ein Frühstück bei Schulers.« Ich weiß nicht, ob er zuständig ist für die Nöte eines reisenden Recherscheurs, aber irgendwo im Berliner Himmel sah ich ihn freundlich nicken.

Sie residierten in einem renovierten Altbau schräg gegenüber vom *Adlon*, die Atmosphäre war verkrampft, chromblitzend, lautlos und geschminkt. Die Frauen, die an mir vorbeigingen, trugen alle ein Kilo Make-up im Gesicht, und die Männer hatten selbst dann ein tief gedankenschwangeres Aussehen, wenn sie zum Pinkeln wollten. Ich musste fünf Minuten warten und starrte ausgiebig auf ein Türschild, auf dem stand: VERTRETUNG DES AUFSICHTSRATES: R. EWERHARD.

Dann erschien mit Trippelschritten das Abbild eines fünfundzwanzigjährigen Managers im grauen Outfit mit Weste und grellroter Krawatte. Ich sah in seinen Augen, wie er mich in Sekundenschnelle einschätzte und als das abtat, was man den Onkel aus der Provinz nennt. Er ölte: »Ich heiße Markus Overkamp, ich stehe Ihnen zur Verfügung.«

»So weit brauchen Sie gar nicht gehen«, entgegnete ich freundlich. »Ich will nicht Sie, ich will eine Kneipe.« Das irritierte ihn. Sein Büro hatte die Größe eines normalen Wohnzimmers und der Schreibtisch war blank – wahrscheinlich um zu dokumentieren, dass er brav seine Arbeit tat. Er setzte sich, legte die Arme auf die Platte und studierte mich freundlich. Es war eindeutig, dass er mich so schnell wie möglich loswerden wollte. Er sagte beinahe wie ein Priester: »Das ist alles eine Frage des Geldes. Sie müssen einfach damit rechnen, dass Sie um die sechzigtausend Mark investieren müssen, um alle Rechte eines Restaurationsbetriebes zu bekommen. Natürlich die Räumlichkeiten von uns als Gebäudeeigentümer und so weiter. Wir erledigen nach Vertragsschluss das alles für Sie. Auch die Frage der Brauereien und so weiter. Aber die Sechzig werden Sie bringen müssen. Berlin ist ein herausragender Platz in Europa, geschenkt kriegt man hier nichts.«

Ich tat verlegen und war wütend. Ich dachte an das Aufsichtsratmitglied R. Ewerhard und an Bernie und an den Kiosk. Der Schnösel vor mir war plötzlich nur das Beiwerk im Rahmen einer Riesenschweinerei. Ich konnte mich irren, natürlich konnte ich mich irren. Aber ich wollte es riskieren, um mir anschließend keinen Vorwurf machen zu müssen.

»Die sechzig Mille kann ich bringen.« Ich sprach ganz langsam, er sollte zuhören, er sollte keine Silbe verpassen. »Wie wäre es denn, wenn Sie die Sechzigtausend, die Bernard Wegmann vor rund achtundvierzig Stunden hier vorbeibrachte, mir überschreiben? Ich bin gewissermaßen sein Erbe auf dieser Welt.«

Er machte: »Ähh.«

»Sie kennen Bernie, streiten Sie es gar nicht ab. Wahrscheinlich hat Ewerhard das Geld persönlich entgegengenommen. Ich nehme das einmal als gegeben an. Bernie wollte den Kiosk seiner Mama schenken. Mama war sein Stern auf dieser Welt. Ihr habt die Knete eingesackt, wortlos und selbstverständlich.«

Er war sehr blass, am Hals erschienen hektische rote Flecken, die so aussahen, als könne er sich noch nicht richtig rasieren. »Sie sind ein Bulle.«

»Bin ich nicht, ich bin etwas viel Schlimmeres, ich bin Bernies Freund.«

Er sah mich nicht an. »Vielleicht können wir uns einigen?«, fragte er heiser.

»Können wir nicht, es sei denn, Sie legen noch was drauf.« Es herrschte Schweigen, er lockerte seine Krawatte.

»Es war ein Missverständnis«, flüsterte er. »Wir haben das nicht gewollt.«

»Sie meinen Bernies Tod, nicht wahr?« Er nickte. Ich wurde wütend. »Sie sind ein Arschloch. Sie reden von seinem Tod und niemand hat diesen Tod gemeldet. Sie sind wirklich ein Arschloch.«

»Wir könnten über Hundert reden«, murmelte er.

»Aber nur in bar und nur hier auf den Tisch«, bestimmte ich.

Er nickte, griff zum Hörer und sagte: »Rainer, du solltest mal hierherkommen.«

Dann schwieg er, starrte aus dem Fenster, bewegte sich nicht und überlegte wahrscheinlich, wo er seine Karriere schnellstmöglich fortsetzen könne. Dann kam Ewerhard, ein kleiner, dickleibiger Mann in Grau mit grellgelber Krawatte. Er hatte ein Gesicht kalt wie der Mond und seine Augen waren misstrauische Schlitze. Er sagte metallisch: »Ich habe nicht viel Zeit.«

»Es geht um Bernie, Bernard Wegmann«, sagte der mit der roten Krawatte etwas melancholisch.

»Was ist mit Bernie?«, fragte er scharf. Er setzte sich abseits in einen kleinen Sessel.

»Das wissen Sie doch«, sagte ich. Ich deutete auf seinen Helfer. »Der da weiß es jedenfalls.«

Er überlegte eine Weile mit vollkommen starrem Gesicht.

»Das ist schrecklich«, nickte er. »Einfach schrecklich, kaum auszuhalten.«

»Wer hat es Ihnen denn erzählt?«, fragte ich sanft. Sein Kopf kam herum, ruckhaft, unvermittelt.

»Man hat so seine Quellen.«

»Aha«, sagte ich und stopfte die Handgeschnitzte von Paul Winslow, die mich immer so arrogant erscheinen lässt. »Die Bullen haben bis vor ein paar Stunden aber nicht gewusst, wer die Leiche ist. Seltsam, sehr seltsam.«

Er überlegte wieder und sein Jünger murmelte betreten: »Wir könnten vielleicht etwas tun. Er sagt, mit Hunderttausend ist er einverstanden. Er sagt, dass er ...«

Ewerhard sagte ganz leise: »Du bist eine kleine miese Ratte, du bist gefeuert, du bist fristlos gefeuert. Raus hier.«

Der mit der grellroten Krawatte ging mit gesenktem Kopf hinaus.

»Das war aber unfreundlich«, murmelte ich. »Das war richtig hart.«

Er starrte auf den Teppichboden.

»Man kriegt kaum noch gutes Personal.«

»Da haben Sie recht«, nickte ich. »Was war denn nun mit Bernie los? Und wo ist sein Zaster? Und warum haben Sie ihn töten lassen.« Ich ließ das zwei Sekunden in der Luft hängen, dann hängte ich an: »Holen Sie jetzt bitte Ihre Killer nicht zu Hilfe. Ein gewisser Witt von der Staatsanwaltschaft wartet nur darauf. Also, wo sind die Sechzigtausend.«

»In meinem Safe«, sagte er tonlos. »Sie können sie haben, wenn Sie wollen. Sie können auch noch einen Nachschlag kriegen, schließlich ist jeder käuflich, ich auch.«

»Ich nicht. Wie konnte das so laufen? Ich meine, Sie wirken nicht gerade dumm. Ich nehme an, Sie haben mit dem Namen Bernard Wegmann nichts anzufangen gewusst, für Sie war er Bernie. Bernie, der nette Bernie, der Klumpfuß.«

»So war es. Ich hatte den Vorgang vor mir liegen, ich habe erst registriert, dass es Bernie war, als er vor meinem Schreibtisch auftauchte und sagte: Hallo, Chef, ich wusste gar nicht, dass Sie hier die erste Geige spielen. Ich wusste, er würde nach Bonn zurückfliegen und darüber reden. Ich wusste: Jetzt ist das Ende der Fahnenstange erreicht.« Er grinste etwas hilflos. »Dabei ist das Ganze legal. Ich habe vor zwei Jahren meinem Arbeitgeber schriftlich mitgeteilt, dass ich einen Zweitjob als Immobilienhändler anfange. Niemand hatte etwas dagegen und ...«

»Aber niemand durfte es wissen? Oder?«, unterbrach ich ihn. »Und dann ausgerechnet in Berlin. Und Sie wussten immer, wer umziehen wollte. Sie kannten die Pläne des Umzuges genau. Auch die vom Ministerium, nicht wahr? Und die von allen Bundesbediensteten. Sagen Sie mal, wie groß ist Ihr Reibach gewesen?«

»Ich weiß es nicht genau. Ziemlich viel. Ein paar Millionen.«

»Welches Arschloch hat denn dieses Schild an Ihre Tür geschraubt?« Er sah mich an und war augenblicklich amüsiert.

»Das ist doch egal, das spielt doch keine Rolle. Das Ministerium hat doch Ja und Amen gesagt. Sie glauben doch nicht im Ernst, dass irgendein Gericht mich verurteilen wird, oder?« Er war jetzt geduldig mit mir, er gab mir Zeit.

»Das stimmt«, nickte ich nach einer Weile. »Aber Sie werden trotzdem für alle Zeit erledigt sein. Wer hat die Sache durchgezogen? Ich meine die mit Bernie?«

Er nickte. »Der Knabe, der bis eben hier saß, das Oberarschloch. Er hat mich nicht gefragt, er hat sie losgeschickt. Irgendeine Schlägertruppe. Diese Stadt ist rau. Die russische Mafia, Sie wissen schon. Wir zahlen, wir zahlen alle, sie schützen uns.

Mein Gott, Bernie.« Er seufzte. Er stand auf, er ging zum Fenster, er riss es auf und murmelte etwas von schlechter Luft. Er beugte sich weit vor und stieß sich ab. Es wirkte ganz einfach.

Ich war nicht einmal aufgeregt. Ich griff mir ein Telefon und rief Witt an. Als das erledigt war, rief ich über mein Handy den Schlagzeuger der Oyez-Bluesband in Ueß an. »Tipsy«, sagte ich. »Richtet Euch darauf ein, dass Ihr in einer Kirche in Münstereifel spielt. Es geht um eine Beerdigung, ein Freund ist tot. Ihr müsst Blues zimmern, richtig schönen Blues. OH WHEN THE SAINTS GO MARCHING IN ..., solche Sachen eben.«

Dann freute ich mich auf den langen, beschissenen Heimweg in die Eifel.

Der Nachbar

Als Alschowski in dem Dorf ankam und seine Wohnung bezog, war er am Ende. Oder, um es mit seinen Worten auszudrücken: »Ich war mit den Nerven so fertig, dass ich nicht einmal merkte, wenn ich fror.«

Er hatte stundenlang vor zwei Spezialisten gesessen, einem für Arbeit und einem für Soziales. Der für Arbeit hatte knochentrocken erklärt: »Sie müssen mit Ihrem Geld vorsichtiger umgehen. Hartz IV und die anderen Hilfen erfordern härteste Eigenkontrolle. Sie dürfen keinen Alkohol trinken, Alkohol kostet.« Der für Soziales hatte lächelnd und nonchalant hinzugesetzt: »Wir wissen aus Ihren Akten, dass Sie Abitur haben und ausführlich studierten, schließlich haben Sie Ihren Doktortitel. Germanistik, wenn ich nicht irre. Wir sind hier keine Unmenschen, nur weil wir Provinz sind. Sie wurden uns vom Land zugewiesen, also müssen wir miteinander klarkommen. Wenn Sie einmal pissen, brauchen Sie nicht gleich die Spülung zu drücken. Auch Wasser kostet. Und reden Sie im Dorf erst gar nicht groß mit Ihren Nachbarn. Die sind nämlich strohdumm und können nicht weiter sehen als bis zu den eigenen Füßen!« Dann lachte er heiter eine Tonleiter und setzte hinzu: »Zweihundertvierzehn hirnamputierte Dorfbewohner, wenn Sie verstehen, was ich meine.«

Die Wohnung lag im ersten Stock eines alten Bauernhauses. Es gab ein Wohnzimmer, eine Küche, ein Bad, ein Schlafzimmer. Alle Räume waren winzig. Statt einer Heizung gab es einen Bollerofen. Alschowski hatte sich auf ein warmes Bad gefreut, es gab jedoch keine Wanne. Stattdessen einen Durchlauferhitzer für eine Dusche, die beide wohl dreißig

Jahre alt waren. Als er sich auf das Bett warf, knallte er samt der Sprungfedermatratze explosionsartig auf den Fußboden, und erwägte ernstlich, auf die hölzerne Umrandung des Bettes ganz zu verzichten.

Der Spezialist für Soziales hatte gutmütig gemeint: »Wir werden für Sie kaum einen angemessenen Arbeitsplatz finden. Aber sehen Sie das alles als einen Neuanfang. Ein Anfang macht uns immer stark.«

Es gab Möbel, die uralt und düster waren. Eiche vermutlich, abgesplittert und abgenutzt. Alles knarzte und knarrte, und die hölzerne Treppe machte bei jedem Schritt einen Heidenlärm wie eine große Trommel. Alschowski benutzte sie keuchend viele Stunden lang, in denen er seine viertausend Bücher nach oben schleppte.

So lange, bis die Frau bösartig im höchsten Diskant schrie: »Hören Sie endlich auf mit dem Scheiß da!«

Alschowski schrie wütend zurück: »Halten Sie Ihre vorlaute Klappe, Sie gottverdammtes Fossil!« Dann erschrak er über sich selbst und versuchte sich zu erinnern, wer die alte Frau war. Der Spezialist für Soziales hatte etwas dazu gesagt, aber Alschowski erinnerte sich nur an einige wirklich böse Worte: »Sie ist so leise wie ein Friedhof. Irgendwann wird sie lautlos sterben, und kein Mensch wird es merken. Bis sie riecht.« Dann hatte er wieder eine Tonleiter gelacht.

Also, Regale für die Bücher bauen, dachte Alschowski matt. Aber dann ist gar kein Platz mehr für mich selbst. Er hatte gehört, dass in solchen Häusern in dieser Landschaft Eltern mit sechs oder acht Kindern gehaust hatten, und er fragte sich, ob man sie für die Nacht hatte stapeln müssen.

Er bemerkte, dass jeden Morgen gegen 8.15 Uhr ein kleines Auto vorfuhr und eine junge Frau in das Haus kam. Auf dem Wagen stand: *Liebevolle Pflege zu Hause*. Er kam gegen achtzehn Uhr wieder und verschwand dann nach exakt vierzehn Minuten.

Seine erste Erfahrung mit dieser Landschaft machte er bei seinem ersten Einkauf. Er fuhr sehr früh am Morgen mit einem Bus nach Daun, kaufte einige Dinge ein. Konserven, Margarine, Hartwurst, billige Marmelade, einen Karton Eier, drei Kartons billigen Rotwein, Käse, Brot. Dann wartete er auf einen Bus, mit dem er zurückfahren konnte. Das Warten dauerte dreieinhalb Stunden. Alschowski war vollkommen mit den Nerven fertig, bis ein alter Mann ihm zu allem Überfluss freundlich erklärte: »Das Beste ist, wenn du mit jemandem mitfährst, der ein Auto hat. Das geht dann zügiger.« So ein gottverdammter, verfluchter Scheiß!, dachte Alschowski wütend. Das hier ist der Arsch der Welt!

Am achten Tag beschloss er, sich der alten Frau im Erdgeschoss aus Gründen der Höflichkeit vorzustellen. Alschowski glaubte fest daran, dass derartige Annäherungen auch im dritten Jahrtausend mögliche Kriege vermeiden halfen. Er klopfte zaghaft an ihre Wohnungstür, er erklärte: »Ich will nur guten Tag sagen.«

»Komm einfach rein«, sagte sie ruppig. »Wieso kloppst du den ganzen Tag herum? Wieso marschierst du den ganzen Tag rauf und runter?«

»Ich baue mir Regale«, erklärte er. »Aus Brettern. Ich habe sie beim Tischler bestellt. Ich habe viele Bücher.«

»Du liest Bücher?«, fragte sie aggressiv. »Wieso denn das?«

»Ich bin Fachmann für Bücher«, murmelte Alschowski. »Ich bin ein Bibliothekar. Ich bin 48 Jahre alt und arbeitslos. Ich heiße Wilhelm. Und du?«

»Ich bin die Olga aus Berlin«, stellte sie fest. Und dann misstrauisch: »Und wenn du Bücher liest, dann hast du vielleicht auch eins geschrieben, oder?«

»Ja, habe ich«, gab er zur Antwort. »Es heißt *Walther von der Vogelweide – Seine möglichen Realitäten*. Aber das ist eine Ewigkeit her.«

»Ja, so was!«, murmelte sie matt, aber voll Anerkennung.

Alschowski fragte nicht nach, sondern wartete auf weitere Erklärungen.

Die Alte sprach leicht geziert: »Wir kamen aus Berlin, ich und meine Eltern. Das war im März fünfundvierzig, die Schweinerei war noch nicht ganz zu Ende. Wir landeten hier, und mein Vater starb dann an Tuberkulose. So war das damals.«

Sie hatte ein rosiges Gesicht wie ein Mädchen. Sie hatte hellblaue Augen, die sehr aufmerksam und erstaunlich jung wirkten. Das Gesicht war ein langes Oval mit einem sinnlich geformten Mund. Ihre Haare waren lang und schimmerten silbern, sie hatte sie im Nacken zu einem hübschen Dutt geformt. Sie trug ein Nachthemd in einem sanften Rosa mit Rüschen am Ausschnitt. Das Erstaunlichste für Alschowski: Sie schien auf rätselhafte Weise in heller Heiterkeit zu schwimmen, sie war eindeutig bestens gelaunt, obwohl sie doch alt und krank war und dieses monströse Bett offensichtlich nicht verlassen konnte.

»Ich bin jetzt zweiundachtzig«, murmelte sie und setzte hinzu: »Ich will hundert Jahre alt werden.«

»Das ist ein sehr schönes Ziel, ja, ja«, nickte Alschowski, nur um etwas zu sagen. »Aber, was soll das da alles?« Dabei zeigte er schüchtern auf die Beistelltische.

»Es ist wegen Otto«, sagte sie und deutete vage auf die beiden Fenster zur Straße hin.

Sie lag in einem gewaltigen Klinikbett, mit all den unbegrenzten Möglichkeiten, jeden Teil des Bettes durch Motoren zu bewegen. Die ganze Szenerie wirkte wie ein Kommandostand. Olga lag eigentlich nicht, sie saß. Und sie hatte rechts und links Beistelltische, die sie sich vor den Bauch ziehen konnte. Auf dem linken stand eine große Kanne Pfefferminztee, Alschowski roch das. Ein Becher, eine Tageszeitung, eine Illustrierte, eine Tafel Schokolade, eine Schachtel Pralinen, ein Notizblock mit einem Kugelschreiber, das *Neue Testament*, zwei Handys.

Der rechte Beistelltisch verwirrte Alschowski. Er sah drei Kameras, vier große, eindrucksvolle Objektive, die wie Geschosse wirkten. Zwei Ferngläser. Das alles sorgfältig nebeneinander aufgereiht wie die griffbereiten Instrumente bei einem Zahnarzt.

Alschowski wollte also höflich nach Otto fragen, aber sie erklärte sofort: »Otto wohnt da drüben in dem Haus schräg gegenüber. Er ist so alt wie ich. Er war immer schon ein Individuum voller Aggressionen, ein Schmutzfink, will ich sagen, als Junge schon. Ich nehme an, er fischt irgendwo in einer Stadt, zum Beispiel in Frankfurt, die billigste Nutte von der Straße, setzt sie in sein Auto, legt eine Decke über sie und bringt sie hierher. Dann tötet er sie, oder er tötet sie schon unterwegs. Das weiß ich nicht genau, aber ich schätze, er muss bis jetzt mindestens drei Frauen getötet haben. So oft habe ich die Decke auf dem Nebensitz gesehen. Die Decke ist grellrot und fällt enorm auf, aber ...«

»Moment, Moment«, unterbrach Alschowski sie mit sanftem Lächeln. »Da werde ich fragen dürfen: Leben die Damen denn noch? Oder bluten sie gerade aus? Oder haben sie einen Knebel im Mund und sitzen gemütlich bei einem munteren Geplauder und Käsekuchen im Kartoffelkeller? Was soll denn dieser Scheiß?«

»Du musst es ja nicht glauben«, sagte sie heiter und war nicht im Geringsten beleidigt. »Aber er war schon immer ein schmutziger Mann. Wenn ich ihn an meiner Möse rumfummeln ließ, kriegte ich ein Butterbrot mit Mettwurst, damals, als wir nichts zu essen hatten. Da war ich zehn. Manchmal auch zwei halbe Brötchen mit Erdbeermarmelade und selbstgemachter Butter. Später, als wir beide erwachsen waren, sagte ich ihm, er sei ein Schwein. Da ließ es ein bisschen nach. Obwohl er immer noch alle möglichen Dinge von mir wollte. Perverse Sachen mit dem Mund, wenn du verstehst, was ich meine. Und er hat immer wieder Kinder aus dem Dorf angegrapscht. Das weiß ich von den Kindern. Die kriegen Überraschungseier geschenkt, wenn er ihnen ins Höschen greifen darf.«

»Ich verstehe nichts von perversen Sachen«, bemerkte Alschowski abwehrend, der sich sehr gut vorstellen konnte, was Olga meinte. Alschowski war im Grunde an seinem unstillbaren Hang zu erstklassigem Rotwein und neugierigen, wilden, jungen Frauen gescheitert. Da einige dieser Frauen verheiratet gewesen waren, hatte Alschowski fluchtartig die Orte des Geschehens verlassen müssen, was er seinem zuständigen Sachbearbeiter bei den Arbeitsagenturen klugerweise verschwieg. Er galt bei allen Behörden als ein hemmungsloser, niemals zu kontrollierender, völlig lebensferner Chaot. Eine liebenswerte Null. Und jetzt war er bis in alle Ewigkeit an den Arsch der Welt verbannt.

»Wenn ich das richtig verstehe, hast du ihn fotografiert«, murmelte Alschowski.

»So ist es«, nickte Olga. »Du kannst es sehen, wenn du willst.«

»Na gut, lass sehen«, nickte Alschowski.

Sie nahm eine der Kameras und zeigte ihm im Display, was sie aufgenommen hatte. »Da siehst du die Decke neben ihm im Auto. Da liegt eindeutig was drunter, wie du siehst. Muss so groß sein wie ein Mensch, ganz klar. Er fährt dann das Auto in die Scheune. Dann schließt er die Scheune, geht nach nebenan zum Hauseingang, schließt auf, geht ins Haus. Siehst du?«

»Na gut«, murmelte Alschowski gutmütig. »Jetzt ist die Frau im Auto unter der Decke in der Scheune, Otto ist im Haus. Das heißt doch, dass er an die Frau nicht mehr herankommt, oder?«

»Das genau ist falsch«, sagte sie heiter. »Es gibt seit dem letzten Sommer einen Durchgang zwischen Wohnhaus und Scheune. Das weiß kein Mensch im Dorf, nicht mal Schulzens Maria, der eigentlich nie was entgeht. Den Durchbruch hat er sich selbst gemacht, und das Mauerwerk mit seinem Auto weggefahren. Das habe ich auch fotografiert. Sieh mal, hier.« Sie lächelte beseelt. »Ich habe immer gewusst, dass er eines Tages durchdreht, dass er verrückt wird, dass er solche Sachen macht. Je oller, je doller. Sieh mal hier: Da fährt er den Schutt von dem Mauerdurchbruch in seinem kleinen Anhänger weg. Und hier habe ich die grellrote Decke zum ersten Mal, und da zum zweiten Mal, und da zum dritten Mal.« Sie fuhr mit irrwitzig schnellen Handbewegungen zu den Kameras, zeigte Alschowski Bilder im Display, legte die Kamera zurück, wählte eine andere. »Also, ich denke, wir haben es mit drei Leichen zu tun, wahrscheinlich aber schon mit vier.« Sie hatte plötzlich ganz breite Lippen. »Einmal bin ich eingeschlafen. Tut mir sehr leid.«

»Manche Fotos sind graugrün«, sagte Alschowski. »Wie kommt das?«

»Das ist die dritte Kamera hier. Sie arbeitet mit einem Restlichtverstärker auch nachts ohne Zusatzlicht. Ich kann ja schlecht mit einem Blitzlicht arbeiten, da wird ja das ganze Dorf wach. Mir reicht eine matte Lichtquelle, zum Beispiel die Armaturenbeleuchtung in seinem Auto. Siehst du das? Hier: Sein Kopf, die Beleuchtung der Armaturen, die Decke über der Frau.«

»Du solltest mit der Polizei reden«, hauchte Alschowski tonlos.

»Das will ich ja auch«, erklärte sie. »Aber ich brauche vorher einen Beweis, sonst blamieren wir uns.«

»*Wir* blamieren uns?«, fragte Alschowski schrill.

»Na ja«, erklärte sie heiter. »Du musst mir helfen. Du gehst rüber, wenn er nicht da ist. Du guckst nach, wie es in dem Haus aussieht.«

»Ich gucke also nach«, stellte Alschowski matt fest. Großer Gott, die Alte war richtig verrückt. Auf einem irren Trip. Dann fragte er empört: »Glaubst du, ich bin hierhergekommen, um mich von dir zu einem Einbruch verleiten zu lassen? Glaubst du dein eigenes Märchen? Glaubst du wirklich an Frauenleichen da drüben bei Otto?«

»Aber ja!«, nickte sie begeistert. »Du etwa nicht?« Dann ruckte ihr Kopf nach vorn. »Da ist er ja!«, stellte sie fest.

Otto stieg gerade aus seinem Auto aus. Er war ein kleiner, etwas gebeugter alter Mann wie tausend andere auch. Er war silberhaarig, sehr kurz geschoren. Er war schmächtig, nicht auffallend, mit einem nichtssagenden Ledergesicht. Er trug einfache blaue Jeans, ein rot kariertes Hemd. Schwarze Schuhe mit Klettverschlüssen. Darüber eine beige Anglerweste. Er war der Typ rüstiger Rentner. Er trippelte nicht wie ein alter Mann, wirkte auch nicht müde, bewegte sich schnell und zielsicher.

»Der ist doch wirklich ganz normal«, murmelte Alschowski.

»Das will er ja, das wollen sie doch alle: Normal aussehen«, zischte Olga.

Otto hatte das Scheunentor geöffnet, den Wagen hineingefahren, war wieder herausgekommen, zur Haustür gegangen, hatte aufgeschlossen und war verschwunden.

»Du brauchst ja nur mal zu gucken«, sagte Olga leise. »Mehr will ich nicht.«

Alschowski war viel zu höflich, ihr die Bitte abzuschlagen. Er sagte: »Dann muss ich die Schlösser an der Haustür und an der Scheune knacken. Und das kann ich nicht.« Er dachte: Herzlich willkommen im Kreis der Fantasten!

»Du brauchst keine Türschlösser aufzubrechen«, stellte Olga resolut fest. »Es geht auch von hinten über die alten Karnickelställe in die Scheune. Das haben wir als Kinder immer so gemacht, wenn wir nicht gesehen werden wollten.«

»Über die alten Karnickelställe«, nickte Alschowski ergeben. »Und wann sollen wir das machen? Sollten wir ihn nicht sicherheitshalber fragen, wann er mal für ein paar Stunden aus dem Haus ist? Damit ich das Ding in aller Ruhe durchziehen kann?«

»Du spottest!«, warf sie ihm vor.

»Ich habe keine Wahl«, nickte er.

»Wir brauchen bloß bis zum Vollmond zu warten«, erklärte sie sachlich. »Dann wird er unruhig und kann es nicht erwarten. Dann fährt er abends gegen neun Uhr los und kommt erst im Morgengrauen zurück.«

»Klar«, flüsterte Alschowski ergeben. »Wie immer! Bei Vollmond!«

»Das ist in genau vier Tagen«, sagte Olga mit der Stimme eines Generals.

Der vierte Tag verlief in einer sehr starken Spannung, die immer unerträglicher wurde. Alschowski saß in dem winzigen Wohnzimmer und sah sich dümmliche Unterhaltung im Fernsehen an. Er saß so, dass er Ottos Haus immer in seinem Blickfeld hatte.

Als Otto gegen 21 Uhr herauskam, die Haustür abschloss, um dann zu dem Scheunentor zu gehen, schrillte Alschowskis Handy, und Olga sagte: »Ich habe es gewusst: Er geht wieder auf Tour. Du kannst jetzt starten, er kommt die ganze Nacht nicht zurück. Wir lassen diese Verbindung stehen, damit ich dich warnen kann, wenn er früher zurückkommt. Und sei ganz ruhig, mein Kleiner.«

Mein Kleiner? Alschowski war stinksauer auf sich selbst, aber er war zu höflich, um ihr zu sagen, sie sei eine Närrin. Und er war auch viel zu höflich, um sie darauf hinzuweisen, dass sie niemals eine Leiche fotografiert hatte, dass das alles nichts als ein elendes Hirngespinst war. Gleichzeitig aber regte sich in einem Teil seines Bewusstseins der geradezu strahlende Gedanke, dass dieses Vorgehen in der Nacht, dieses fremde, unbekannte Haus, dieses Spiel mit ganz unbekannten Erfahrungen ihm sehr gut tat.

Er trug, was ein guter Einbrecher tragen würde: Alte schwarze Jeans, einen uralten dünnen schwarzen Pulli, schwarze Sneakers. Und er trug schwarze Lederhandschuhe, weil er damit rechnete, über uralte, sperrige, verstaubte, rätselhafte Dinge hinwegsteigen zu müssen, die seit einem Jahrhundert nicht bewegt worden waren.

Otto, ich komme!

Er querte gemächlich die Straße, er sah keinen Menschen. Er ging an Ottos Wohnhaus entlang, dann an der Scheune, dann an einem Anbau, der einmal eine Werkstatt gewesen war. Dann drehte er sich nach links und sah die alten Karnickelställe, die in drei Reihen wie eine Treppe aufstiegen. Olga hatte das gut erklärt. Wahrscheinlich hatte sie aber vergessen zu bedenken, dass sie selbst vor mehr als sechzig Jahren hier herumgeturnt war. Was war, wenn das alles schlicht wegen Altersschwäche zusammenbrach?

Alschowski kletterte auf den ersten Karnickelstall, der sehr heftig wackelte. Er erreichte mühelos die zweite Reihe und zog sich weiter hinauf. Dann die Krönung: Die obersten Ställe. Olga hatte recht; da war eine Lücke im Mauerwerk, ein gut erkennbares, großes Loch. Er griff beherzt zu, die Steine fühlten sich gut an, und sie wackelten nicht. Er zog sich hoch und hing dann mit dem Kopf vor dem Loch. Er sah absolut nichts, nur finsterste Schwärze.

Er zog das Handy aus der Hosentasche und fragte: »Was ist hinter dem Loch in der Wand? Ich meine, kann ich da auf irgendetwas hoffen? Ich bin gut sechs Meter über dem Boden.«

»Du musst jetzt auf das Dach von der Werkstatt kommen«, entschied Olga. »Da kannst du auch die Lampe einschalten, da kann dich sowieso niemand sehen.«

»Dein Wort in Gottes Ohr!«, meinte Alschowski und zog die Taschenlampe aus der hinteren Tasche der Jeans. Er schnaufte vor Erleichterung, als er sie einschaltete. Als Einbrecher würde ich mit Sicherheit verhungern, dachte er.

Er hatte hinter dem Loch eine leicht abschüssige Ebene vor sich, nicht länger als fünf Meter. Das Dach der Werkstatt, wie Olga festgestellt hatte. Sicherheitshalber stellte sich Alschowski nicht hin, sondern rutschte auf dem Hintern auf das Ende der Schräge zu. Schön behutsam, damit nichts Erschreckendes geschehen konnte.

Dann tat es einen gewaltigen, erschreckend lauten Knall und unmittelbar rechts neben ihm stieg eine Staubwolke in das Licht der Taschenlampe. Er musste heftig husten und achtete darauf, sich nicht mehr zu bewegen. Er hatte panische Angst.

Das Licht der Lampe fiel vor ihm auf einen Haufen alter Gerätschaften. Er sah Eimer, er sah Harken, Mistgabeln, einen alten Heuwender, zwei Pflüge, die Reste von mindestens drei Traktoren, sehr viele uralte Farbeimer. Das Durcheinander befand sich etwa drei Meter unter ihm, und er war augenblicklich ratlos.

Er wartete, bis der Staub sich ein wenig gelegt hatte und leuchtete mit der Taschenlampe dorthin, wo es dicht neben ihm so laut geknallt hatte. Da war ein gewaltiges Loch in der abschüssigen Ebene. Als er hineinleuchtete, sah er unter sich eine lange Werkbank mit einem Amboss und zwei Schraubstöcken, mit einer Unmenge von kleinen und großen Dingen, die meisten aus Metall. Ein gewaltiges Brett war mit Hämmern, Zangen und Schraubenziehern in allen Größen behängt. Und auch diese Landschaft bäuerlicher Antiquitäten aus sehr fernen Tagen lag mehr als drei Meter unter ihm.

»Wir haben ein Problem«, sagte er in das Handy. Er räusperte sich mehrmals.

»Ich habe das bis hierhin gehört«, sagte sie vollkommen gelassen. »Ich dachte schon, du bist abgestürzt. Was liegt an?«

»Ich kann nicht in die Scheune abspringen. Da liegt zu viel altes Zeug, da breche ich mir sämtliche Knochen. In die Werkstatt kann ich auch nicht runter, dann bin ich ebenfalls krankenhausreif. Kannst du dich erinnern, wie ihr als Kinder hier herumgeklettert seid? Wie seid ihr auf den Boden der Scheune gekommen?«

»Da muss ich überlegen«, sagte sie. »Ich melde mich. Und beweg dich nicht.«

Alschowski dachte grimmig: Keine Sorge! Eigentlich habe ich es ganz bequem und gemütlich. Ich werde nicht mal nass, wenn es anfängt zu regnen. Und wenn diese Bretter unter meinem Arsch wegbrechen, lande ich höchstens in einer alten Sense oder in einer Mistgabel oder in einer alten Egge.

Im Grunde kann mir nichts Besseres passieren, als dass Otto mich hier erlöst und mir einen Kaffee anbietet. Falls ich bis dahin überlebt habe.

Dann kam Olgas Stimme. »Also früher war da, wo du jetzt bist, Heu und Stroh. Da müssen aber auch Balken sein, also vom Dachstuhl.«

»Da sind welche. Weit über mir. Nicht erreichbar«, bestätigte Alschowski.

»Kannst du nicht zwei oder drei Heuballen runterwerfen, damit du weich landest?«

»Wie denn das? Hier liegt kein Heu und kein Stroh. Das ist mehr als sechzig Jahre her, Olga. Hier ist nichts mehr außer schwarzer Finsternis.« Er lauschte seiner Stimme nach und fand die Formulierung mit der Finsternis hervorragend.

»Dann weiß ich es auch nicht«, sagte sie mutlos.

»Lass mich das mal machen«, murmelte Alschowski, um sie zu beruhigen. Er leuchtete seine Umgebung ab, und er beschäftigte sich ganz nebenbei mit dem harschen, in seinen Ohren dröhnenden Befehl eines Polizisten: »Sie da oben! Was machen Sie da? Kommen Sie herunter und lassen Sie ihre Waffen auf den Fußboden fallen. Heben Sie die Hände über den Kopf!«

Ach, leckt mich doch kreuzweise! Blöde Olga!

Dann entdeckte er den Kasten. Der Begriff stimmte irgendwie nicht, denn der Kasten war eigentlich eine Riesenkiste. Etwa zwei Meter hoch, vier mal sechs Meter im Geviert, gezimmert aus frischen, dicken Brettern.

Da hat Otto sicher seinen heimlichen Porsche stehen, dachte Alschowski beflügelt. Da komme ich herunter auf Mutter Erde, da komme ich ins Haus.

»Ich sehe einen Weg!«, teilte er seiner Kommandantin mit.

»Auf dich ist eben Verlass«, bemerkte sie stolz.

Alschowski begann nach rechts zu rutschen, Zentimeter für Zentimeter, immer in der wahnwitzigen Hoffnung, dass nichts brach oder einbrach oder zusammenbrach.

Als er genau über der Riesenkiste war, drehte er sich und schob sich an den Rand der abschüssigen Fläche. Er ließ sich vorsichtig weiter herab, bis er auf der Kiste stand. Dann war es geschafft. Von der Kiste herunter auf den Boden war eine sehr leichte Übung.

»Ich bin unten«, sagte er in das Handy. »Ich gehe jetzt in das Haus. Du hattest übrigens Recht: Er hat einen Durchbruch gemacht. Aber warum tut er immer so, als sei der nicht vorhanden?«

»Knips mir da jetzt bloß nirgendwo das Licht an. Schulzens Maria würde das sehen und dann ist alles Essig mit unserem Plan.«

»Ich bin doch kein Anfänger«, sagte Alschowski mit leichter Empörung.

Die Tür ins Haus war nicht abgeschlossen. Er kam in eine Küche, die ärmlich eingerichtet war. Er konnte sich nicht vorstellen, dass hier jemand wohnte. Dann kam ein schmaler Flur, von dem drei Türen abgingen. Zwei davon führten in einen Wohnraum, in dem es muffig roch und der aussah, als sei er vor dreißig Jahren eingerichtet worden. Die dritte Tür führte in ein kleines Schlafzimmer. Hier strotzte es von Leben: Das Bett war nicht gemacht.

»Ich gehe jetzt in den ersten Stock«, teilte er mit.

Er lief die Treppe hinauf, sie war aus Kunststein. Trotzdem roch es muffig. Das ganze Haus roch, als werde nirgendwo gelebt. Er machte die Türen nur kurz auf, leuchtete hinein und schloss sie wieder. Kein Zeichen von Zivilisation. Die Einrichtungen waren uralt, und mit Sicherheit hatte Otto in den letzten zehn Jahren das Haus nicht gelüftet.

Otto wird mir immer unsympathischer, dachte Alschowski.

»Jetzt gehe ich in den Keller«, sagte er in das Handy. »Bisher nichts, aber auch gar nichts.«

Der Keller brachte keine Neuigkeit. Drei Räume, in einem davon die Ölheizung, der Wasseranschluss, in den beiden anderen Gerümpel, abgelegte Dinge. Auf einem Regal zwei große Kisten randvoll mit neuen Glühbirnen.

Dann eine Tiefkühltruhe. Er hob den Deckel an und wurde gleichzeitig von einer Welle der Panik erfasst. Bloß keine Leichenteile!, dachte er fiebrig und stellte sich vor, er müsse den abgetrennten Kopf einer Frauenleiche bergen. Er brachte es sogar fertig, ein paar der Plastikbeutel herauszuziehen und im Licht der Taschenlampe zu betrachten. Es war Gemüse, Erbsen und Möhren. Dann einige Packungen mit Speiseeis und eine große Tüte mit Schnitzeln. Keine Leichenteile.

»Nichts. Ich habe nichts«, sagte er in das Handy.

»Das kann nicht sein«, flüsterte Olga mutlos. »Das kann einfach nicht sein.«

»Vielleicht beim nächsten Mal«, tröstete Alschowski, der sich selbst zu diesem Husarenritt von Herzen beglückwünschte, sie großmütig. »Jetzt komme ich wieder nach Hause. Falls die Götter mir gewogen sind.«

Er ging durch die Tür im Durchbruch zur Scheune und atmete ein paarmal tief durch. Dann besah er sich die Riesenkiste, die seine Rettung gewesen war, und er stutzte. Natürlich hatte Otto hier nicht seinen Porsche stehen. Aber warum hatte er eine Riesenkiste gebaut? Was sollte das?

»Ich versuche noch etwas«, versprach er düster in das Handy. »Man kann ja nie wissen.«

Die Kiste hatte eine ordentliche Tür aus frischen Brettern. Aber die Tür war gesichert, genauer gesagt: mit einem schweren Vorhängeschloss gesichert. Es war neu und glitzerte.

Warum baut sich jemand eine Riesenkiste in seinen Heuschober und sichert sie durch ein Vorhängeschloss?, fragte sich Alschowski. Das ist doch Unsinn!

»Kannst du dich erinnern, ob jemand dem Otto etwas angeliefert hat? Ein kleiner Lastwagen zum Beispiel?«

»Da war etwas«, bestätigte Olga. »Warte mal. Das war im September vergangenes Jahr. Christian Vormann hat Holz geliefert, Vormann aus Gerolstein oder Daun, das weiß ich nicht mehr.«

»Hast du das fotografiert?«

»Ja, klar. Ich habe alles fotografiert. Seit einem Jahr habe ich das durchgezogen. Vormann mit vielen Brettern und Kanthölzern, das weiß ich noch. Brauchst du die Fotos jetzt? Mit Datum, mit Lieferdatum? Habe ich alles.«

»Nein. Bretter sind schon gut genug. Hier ist eine Riesenkiste mit einem Vorhängeschloss. Das muss ich knacken. Hoffentlich besuchst du mich im Knast.«

»Das mache ich, mein Kleiner. Versprochen.«

Alschowski bahnte sich vorsichtig einen Weg durch all die herumstehenden kleinen und großen Geräte. Er musste in die Werkstatt, da führte kein Weg dran vorbei. Es schepperte wie irre, als er mit dem rechten Arm einen Turm aus alten Eimern berührte, der sofort umfiel. Es war ein Heidenkrach, der nicht aufhören wollte.

»Wilhelm? Hörst du mich?«, schrillte Olgas Stimme.

»Ja, ja, ich höre dich. War eine kleine Panne.«

Alschowski musste zwei Pflüge übersteigen, die nicht umgangen werden konnten. Das war schwierig, und beim letzten großen Schritt geriet er an ein Bündel von Mistgabeln und anderen Geräten, die in eine alte Zinkwanne schepperten.

»Sorry!«, sagte er in das Handy. »Ich bin auf dem Weg in die Werkstatt. Ich suche eine dieser Spezialzangen, mit denen sie im Fernsehen immer die Schlösser knacken. Ich beeile mich jetzt einfach. Vorsicht ist vorbei, sage ich.«

»Und wenn er zurückkommt und dich sieht?«

»Dann stelle ich mich vor. Als sein neuer Nachbar. Ruf doch Schulzens Maria an, damit sie abgelenkt ist.«

»Das ist eine sehr gute Idee«, sagte Olga.

Alschowski fand in der Werkstatt das Gerät, das er brauchte. Es war lang und schwer und hing an einem der Bretter. Es hinderte ihn auf dem Rückweg zur Kiste, aber er schaffte es trotzdem zügig. Auf den letzten Metern stieß er mit aller Gewalt an ein blau getöntes großes Blech, das umfiel und gegen eine alte Badewanne schepperte. Es war die Motorhaube eines Ackerschleppers, und der Krach hörte sich an wie ein schlechtes Kurorchester – falsch, aber laut und nachhallend.

»Wilhelm, Wilhelm«, klagte Olga fieberhaft.

»Ich mache die Kiste jetzt auf«, teilte Alschowski mit.

Es war schwierig, mit der überdimensionalen und viel zu großen Zange umzugehen. Sie rutschte immer wieder ab, oder das Vorhängeschloss wurde zur Seite weggedrückt. Alschowski fluchte lauthals und sehr grob. Endlich fasste das Gerät, es schnitt wie Butter durch den Stahl.

»Ich gehe jetzt da rein!«, teilte er mit, und er kam sich lächerlich vor. Er ging auch nicht hinein.

Der Gestank überfiel ihn wie eine große, alles hinwegreißende Welle und nahm ihm die Luft. Er würgte, er übergab sich augenblicklich. Es tat weh, es nahm kein Ende. Er kniete auf den Pflastersteinen der Scheune, den Kopf sehr tief auf dem Boden. Er versuchte immer wieder »Mein Gott!« zu stammeln, aber er brachte keinen Ton heraus.

Der schwache Lichtstrahl der Taschenlampe streifte die Toten am Tisch. Es waren vier. Es waren vier Frauen. Genaues wollte er nicht sehen, Genaues würde ihn bis an sein Lebensende verfolgen, Genaues nahm ihm die Besinnung.

»Es sind vier Frauen«, sagte er würgend in das Handy. »Sie sitzen an einem Tisch. Oh mein Gott, ich brauche frische Luft.« Von irgendwoher kam ein Lufthauch. Er suchte die Scheunenwand mit dem Lichtstrahl ab. Neben einem großen hölzernen Hängetor war ein schwarzer Strich. Da klaffte eine Lücke.

Er übergab sich erneut und zwang sich, diese Lücke zu erreichen. Er atmete so vorsichtig, als habe er es verlernt.

»Pass auf«, sagte er müde. »Du musst jetzt genau zuhören. Genau zuhören, verstehst du?«

»Ich höre zu«, sagte Olga.

»Da sitzen vier tote Frauen an einem Tisch. Sie sitzen so, als würden sie noch leben. Du rufst jetzt den Polizeinotdienst. Du sagst, sie müssen sofort hierherkommen. Aber ohne Tatütata und ohne Blaulicht …«

»Hör zu!«, unterbrach sie ihn scharf. »Da sind Leute!«

»Was für Leute?«, fragte er irritiert.

»Na ja, du warst zu laut. Sie stehen vor Ottos Haus. Sie hören dir zu.«

»Das ist mir jetzt scheißegal«, sagte er würgend. »Hast du verstanden? Sofort! Vier tote Frauen. Ohne das Horn und das Blaulicht.«

»Mach das doch selbst«, explodierte sie. Dann etwas milder: »Mache ich, mache ich sofort. Und was machen wir mit den Leuten auf dem Hof?«

»Blase ihnen am besten eine kleine Nachtmusik!«, äußerte er grob. »Over! Ende!«

Er drehte sich, wollte in die Riesenkiste hineinsehen und dachte verkrampft: Das ist meine Pflicht!

Er benutzte die Taschenlampe nicht mehr, er würde es nicht ertragen können, in diese toten Augen zu sehen. Er tastete sich vorwärts, denn er hatte die beklemmende Angst, er würde gleich zu weinen beginnen. Er würgte wieder. Dann schaltete er die Taschenlampe an.

Otto, dachte er, ich nehme an, du bist sehr gründlich gewesen. Und du baust niemals im Leben eine große Kiste für vier Frauen ohne Licht. Natürlich hast du eine Lichtleitung gelegt. Es muss schließlich alles seine Ordnung haben, nicht wahr, mein lieber Otto?

Die Lichtleitung sah aus wie ein schwarzer Wurm. Er sah auch den Schalter neben der Tür und drehte das Licht an.

Alschowski bemühte sich, nicht durch die Nase zu atmen.

Die vier Frauen saßen nebeneinander am Tisch. Davor stand ein uralter kleiner Sessel mit rotem Stoffbezug. Er erinnerte sich daran, einen solchen Sessel im Wohnzimmer des Hauses gesehen zu haben. Da saß Otto in den stillen Stunden höchsten Glücks und starrte auf sein Werk, sein Totenwerk.

Das Licht war nicht grell, es war schummrig.

Wenn er den Mund leicht öffnete und möglichst schwach atmete, war es jetzt erträglich.

Hinter den vier Frauen hatte Otto ein Bettlaken an die Bretterwand geheftet. Darauf stand in blutroten Buchstaben aus Papier: »Kommet her zu mir, die ihr mühselig und beladen seid!«

Alschowski fand die dritte von rechts am brutalsten. Augen gab es nicht mehr, es waren leere Höhlen. Sie hatte rote lange Haare, die ihr graues Gesicht umrankten wie ein sehr fremdes, unheimliches Gewächs. Der Mund stand weit offen, da war irgendetwas Flüssiges herausgelaufen. Ihre Haut war grau, untermischt mit Flecken, die eindeutig schwarz waren. Wahrscheinlich hatte Otto sie geschlagen, als er sie zu töten versuchte, und sie sich wehrte, so gut sie es vermochte. Sie trug eine durchsichtige weiße Bluse, ihre Brustwarzen waren gut zu sehen. Er machte einen weiteren Schritt nach vorn und ging in die Hocke. Alle vier toten Frauen trugen winzige kurze Hosen, Arbeitskleidung eben.

Auf was saßen sie eigentlich?

Alschowski ging in den Raum hinein und bückte sich weit nach unten und nach vorn. Otto hatte Hocker für sie gebaut und hatte sie mit Stricken darauf festgebunden.

Er richtete sich wieder auf und bekam einen neuen Würgeanfall.

»Er hat sie auf Hocker gebunden«, berichtete er sachlich. »Sie sitzen da tot am Tisch. Otto sitzt auf einem Sessel vor ihnen. Wahrscheinlich spricht er mit ihnen. Hast du die Polizei verständigt?«

»Ja«, sagte Olga, und es klang so, als weine sie. »Sie sind schon unterwegs. Du hast jetzt gut zwanzig Menschen vor der Scheune stehen.«

»Da beschließe ich mal, dass mir das scheißegal ist. Auf ein Betttuch im Rücken der Toten hat er einen Spruch geheftet. Und jetzt sehe ich, dass jede Tote vor sich ein Namensschild stehen hat. Wie bei einem Fernsehtalk.«

»Komm jetzt da raus! Hör sofort auf damit!«, rief Olga, und jetzt weinte sie deutlich.

Alschowski las die Namensschilder von rechts nach links. Sie waren in schwarzen Buchstaben auf Pappe geschrieben. Otto war das Schreiben nicht gewohnt, die Schrift war ungeübt und krakelig.

Er las »Mutter Maria«, »Magdalena«, »Veronika«, »Hildegard v. B.« Das Letzte hieß wahrscheinlich »Hildegard von Bingen.« Otto war für seine Verhältnisse eng an der Mutter Kirche. Er fragte sich, was er den toten Frauen für Fragen stellte. Ob er sie überhaupt etwas fragte, oder ob er sich einfach still über sie freute. Dann fragte er sich plötzlich, wieso diese toten Frauen an dem Tisch saßen und ihre Köpfe nicht vornüber kippten. Otto hatte auch das sehr gut gelöst. Von den Köpfen der toten Frauen spannten sich kaum erkennbare Fäden zur Decke und endeten dort an einem Haken. Sehr logisch, dachte er.

Ein Mann fragte von draußen mit lauter, dröhnender Stimme: »Können Sie uns eine Türe öffnen?«

»Das kann ich nicht«, antwortete er.

»Dann gehen Sie bitte von dem Scheunentor weg!«, befahl die Stimme.

Er ging ein paar Schritte zur Seite. Es gab einen dröhnenden Schlag, und das Tor schwang auf.

Da standen Polizisten in Uniform und sahen ihn neugierig an.

Alschowski sagte in das Gesicht einer unglaublich dicken Frau: »Guten Abend. Mein Name ist Wilhelm Alschowski. Ich bin Ihr neuer Nachbar!«

Kowalski

Dortmund hat so seine Eigenheiten!, pflegte Bruno Kowalski zu sagen, erläuterte aber nie, was genau er damit meinte. Egal, es machte immer Eindruck, und immer setzte er dabei eine unergründliche Miene auf. Eine Eigenheit Dortmunds war etwa, dass Marlene hier lebte und dass sie ihm untreu war. Das gefiel Kowalksi gar nicht, und er bemühte sich um einen geeigneten Plan, sie zu bestrafen. Denn bestraft werden musste sie, das war unausweichlich, das war er sich selbst schuldig.

Die Frage war, wie das laufen konnte. Wo war ein Ansatz? Was war wichtig bei so einer Planung? Und wie weit sollte das gehen? Nach genauem und gründlichem Durchdenken dieser Fragen entschied er sich dafür, nicht Marlene selbst zu bestrafen, sondern vielmehr den, mit dem sie ihm die Hörner aufgesetzt hatte. Also gewissermaßen indirekt, härter, mit einer Zangenbewegung, die das Übel an der Wurzel packte.

Kowalski war achtundzwanzig Jahre alt. Er war von Beruf Soldat der Bundeswehr mit Spezialisierung auf das Fahren und Bedienen von Räumpanzern und ähnlichem schweren und schwersten Gerät. Es hieß bei der Truppe, Kowalski sei dazu in der Lage, mit dem Kranausleger seines zwölfachsigen Bergepanzers eine einzelne Zigarette vom Asphalt zu bergen, ohne sie zu beschädigen.

Schon einige Male hatten seine Kameraden und Vorgesetzten ihm vorgeschlagen, sich doch einmal mit seinem Bergepanzer um die Mitwirkung bei Deutschlands beliebtester Fernsehshow zu bewerben, aber Bruno hatte das stets mit den Worten »Wer will denn das schon sehen?« abgelehnt.

Kowalski war 1,95 Meter groß, breit wie Omas Küchenschrank, und er konnte seinen leitenden Offizier mühelos mit einem Arm an einen Garderobenständer hängen. Er war freundlich, er war hilfsbereit, er mochte Kinder über alle Maßen, er half alten Damen über die Straße, er liebte Stiefmütterchen und vor allem Männertreu. Und er war, das darf nicht verschwiegen werden, geradezu unglaublich schüchtern.

Marlene Grube war eine Grundschullehrerin, hellauf begeistert von Kindern, sechsundzwanzig Jahre alt, frisch zur deutschen Beamtin ernannt, 1,70 Meter groß, von schlanker Figur mit einem geradezu betörenden Gesicht unter langen, schwarzen Haaren. Zudem war sie eine mit großem Talent ausgestattete Jazzsängerin, die schon erlebt hatte, dass die Schüler sie mit einem begeisterten Wow! bewunderten und beim Schulfest nach ihrer eigenwilligen Version von *Stand by me* beinahe die Turnhalle demoliert hätten.

Also – diese beiden wunderbaren Menschen sollten nicht füreinander bestimmt sein? Kein Doppelbett für Bruno und Marlene? Der schüchterne Riese Kowalski ohne Chance gegen diesen furchtbaren Alfred?

Wer, um Gottes willen, war schon dieser Alfred, mit vollem Namen Alfred Grünkreuz-Heiligenblut? Wie konnte man in Dortmund so einen Namen führen? Grünkreuz Bindestrich Heiligenblut. Das war kein Name, das war niederdeutsches Grunzen, irgendwo an der schwäbisch-schweizer Grenze möglich – aber doch nicht in Dortmund!

Also, dieser Alfred Grünkreuz-Heiligenblut, 32 Jahre alt, ein Nichts von einem Mann mit ewig demutsvoll gesenktem Blick. Ein rotzgesichtiger Verlierer mit einer leuchtend roten Nase; eine nach Mitleid brüllende Elendsgestalt in einem schäbigen, grauen Anzug; also ausgerechnet dieser Alfred, der einen Kiosk in der Wohngegend der Chemnitzer Straße dicht neben der Innenstadt betrieb und so unscheinbar wirkte, dass niemand ihn wahrnahm, ausgerechnet diesen Alfred hatte sich Marlene ausgesucht, um Bruno Kowalski die gewaltigsten Hörner seines jungen Lebens aufzusetzen.

Auf die Frage, was er denn einmal in seinem Leben erreichen wolle, hatte er schon als Volksschüler demütig geantwortet: »Ich habe ein starkes Verlangen nach einem kleinen, feinen Geschäft, in dem ich den Hausfrauen des Viertels das Brot verkaufe, auch das Dosengemüse, feine Erbsen und Möhrchen und so. Und für ihre Männer können sie bei mir Zigaretten oder Zigarillos kaufen, und manchmal eine Flasche Korn oder einen Kasten Bier. Und für die Kinder habe ich Eis am Stiel, Kaubonbons sowie Lutscher in allen Geschmacksrichtungen. Ich werde Frikadellen braten und anbieten. Die Familien versorge ich mit Kartoffelsalat, Lottoscheinen und Würstchen. Und die alten Leutchen können bei mir anrufen, und ich bringe ihnen die Sachen, die sie haben wollen, bis in die Wohnung.« Sein Lehrer hatte ganz ergriffen ausgerufen: »Um Gottes willen, ein Glas-Bier-Logistiker!«, und Alfred hatte schweigend genickt und nach einer Weile hinzugesetzt: »Es wird auch möglich sein, bei mir anzuschreiben, das war früher in Dortmund überall möglich, das werde ich wieder einführen, weil man weiß, dass gelegentlich Ebbe herrscht.«

Bruno Kowalski wusste nicht präzise, wann genau ihn Marlene mit Alfred betrogen hatte. Es musste im Frühjahr im Gefolge einer wirklich riesigen Rocknacht in der Westfalenhalle passiert sein, bei der das ganze Ruhrgebiet gestampft und gejohlt und gesoffen und gefeiert hatte. Kowalski war Marlene an jenem Samstag gefolgt, als sie mit ihrem kleinen Corsa über die Hohe Straße hinausgefahren war und irgendwo an der Halle geparkt hatte. Er war auf Schritt und Tritt hinter ihr her gewesen, hatte schließlich im dicht gefüllten Innenraum hinter ihr gestanden und ihren wunderbaren Duft geatmet, während sie im Takt des Drummers zuckte und sich bewegte, als bestehe sie aus reinem Beat, aus reiner Anbetung. Kowalski hatte nicht auf die Bühne geachtet, nur auf diese schwarzen Haare und die schmalen Schultern vor ihm. Natürlich hatte sie seine bohrenden Blicke bemerkt und sich gelegentlich zu ihm umgedreht.

Und wenn er dann im Takt ihr zunickte und zulachte, hatte sie sich abgewendet und gedacht: Großer Gott, ist das ein Arschloch!

Nicht einmal zwei Meter weiter, leicht seitlich nach links versetzt, hatte Alfred gestanden, und als der begeistert den Takt zu klatschen begann, hatte Marlene sofort dasselbe getan, und das hatte Kowalski geschmerzt.

Am folgenden Montag hatte er sofort zurückgeschlagen, und ihr eine Rosenstafette über die ganze Woche eingerichtet, was bedeutete: ein großes Dortmunder Blumengeschäft hatte Marlene am Montag morgens um sieben Uhr zwei rote Rosen geliefert, am Dienstag vier, am Mittwoch acht, am Donnerstag sechzehn, am Freitag 32, am Samstag 64 und am Sonntag endlich 128 rote Rosen.

Das, meinte Bruno, das musste ihr doch irgendwie auffallen.

Als Kowalski sich am nächsten Montag um die Mittagszeit vor ihrem Haus aufbaute, sie bei ihrer Rückkehr von der Schule beobachtete, wie sie ihren Corsa abschloss und dann über die Straße ging, kreuzte er ihren Weg, zuckte dicht neben ihr auffällig zusammen, als habe ihn der Schlag getroffen, und sah sie dann mit einem scheuen, aber strahlenden Lächeln an, als müsse sie jetzt sofort kapieren, dass er der

Typ aus der Westfalenhalle war, der hinter ihr gestanden hatte. Aber es fiel ihr scheinbar überhaupt nicht auf, Marlene kapierte überhaupt nichts, sah ihn nur müde und abwesend an und ging weiter.

Nur zwanzig Minuten später erschien sie wieder auf der Straße und ging zügig direkt zum Kiosk von Alfred Grünkreuz-Heiligenblut und verlangte eine Schachtel Lucky Strike ohne Filter, »obwohl ich eigentlich nicht mehr rauchen wollte.« Und dann setzte sie mit deutlichem Tadel hinzu: »Da hat irgendein Bekloppter mir Rosen geschickt, haufenweise rote Rosen, stell dir das vor.«

Und der rotgesichtige Alfred Grünkreuz-Heiligenblut äußerte demutsvoll leise: »Du bist aber auch eine beeindruckende Frau!« Dann lachten sie beide gemeinsam, scheu und verhalten.

Bruno Kowalski stand hinter ihnen, und als er dran war, versagte ihm die Sprache, und er äußerte so etwas wie »Wgstrafurgta«, ehe er nach einer ganzen Weile mit hochrotem Kopf in der Lage war, mit klaren Worten zu bemerken: »Ja, was hätte ich denn gerne? Vielleicht Roth-Händle ohne Filter«, obwohl er niemals im Leben geraucht hatte und das auch gar nicht wollte.

Mittlerweile war Marlene natürlich längst gegangen, und Bruno Kowalski stand in seinem Tarnanzug einsam in Alfreds Kiosk und trauerte.

Wann immer sein aufreibender Dienst in der Bundeswehr es zuließ, startete er in der nächsten Zeit immer neue Frontalangriffe auf die wunderbare Marlene Grube, entdeckte dabei aber nur, dass Alfred Grünkreuz-Heiligenblut bemerkenswert oft mit Waren aus seinem Kiosk an ihrer Haustür schellte und blitzschnell eingelassen wurde. Der unmögliche Alfred blieb dann stets schmerzhaft lange bei Marlene, und wenn er wieder auftauchte, sah sein grauer Anzug aus, als habe er eine Woche darin geschlafen, und sein Haar war so wirr, als sei er gerade aus einem wilden, erotischen Gefecht entlassen worden.

Offenbar um in Sachen Marlene ständig freie Hand zu haben, engagierte Alfred Grünkreuz-Heiligenblut sogar eine Aushilfe: die fünfzehnjährige Ortrud Philippi, die genauso traurig aussah wie er, dürr wie eine Bohnenstange war, ständig schniefte und mit Tempotüchern herumfuhrwerkte, wobei sie den wahrscheinlich einzigen vollständigen Satz von sich gab, den sie beherrschte: »Entschuldigung, meine Erkältung hat wieder zugeschlagen.«

Bruno Kowalski litt, und er nahm sich vor, dass er die Entscheidung der schönen Marlene noch in diesem Jahr erreichen musste. Denn wer, um Gottes willen, war schon dieser Loser Alfred? Ein Fleck, den er mit eigener Hand ruckzuck wegwischen würde.

Im Juni dieses wichtigsten Jahres in seinem Leben griff Bruno Kowalski erneut mit aller Macht an.

Er wusste, dass Marlene ihre Wohnung jeden Morgen um sieben Uhr verließ, um nach Aplerbeck in ihre Schule zu fahren. Und am 17. Juni parkte Bruno Kowalski seinen privaten MG, zwei Liter, mit dem ihm eigenen Talent zum Bewegen von Kraftfahrzeugen unmittelbar neben Marlenes Corsa, und zwar so, dass sie unmöglich aus ihrer Parktasche herausfahren konnte.

Dann wartete Bruno Kowalski im Kiosk bei Ortrud, der Bohnenstange, von der er eine Banane erworben hatte, an der er jetzt mit größter Gelassenheit herumkaute. Er sah aus den Augenwinkeln, wie Marlene das Haus verließ, die Fahrbahn überquerte und dann fassungslos vor dem MG stand. Er dachte eine Sekunde lang: Jetzt habe ich dich, jetzt musst du mich ansehen, jetzt musst du mit mir reden.

Aber Marlene war nicht nur schön und anschmiegsam, leichtfüßig und wunderbar, Marlene war auch ein Kind dieser Stadt, hart und direkt. Und so schrie sie: »Welchem Arsch ist der MG hier?«

Das wiederholte sie zwei Mal und immer lauter, sodass überall Fenster aufgingen und die Leute verschlafen auf die Szene starrten. Der arbeitslose Gunnar Heidebrock, der im ersten Stock von Nummer 9 wohnte, sagte empört: »Da hat irgendein Depp die Marlene zugeparkt! Muss man sich mal vorstellen!«

Marlene öffnete derweil ihren Corsa und stieg über die Beifahrerseite ein. Dann drückte sie auf die Hupe und blieb drauf, bis der Verursacher dieser unglücklichen Veranstaltung Ortrud den Rest seiner Banane in die Hand drückte und gemächlich zum Zentrum des Bebens trabte.

Natürlich wollte Bruno um Entschuldigung bittend an den Corsa treten und in klaren Worten sprechen, eindeutig, ohne herumzufaseln, etwa so wie: »Ej, keine Aufregung, iss ja nix passiert.« Er hatte weiterhin geplant, ein Candle-Light-Dinner im Villa Suplie anzubieten, und er hatte dafür sogar schon für den kommenden Samstagabend einen Tisch bestellt.

Aber daraus wurde nichts. Er stellte sich zwar zwischen seinen MG und den Corsa und wollte mit viel Mut loslegen und locker sein Herz erklären, aber die wunderbare Marlene hupte nur und hörte damit einfach nicht auf.

»Na gut!«, sagte Bruno Kowalski gemütlich. »Dann fahre ich eben mal ein paar Meter weiter.« Also fuhr er ein paar Meter weiter, hielt an, wollte aussteigen und seine Rede halten.

Aber das funktionierte auch nicht, weil Marlene aus der Parkbucht rauschte, ihn wütend aus dem Seitenfenster anstarrte und ihn lauthals mit »Arschloch!« titulierte. Dabei riss sie seinen Außenspiegel ab.

Aber der unendlich glückliche Bruno Kowalski hatte damit wenigstens die sichere Gewissheit, dass sie sich an sein Gesicht erinnern würde. Das war schon mal die halbe Miete, wie er sich einredete.

Am 23. Juni war Bruno Kowalski schließlich bereit, über den eigenen Schatten zu springen und Nägel mit Köpfen zu machen.

Dazu muss man wissen, dass der Kommandeur von Bruno Kowalskis Einheit die heimliche Sehnsucht pflegte, der Bevölkerung des Ruhrgebiets im Fall einer außerordentlichen, lebensgefährlichen Katastrophe jede nur denkbare Hilfe zuteilwerden zu lassen. Er dachte dabei an Erdbeben, riesige Schlammlawinen oder gigantische Tagesbrüche, die ganze Stadtteile verschlangen. Und weil er schließlich die Befehlsgewalt über den besten Bergegerätefahrer der Bundeswehr hatte, schickte er ihn und seine zwei Kameraden des Nachts auf waghalsige Übungen. So mussten sie in Außenbereichen Dortmunds in enge Straßen fahren und simulieren, wie sie die Bewohner aus ihren Häusern befreien und in Sicherheit bringen konnten. Es waren Manöver, bei denen es um Zentimeter ging, und falls Bruno sich verrechnete, hätte dabei durchaus schon mal ein feines Einfamilienhäuschen in Schutt und Asche fallen können. Aber Bruno verrechnete sich eben nicht.

Am Abend des 23. Juni meldete Bruno Kowalski sich zackig bei seinem Kommandanten und erläuterte, er habe vor, den schweren Bergepanzer mit seiner Truppe durch Dortmunds etwas engere Altstadtsträßchen zu bewegen, weil es unbedingt notwendig sei zu trainieren, wie man die zweihundertvierzig Tonnen im Ernstfall in der ungewohnten Umgebung einsetzte. Der Kommandeur wusste seit Langem, was er an Bruno Kowalski hatte, und stimmte vorbehaltlos zu.

In dieser Nacht also näherte sich mit dumpf mahlenden Ketten der Bergepanzer des Bruno Kowalski und seiner zwei Spezialisten, die die äußerst komplizierte Elektronik an Bord zu bedienen wussten, der Chemnitzer Straße. Um Punkt 4.17 Uhr erreichten sie das Haus, in dem Marlene lebte, und die gewaltigen Motoren röhrten etwas von Armageddon, etwas von gewaltigem, die Erde zerstörendem Unheil, etwas vom tatsächlichen Ende aller menschlichen Hoffnungen.

Dann aber bekamen die beiden Berge-Experten im Bauch des Ungetüms verwirrende Befehle, die sie trotzdem umsetzten, weil sie sich sicher waren, dass Bruno schon wusste, was er tat.

Einer dieser merkwürdigen Befehle lautete: »Wir fassen den links stehenden weißen Kleintransporter mit der Aufschrift *Obst, Gemüse und allerlei - A. Grünkreuz-Heiligenblut* mit dem Ausleger, heben ihn sachte an und bringen ihn auf das Dach des gegenüberstehenden Opel Corsa. Denn wir nehmen an, dass in dem links stehenden Wohnhaus Überlebende, insbesondere Kinder, zu bergen sind.«

Genauso geschah es auf geradezu überirdische, fast lautlose Art und Weise. Nur die Bleche der Autos knirschten und stöhnten leise, als sie übereinandergeschichtet wurden.

Durch die auf dem Bergepanzer kreiselnden sechs großen blauen Warnlichter wurden einige Anwohner wach und lagen bald in den geöffneten Fenstern.

Es war Punkt 4.53 Uhr, als der Bergepanzer versuchte, sich in der Chemnitzer Straße zu drehen, wobei sein Heck den Eingangsbereich samt der Haustür von Nummer 12 wegfegte und zwei Wohnungen im Erdgeschoss aufriss. Die beiden Elektroniker im Panzer registrierten die Havarie und schrien wie aus einem Mund »Ende! Ende! Abbrechen!«, wurden aber nicht gehört, weil Bruno Kowalski mit tränenüberströmtem Gesicht einfach nichts hören wollte und nur noch die

Erfüllung des einen Wunsches herbeisehnte – dass Marlene am Fenster ihrer Wohnung in Nummer 14 erscheine und erkannte, was er hier für sie geleistet hatte.

Doch das Fenster blieb dunkel, woraufhin Bruno verzweifelt eine Drehung des Ungetüms vornahm, wobei er im Haus gegenüber mit dem Ausleger des Kranarmes eine weitere Wohnung bis hin zum Flur und dem angrenzenden Badezimmer aufschnitt, was das im Ehebett liegende junge Paar zu atemlosen Protesten veranlasste.

Dann setzte Bruno Kowalski den Bergepanzer um zwanzig oder dreißig Meter nach vorn und ratschte dabei auch den Kiosk von Alfred Grünkreuz-Heiligenblut in einer Tiefe von etwa drei Metern an, wobei in dem so entstandenen Trümmerfeld besonders die Kisten mit Tomaten auffielen, die das Stillleben mit wunderbaren Farbnuancen akzentuierten. Die zahllosen aus der Kühltruhe gepurzelten Eis-Spezialitäten schmolzen viel zu schnell für die in Nachthemden auf der Straße herumsausenden kleinen Kinder, denen dies der Himmel auf Erden war. Endlich mal etwas los in der Chemnitzer Straße – und jede Menge kostenlose Lutscher!

Da es sich eindeutig um eine ausgewachsene Katastrophe handelte, dauerte es nicht lange, bis die ersten Pressefotografen auf ihren Motorrädern auftauchten, unmittelbar gefolgt von einem Fernsehteam, das sofort die Satellitenschüssel für eine Live-Übertragung aufbaute.

Man machte sich ein Bild vom Unglücksfall und sprach sogar mit dem Unglücksfahrer, einem Hünen von Mann, der kein Wort herausbrachte. »Sie haben sich wohl verfahren?«, fragte der Fernsehreporter, während schon die nächsten Kamerateams auftauchten.

Bruno Kowalski antwortete nicht, und seinen beiden Bordexperten hatte er Aussageverbot erteilt.

Alle, die am folgenden Tag immer noch nichts von Bruno Kowalskis desaströsem Bergungs-Einsatz mitbekommen hatten, konnten sich in den nächsten Tagen in diversen Fernsehsendungen und Talkshows über die Umstände und Hintergründe informieren.

So sagte Marlene Grube nach ihrer hastigen Rückkehr von Mallorca nach Dortmund im Interview eines Regionalmagazins: »Wieso denn Herr Alfred Grünkreuz-Heiligenblut? Ich verstehe den Zusammenhang gar nicht?«

Der Moderator musste erst eine Schocksekunde überwinden, ehe er knallhart nachfragte: »Sie sind doch zusammen mit Herrn Alfred Grünkreuz-Heiligenblut! Sie sind auch zusammen nach Mallorca gereist. Sie sind ein Paar, geben Sie es doch zu!«

Worauf Marlene nur lachte: »Was geht mich denn Alfred an? Und was sollte ich auf Mallorca mit Alfred?«

In der Nachmittagstalkshow eines Privatsenders zum Thema *Meine Liebe liegt in Trümmern* wurde Bruno Kowalksi gefragt: »Haben Sie jemals ein Wort mit der Lehrerin Marlene G. gesprochen?«

Bruno sah lange in die Kamera und sagte schließlich: »Nein, habe ich nicht!«

Und bei *Reporter decken auf* wurde ein zerzauster Alfred Grünkreuz-Heiligenblut gefragt: »Sie waren also zusammen mit Frau Grube auf Mallorca und haben dort von dem Unglück hier gehört. Wie ging das weiter?«

Worauf er nervös an seiner Krawatte nestelte und erklärte: »Also, ich war nicht mit der Marlene auf Mallorca. Ich habe hier in meiner Wohnung gelegen. Mit Mumps.«

Zwei Wochen darauf erhielt Bruno Kowalski einen Brief von Deutschlands beliebtester Fernsehshow, in dem man ihn einlud, doch in der nächsten Sendung, die übrigens aus der Westfalenhalle übertragen werden würde, seine Fähigkeiten mit dem Bergepanzer unter Beweis zu stellen. Man habe sehr viel und geradezu Unglaubliches darüber gehört und würde sich glücklich schätzen, wenn er als Kandidat für die Publikumswette ...

Bruno überlegte lange, ehe er seine Bescheidenheit überwand und zusagte – aber nur unter der Bedingung, dass man von der Redaktion aus diskret eine Karte für einen Logenplatz an Frau Marlene Grube in der Chemnitzer Straße 14 in Dortmund schickte.

Jim, Jonny und Jonas

Beim zweiten Hinschauen konnte niemand an einen Sturz glauben, denn der Tote lag auf dem Rücken, das Gesicht zur Seite gewandt, überall Blut an seinem Kopf, eine Lache davon hatte sich auf den uralten Dielen des Raumes ausgebreitet. Hoch an der Stirn eine deutlich sichtbare Delle, im Bereich einer schweren Platzwunde. Da war offensichtlich der Schädel eingeschlagen worden.

»Ich weiß nicht, warum ihr euch das antun wollt«, seufzte Kriminalrat Kischkewitz. »Also, der Mann heißt Manderscheid, wie der Ort. Joseph mit ph, Alter 87, Gesundheitszustand erstklassig, bevor ihn das Holzscheit traf. Die Tatwaffe: Ihr seht sie rechts zwischen seinem Kopf und dem alten Küchenherd. Es ist altes, trockenes Buchenholz. Wir haben genau hingesehen, keinerlei verwertbare Fingerabdrücke. Aber nicht etwa, weil der Täter Handschuhe trug, sondern weil dieses Holz wegen der trockenen, rissigen Rinde nur einen einzigen verwischten Fingerabdruck liefert. Vermutlich der Daumen rechts.«

»Tatzeit?«, fragte Rodenstock knapp und nuckelte an einem Zigarillo, den er gezielt gegen den herben Geruch einsetzte.

»Gestern Abend zwischen 21.00 und 23.00 Uhr.«

»Verdächtige?«, fragte ich.

»Drei. Alle drei seine Söhne.«

»Habt ihr sie kassiert?«, fragte ich weiter.

»Baumeister, frag' was Klügeres«, antwortete Kischkewitz matt. »Wir haben sie.«

»Was sagen sie?«, fragte Rodenstock.

»Im Wesentlichen nichts«, seufzte er.

»Motiv?«, fragte Rodenstock weiter.

»An diesem Punkt schwimmen wir«, gab er zu.

Danach herrschte erst einmal Stille. Am Fenster versuchte eine Fliege durch das Glas zu entkommen. Es wirkte sehr laut, fast störend.

»Kommen irgendwelche anderen Täter infrage?«, fragte ich. »Jemand aus dem Dorf? Jugendliche? Und die wichtigste Frage: Was fehlt hier eigentlich?«

»Nichts. Es fehlt nichts«, hauchte Kischkewitz melancholisch.

»Also, so etwas wie ein Ausflippen unter engen Verwandten«, stellte Rodenstock lapidar fest.

»Möglich«, nickte Kischkewitz.

»Die Verhältnisse sind ärmlich«, sagte ich in die entstehende Stille.

»Ja, ja, aber nur auf den ersten Blick. Ihr werdet euch noch wundern.«

Wieder diese Stille, wieder die wütende Fliege, die durch das Fenster entkommen wollte.

»Also, bevor ich mich wundere, will ich Aufklärung. Wer von den drei Söhnen war denn gestern Abend hier?«, fragte Rodenstock.

»Alle drei«, sagte Kischkewitz mit einem Achselzucken. »Nacheinander und gleichzeitig«

»Wer war der Letzte?«, fragte ich.

»Der Jüngste«, antwortete er schnell. »Aber das ist unklar.«

»Der Logik nach muss er es also gewesen sein«, murmelte Rodenstock träge und blies einen Schwall Tabakrauch in die Szene.

»Scheint so«, nickte Kischkewitz träge. »Aber diese Logik ist äußerst fragwürdig. Der Küster, ein alter Mann namens Mattes, kam etwa gegen 20.30 Uhr vorbei und holte sich ein paar langstielige Vergissmeinnicht für den Altar ab. Mattes sagt, der Alte war allein und sogar in bester Stimmung.«

»Was wiederum gegen den jüngsten Sohn spricht«, murmelte Rodenstock. »Also, warum herumraten?«

»Er sagt, dass er es nicht war, basta.« Dann grinste Kischkewitz uns süffisant an wie ein Lehrer in der Schule, der ein Karnickel aus dem Zylinder ziehen kann. »Und glaubt nicht, dass irgendein Mensch ungesehen von der Rückfront aus dieses alte Gehöft betreten kann. Das Haus steht unmittelbar an einem fast senkrechten Felsenhang. Von hinten oder von den Seiten kann niemand herein.«

»Ich brauche die Reihenfolge der abendlichen Besuche«, bat ich.

Die Fliege hatte ein vorübergehendes Ziel gefunden, sie hockte jetzt auf der Nase des Toten.

»Eines vorab«, sagte Rodenstock in einem Ton, als sei er überhaupt nicht interessiert, »hast du irgendwelche Absprachen zwischen den drei Brüdern feststellen können?«

Er schüttelte den Kopf. »Keine. Das heißt aber nichts, denn diese Clique ist dermaßen schweigsam, dass schon ein Augenaufschlag eine ganze Arbeitskonferenz ersetzt.«

»Also dann, bitte, der gestrige Abend.« Ich stopfte mir die Winslow mit dem weißen Mundstück aus Acryl und setzte ein wenig abrupt hinzu: »Und können wir endlich diese triste Bude verlassen? Das geht mir aufs Gemüt.«

»Das sollten wir eigentlich nicht«, murmelte Kischkewitz mit heiterem Unterton. »Was seht ihr denn hier? Seht euch gut um. Das hier nennt man eine Wohnküche und wahrscheinlich stammt sie in wesentlichen Teilen aus der Zeit um 1900, einiges aus der Zeit der Bauernkriege. Also, da haben wir ziemlich zentral die Eingangstür. Dann, links beginnend, einen Küchenschrank von der Art, die ich immer Gelsenkirchener

Barock nenne, die Ablagefläche noch mit Linoleum belegt. Dann an der linken Seitenwand ein Sofa, das man früher Kanapee nannte, belegt mit Wolldecken. Das Kanapee dürfte mindestens achtzig Jahre alt sein, die Wolldecken hat er wahrscheinlich in Stalingrad erobert. Dann folgt in der Ecke ein kleiner Tisch, auf dem ein Fernsehgerät steht, hochmodern und mindestens zwanzig Jahre alt. Dann kommt ein Rollschrank, ein Uraltteil aus irgendeinem Büro. Jetzt ist er geschlossen, ihr müsstet ihn offen sehen. Peinliche Ordnung, sehr aufschlussreich. Dann folgt das Fenster, relativ klein. Dann folgt in der Ecke ein alter Küchenherd, Buderus um 1920, dann rechts daneben der Korb mit dem Brennholz. Daneben dann ein Brett mit herausstehenden verrosteten Haken, also wahrscheinlich die Garderobe. Daneben ein Kruzifix mit einem kleinen Tonbehälter für Weihwasser, sowie auf einem kleinen, schmalen, hüfthohen Schränkchen eine Muttergottes aus Gips, das Übliche in Blau. Rechts daneben an der Wand, in der die Tür ist, der Jahreskalender der Raiffeisenkasse. In der Raummitte schließlich ein Küchentisch, sehr alt, vier Stühle, ebenfalls sehr alt. Sonst noch etwas Wichtiges?«

»Also keine Heizung«, sagte ich. »Und der Wasseranschluss, wo ist der?«

»Im Nebenraum«, antwortete Kischkewitz. »Da steht auch die Waschmaschine. Haben wir sonst was Entscheidendes vergessen? Nein, haben wir nicht. Was glaubt ihr, was wir in diesem Raum gefunden haben? Seht euch aufmerksam um. Diamanten waren es nicht.«

»Jetzt macht dieser blöde Bulle auch noch ein Quiz«, regte ich mich auf.

Kischkewitz grinste und Rodenstock murmelte lächelnd: »Wahrscheinlich tausend Mark in kleinen Scheinen in der Zuckerdose.«

»Du bist auf der richtigen Spur, alter Mann.« Kischkewitz schien sich königlich zu amüsieren. »Wir fanden in einer alten Keksdose einhundertzwölftausendsiebenhundertvierundsechzig Mark und neunundsechzig Pfennige. Da jeder der Söhne – was sie alle drei offen zugeben – genau wusste, dass der Alte rabenschwarzes Bargeld hortete, stehe ich jetzt vor der Frage: Ist das Geld nicht verschwunden, weil jeder Beteiligte wusste, dass es nicht verschwinden durfte, um kein klares Motiv zurückzulassen? Oder aber ist es nicht verschwunden, weil es einen Mörder gibt, der davon nicht das Geringste wusste?«

»Du suchst also immer noch einen Mörder, der nicht innerhalb der Familie stecken kann?«, fragte Rodenstock.

»Das muss ich einfach«, nickte Kischkewitz. »Jetzt lasst uns wirklich rausgehen, mir geht der Geruch jetzt auch auf den Senkel.«

Wir gingen also hinaus auf den Hof an der Dorfstraße. Dort stand ein uralter Wirtshaustisch mit vier klapprigen Stühlen. Wir grüßten freundlich die alte Maria, die in einem Fenster des Hauses gegenüber lag und neugierig schaute, und setzten uns.

»Ich stelle mal konsequent die Frage nach dem Vermögen des Alten«, murmelte Rodenstock.

»Die Antwort ist noch nicht vollständig, offenbart aber mein Dilemma. Der Alte war einwandfrei mehrfacher Millionär.«

Ich stopfte mir eine Crown Viking. »Das heißt, die Söhne wussten das und haben somit alle drei ein prächtiges Motiv.«

»Kann man so formulieren«, nickte der Kriminalist.

Rodenstock begann unvermittelt zu kichern. »Ich vermute mal, du setzt uns einen im Grunde sehr einfachen Mordfall vor, bei dem nichts einfach ist.«

Kischkewitz antwortete gar nicht, er antwortete niemals auf Selbstverständlichkeiten. Er murmelte düster: »Was immer ihr glaubt, es wird der Fall sein, den ich niemals kläre. Ich rieche das, es wird mein Waterloo.«

»Es sei denn, jemand gesteht«, steuerte ich bei.

»Niemand gesteht«, nickte Rodenstock. Es wirkte so, als lasse er sich jedes Wort vor Behagen langsam auf der Zunge zergehen.

»Auf welche Weise ist denn der Alte an sein Geld gekommen?«

»Sehr einfach. Er ist nach Zeugenaussagen krankhaft geizig, nutzt jede Möglichkeit aus. Ihr habt gesehen, wie er haust. Alte Möbel, keine Heizung, schon gar kein warmes Wasser. Die elektrischen Birnen in allen Räumen des Hauses haben maximal 25 Watt, am liebsten nur fünfzehn. Er ist in Hillesheim in einem Supermarkt aufgetaucht und hat darum gebeten, beschädigte Lebensmittel abholen zu dürfen. Seit 25 Jahren ernährt er sich so. Seine Söhne hat er brutal ausgenutzt, hat ihnen ihre Löhne abgenommen und noch mit zwanzig Jahren bekamen sie ein Taschengeld pro Monat, das vierzig Mark nicht übersteigen durfte. Die Söhne hatten nur eine Möglichkeit: Das elterliche Haus so früh wie möglich auf immer zu verlassen. Das taten sie auch ...«

»Gibt es eine Ehefrau, eine Mutter?«, unterbrach ich.

»Gab es. Sie starb vor rund zwanzig Jahren. Die Söhne sind jetzt 50 bis 60 Jahre alt und sie kamen nach wie vor nahezu jeden Tag einmal zum Vater. Er verlangte das. Und bei einem Sohn, dem Mittleren, hat er sogar einmal versucht, das Geld, das er seit der Babyzeit in ihn gesteckt hatte, wieder in Raten zurückzufordern.«

»Die Söhne, bitte«, sagte ich.

»Der Älteste ist jetzt sechzig Jahre alt und Schreiner von Beruf. Er hat einen Betrieb im Nachbarort und heißt Bertram, aber tatsächlich nennt ihn niemand so. Der mittlere Sohn ist 55 Jahre alt und von Beruf Vermessungsingenieur. Der Dritte im Bunde ist 52 Jahre alt und Malermeister. Alle drei übrigens sehr solide, sehr erfolgreich, wirtschaftlich gut gestellt. Seit ihrer Kindheit heißen sie Jim, Jonny und Jonas, nach dem Reim des alten Schlagers: Jim, Jonny und Jonas, die fahren an Java vorbei ... und so weiter. Sie sind alle drei ziemlich wortkarg. Und sie wussten, dass der Vater Millionär ist. Sie wussten es nicht auf Heller und Pfennig, aber sie streiten es gar nicht ab.«

»Da habe ich schon ein Problem«, sagte ich. »Niemand kann allein durch Geiz Millionär werden. Da müssen bei schmalem Einkommen andere Quellen gewesen sein.«

»Oh ja«, nickte Kischkewitz. »Und was für Quellen. Der Alte hat systematisch Grundstücke gekauft und wieder verscherbelt. Und das mit einem geradezu unglaublichen Riecher. Beispiel: Es gab im Zuge des Neubaus der Autobahn Eins zwischen Daun und dem Anschlussstück Nettersheim/Blankenheim einige, ganz unwichtige und nicht mehr betriebene Ackerflächen. Hinzu kamen einige kleine Waldstücke. Der Sauhund hat sie fast alle für einen Appel und ein Ei aufgekauft, und die Planer standen plötzlich vor der Tatsache, dass der Autobahnbau ohne Manderscheids Zustimmung praktisch nicht möglich wäre. Er verdiente dabei nach vorsichtigen Schätzungen etwa eineinhalb Millionen.

Ein zweites Beispiel: Eines Tages fing er hier in seiner Heimatgemeinde an, möglichst viele zentrale Flächen auf dem Westhang des alten Vulkans zu kaufen. Alle Leute, die Geld hatten, versuchten krampfhaft in das Geschäft einzusteigen und kauften alles an, was sie erwischen konnten. Dann aber kam der Obergag: Die Verbandsgemeinde bestimmte im Ratsbeschluss den gesamten Nordhang zum neuen Baugebiet, und der gehörte ausschließlich dem ollen Manderscheid. Er hatte am Westhang nur zum Schein gekauft, er hatte sie alle ausgetrickst. Der Gewinn ist nur sehr vorsichtig zu schätzen, liegt aber wahrscheinlich bei etwa zwei Millionen. Auf seine Weise war er ein Genie. In den letzten Jahren hat er scheinbar wahllos alte Bauernhöfe aufgekauft, meistens überaltert, Bruchbuden. Käufer, die etwas haben wollen, kommen am ollen Manderscheid nicht vorbei. Er verkauft diese Schnäppchen mit zweihundert bis sechshundert Prozent Gewinn an Leute aus den Ballungsgebieten, die sich ein Refugium schaffen wollen.«

»Verdammt noch mal«, sagte ich zornig, »das sind alles legale Geschäfte, vermutlich hat er auch Steuern bezahlt. Aber ich sehe überhaupt keinen Grund, ihn zu erschlagen, denn die Söhne erben doch sowieso alles. Oder ist das nicht so?«

»Es ist nicht ganz so. Für die Söhne sollte nur jeweils der gesetzlich vorgeschriebene Pflichtteil gelten, den gesamten Rest, und das ist ein Haufen Zeug, wollte er der Kirche vermachen. Wir haben Tränen gelacht, als noch in der vergangenen Nacht der Pfarrer auftauchte, um zu erfahren, wie die Sache steht. Wir mussten dem Pfarrer sagen, was Sache ist. Dieses Testament, das Neue, ist nicht mehr gemacht worden, die Söhne kriegen alles.«

»Ach, du Scheiße«, sagte Rodenstock. »Macht er bei den Söhnen einen Unterschied?«

»Nein. Macht er nicht. Sie sollen alles haben und alles unter sich aufteilen. Und das ist zusätzlich ein erheblicher Gewinn in Aktien. Keine neuen Werte. Er hat einmal verkündet, dass die neuen Werte seiner Ansicht nach beschissen sind und irgendwann kippen werden. Er hatte wieder mal recht.«

»Deutet irgendetwas, irgendeine Aussage daraufhin, dass die Söhne etwas gegen den Vater aushecken?«, fragte Rodenstock. »Ich frage das, damit wir alles erfahren, ehe wir zum gestrigen Abend kommen.«

Kischkewitz schüttelte den Kopf. »Nichts, aber auch gar nichts deutet auf irgendeine Planung hin. Jim, Jonny und Jonas haben sich im Grunde verhalten wie immer. Sie haben alle drei vom Vater die Sturköpfigkeit geerbt, sie schweigen gern und gucken erst mal misstrauisch, ehe sie irgendeine Meinung preisgeben. Sie sagen alle drei, sie waren es nicht. Und meiner Meinung nach werden sie dabei bleiben. Und sie können auch dabei bleiben, denn wir haben keinen Schlüssel, sie auseinanderzutreiben. Und das Beschissene dabei ist: Sie wissen das!«

»Wie hat der Alte sie zu seinen Lebzeiten behandelt?«, fragte ich.

»Schlicht schlecht.« Er wedelte mit beiden Händen. »Anfangs, also in den ersten Jahren, war Schmalhans Küchenmeister bei den Manderscheids. Dann kassierte der Alte ihre Löhne als Handwerkslehrlinge, beziehungsweise Verwaltungslehrlinge. Als sie heirateten – und sie heirateten alle drei – schenkte er ihnen jeweils eine goldene Armbanduhr. Und die war jeweils alt und gebraucht, nicht etwa neu. Er erpresste diese Söhne dauernd. Er sagte am Telefon: Ich fühle mich nicht gut, komm her! Und sie kamen. Er war dauernd erkältet, er hatte Erkältungen wie andere Leute Oberhemden. Es ist auch typisch, dass alle drei Schwiegertöchter nicht das Geringste mit ihm zu schaffen haben wollten, von Anfang an nicht. Die Enkel – es gibt insgesamt acht – wollten ebenfalls mit diesem Opa nichts zu tun haben. Und der Witz ist, dass alle drei Söhne ihn täglich anrufen mussten. Wenn sie es denn nicht taten, meldete er sich einfach nicht. Mit der

Begründung, er sei ein armer alter Mann und das Telefon wäre zu teuer.«

»Dann war er ein einsamer, alter Mann«, meinte Rodenstock versonnen.

»Das ist richtig«, nickte Kischkewitz.

»War denn gestern irgendetwas anders als sonst?«, fragte ich.

»Es herrschte reger Verkehr, vielleicht ein wenig reger als sonst. Um das auseinanderzudröseln, brauche ich einen meiner Zettel.« Er fischte einen zerfledderten kleinen Block aus dem Jackett und suchte darin herum. »Hier ist es. Von mittags um 12 Uhr an. Die Liste beginnt um diese Zeit, weil da der zuständige Pfarrer beim alten Manderscheid war. Etwa eine Stunde lang. Sie konnten ganz gut miteinander, ein spezielles Thema gab es nicht. Doch halt, ein Thema war da. Manderscheid fragte den Pfarrer, ob er denn in den Himmel komme, wenn er sein Haupterbe der Kirche vermacht. Antwort des Pfarrers: Eine Garantie kann ich dir nicht geben, aber die Wahrscheinlichkeit ist hoch. Der Pfarrer sagt, dass Manderscheid diese Frage dauernd stellte. Ansonsten absolut nichts Besonderes. Dann Ruhepause bis gegen 14 Uhr. Dann Besuch eines Ehepaares aus Düsseldorf, das sich für einen alten Hof in Kerpen interessiert. Aussage des Ehepaares: Nichts Besonderes. Dann 15.15 Uhr Besuch vom ältesten Sohn, den wir Jim nennen, also dem Schreiner. Der sollte dem Papa ein neues Bett bauen, hat es aber noch nicht fertig. Der Alte schimpfte mit ihm, wie üblich. Um 15.40 Uhr etwa kommt der Bäcker vorbei, einer der vielen Verkaufswagen, die das Dorf regelmäßig anfahren. Der alte Manderscheid ist guter Dinge und kauft ein drei Tage altes Brot um den halben Preis, das ist völlig normal. Um 15.50 Uhr ungefähr kommt der mittlere Sohn Jonny, der Vermessungsingenieur, vorbei.

Grund: Nichts Besonderes. Er hatte als Beamter eine Vermessung im Wald, um eine Autobahnabfahrt einzurichten. Er kam sowieso am Haus des Vaters vorbei. Wir haben das nachgeprüft, es stimmt. Thema zwischen Vater und Sohn: Nichts Besonderes, einfach nur ein paar Takte gewechselt, dann fährt der Sohn wieder weg ...«

»Moment, Moment«, sagten Rodenstock und ich gleichzeitig. Rodenstock übernahm. »Also, die Söhne, und zwar alle drei, kommen jeden Tag einmal vorbei. Ist das nicht etwas irre?«

»Eben nicht«, sagte Kischkewitz düster. »Sie wissen aus jahrzehntelanger Erfahrung, dass der Alte alle drei jeden Tag sehen will. Und wenn sie es können, dann fahren sie vollkommen freiwillig kurz bei Papa vorbei, weil sie wissen: Wenn sie es nicht tun, nervt er sie nach Feierabend so lange, bis sie kommen. Er ruft dann an und sagte nur einen Satz:« Mer jehdet net jood«. Dann hängt er ein. Aber weiter in der zeitlichen Liste. Jonny, der mittlere Sohn, kommt also gegen 15.50 Uhr und verlässt seinen Vater zehn Minuten später wieder. Weitere zehn Minuten später, gegen 16.10 Uhr kommt der Versicherungsagent Peter Heimdahl vorbei. Er will dem Alten eine Risikoversicherung verkaufen, das muss man sich mal vorstellen. Der Alte will nicht, der Heimdahl fährt weitere zehn Minuten später wieder weg. Er sagt aus, dass absolut nichts auffällig war. Dann mehr als eine Stunde Pause bis etwa 17.20 Uhr. Jetzt kommt der jüngste Sohn, der Jonas, vorbei, bleibt etwa fünf Minuten und fährt dann wieder. Erinnert euch, dieser Jüngste ist Malermeister. Er soll dem Vater einen Tisch lackieren und wird ebenfalls beschimpft, weil das noch nicht passiert ist. Anschließend, und das ist gesichert, kommt der Alte selbst in den Hof und sitzt etwa fünfzehn Minuten an diesem Tisch hier. Und während er hier am Tisch sitzt, kommt Jim, der älteste Sohn, der Schreiner vorbei, bleibt zwei, drei Minuten hier am Tisch und fährt wieder. Sie reden nach Angaben des Sohnes Belangloses. Dass der Älteste ein zweites Mal vorbeischaut, ist nach Angaben der Zeugen stinknormal, wir haben das geprüft. Die Straße muss er zwangsläufig fahren, wenn er im Raum Hillesheim zu tun hat. Die Maria, die uns da vom gegenüberliegenden Haus so freundlich zulächelt, hat diese Zeiten einfach drauf. Und da es andere Zufallszeugen gibt, sind die Angaben bis jetzt, also bis etwa 17.40 Uhr, gesichert. Und jetzt wird es schwammig. Der älteste Sohn wohnt vier Kilometer weg, der Mittlere etwa fünf, der Älteste auch vier. Also kann jeder von ihnen in zehn Minuten hier sein ...«

»Eine schnelle Frage zwischendurch«, unterbrach ich ihn. »Die Söhne sind Beamte und Handwerker. Sie gründeten einen Betrieb und eine Familie. Haben sie eigentlich versucht, von dem Alten Starthilfe zu bekommen?«

»Gute Frage«, murmelte Kischkewitz. »Der Jonas hat es versucht. Er wollte vom Vater einen billigen Kredit. Der Vater sagte nein. Der Mittlere, Jonny also, hat es ebenfalls versucht, als er in eine Krise geriet und eigentlich den Beruf wechseln wollte. Der Vater sagte nein. Der Älteste, Jim also, versuchte es ebenfalls, weil er eines Tages neue, sündhaft teure Maschinen brauchte. Der Vater schlug es ab. Keiner von ihnen hat es ein zweites Mal versucht. Das sagen sie jedenfalls. Wir prüfen ihre finanziellen Verhältnisse. Bis jetzt fanden wir nichts Negatives. Alle drei stehen auf soliden Füßen. Und alle drei sagen ziemlich gleichgültig: Weshalb hätte ich meinen Vater umbringen sollen? Um mir Schwierigkeiten einzuhandeln? Wenn ich bei den Verhören betone: Immerhin wollte Ihr Vater alles der Kirche vermachen, dann antworten sie: Ja und? Für uns wäre pro Schnauze immer noch mehr als eine Million abgefallen! Das Verrückte dabei ist: Sie haben recht.«

»Der Rest des Tages interessiert mich«, murmelte Rodenstock. »Du warst bei 17.40 Uhr.«

»Richtig, also weiter. Bis jetzt haben wir uns auf Zeugen gestützt wie die Maria oder den Bäcker, der durchzog. Jetzt kam noch zehn Minuten später ein Metzgermeister mit seinem rollenden Verkaufsladen. Der hatte eigens für den alten Manderscheid zwei trockene Mettwürste mitgebracht, lockere vier Wochen alt, gut als Totschläger zu gebrauchen. Für den halben Preis, versteht sich. Aber der Alte kam nicht. Der Metzgermeister rannte mit den Würsten ins Haus. Da saß der alte Manderscheid und telefonierte. Der Metzgermeister legte ihm die Würste auf den Tisch und ging. Von dem Gespräch hat er nichts mitgekriegt, nach seiner Darstellung war der Tonfall allerdings normal und sachlich. Jetzt kommt, etwa um 18.00 Uhr, der jüngste Sohn erneut vorgefahren. Aber die alte Maria ist sich nicht sicher, ob es der Jüngste war. Tatsache ist: Alle drei Söhne fahren einen Kombi VW Passat, Farbe silbermetallic. Und weil Maria sich ein Kohlsüppchen kochte, das ständige Aufmerksamkeit verlangte, lag sie auch nicht ununterbrochen im Fenster. Andere Zeugen gibt es zwar, aber die sind sich auch nicht sicher. Also, es war angeblich der Jüngste. Er selbst sagt, das wäre falsch, denn er wäre erst um 18.30 Uhr das nächste Mal bei seinem Vater gewesen. Und Jonny, der Mittlere, der Vermessungsingenieur, sagt, er wäre derjenige gewesen, der um 18.00 Uhr bei seinem Vater war, um die Lottozahlen für die nächsten vier Wochen abzuholen. Es gibt einen Zeugen, der mit Sicherheit sagen kann, dass um 18.00 Uhr ein silberner Passat vor dem Haus ausrollte. Aber er sah nicht, welcher Sohn das war. Sohn Nummer drei, also Jonas, der Malermeister, kommt nicht infrage, weil der zu der Zeit bei einem Kunden in Daun war. Das haben wir untersucht und bestätigt gefunden. Der Älteste, also Jim, der Schreiner, behauptet, er wäre um 18.00 Uhr noch in der Kneipe auf ein Bier gewesen. Da die Kneipe gerammelt voll war, weil der örtliche Fußballverein irgendeinen Cup gewonnen hatte, fanden wir keinen, der ihm diese Zeit bestätigen kann, es herrschte einfach Chaos. Der Jüngste war also um 18.30 Uhr nach eigenen Angaben beim Vater, um den zu lackierenden Tisch abzuholen. Das haben wir gegengecheckt, der Tisch steht in seiner Werkstatt. Keine Frage, dass Vater Manderscheid zu diesem Zeitpunkt noch lebte, denn bis 20.30 Uhr war er putzmunter, als Mattes der Küster sich von ihm die langstieligen Vergissmeinnicht für den Marienaltar holte. Und zu diesem Zeitpunkt, kurz vor dem Dunkelwerden, war keiner der Söhne da. Was jetzt folgt, kann man nur zielgerichtete Vernebelungstaktik nennen, denn ...«

»... denn in meines Vaters Haus war ein Kommen und Gehen«, unterbrach Rodenstock düster.

»Richtig«, murmelte Kischkewitz. »Da passiert zum Beispiel Folgendes: Maria im Fenster sieht den mittleren Sohn noch einmal heranrollen. Es interessiert sie nicht sonderlich, sie setzt sich kurz vor den Fernseher und schaut sich eine Schnulze an. Dann startet der Passat, sie geht zum Fenster, und der jüngste Sohn sitzt am Steuer und fährt weg, obwohl ihrer festen Überzeugung nach der mittlere Sohn mit diesem Wagen ankam und auch allein im Auto saß. Die Brüder haben auch darauf eine Antwort. Dass nämlich Maria nicht mitgekriegt hat, dass der mittlere Sohn, also Jonny, längst wieder abgefahren war und an seiner statt der Jüngste noch einen Auftrag seines Vaters erledigte, nämlich die Waschmaschine zu reparieren versuchte. Ich muss nicht eigens erwähnen, dass diese Maschine genau sechsundzwanzig Jahre alt ist und im Deutschen Museum ausgestellt werden sollte. Dann – und das nun wieder ist beweisbar durch zwei vorbeigehende Zeugen – stehen plötzlich zwei Passats vor der Manderscheid-Tür. Es sind der älteste Sohn Jim sowie sein mittlerer Bruder Jonny, die beide vom Vater gerufen wurden, weil der Alte im Haus mit irgendetwas nicht zurechtkam. Das war um ziemlich genau 21.45 Uhr, es war mittlerweile dunkel geworden. Die zwei Fahrzeuge hat auch Maria mitgekriegt, die beteuerte, das sei nichts Besonderes, der Vater habe die gerufen wie ein Plantagenbesitzer seine Sklaven. Der jüngste Sohn, der angeblich zuletzt beim Vater auftauchte, war mit den Nerven vollkommen am Ende, weil er vergessen hatte, seinem Vater Brennholz in die Wohnküche zu schaffen. Also erledigte er das gegen 22.00 Uhr. Maria hörte genau, wie der jüngste Sohn brüllte, der Vater sei ein Arschloch und er könne ihn mal kreuzweise. Der jüngste Sohn sagt exakt dasselbe. Bisher waren wir davon ausgegangen, dass dieser jüngste Sohn der letzte Besucher war. Das stimmt aber nicht. Denn gegen 22.30 Uhr standen erneut zwei Passats auf dem Hof. Drei junge Leute gingen vorbei, die das bestätigen, die aber nicht wissen, welche Söhne diesmal dort waren. Einer von ihnen kam gegen 22.45 Uhr dieselbe Straße zurück. Zu diesem Zeitpunkt standen wie vorher zwei Passats vor der Tür, aber eines der Autos muss ein Neuankömmling gewesen sein, denn es stand in umgekehrter Fahrtrichtung wie vorher.« Er schnaufte und warf in heller Verzweiflung die Arme in die Luft.

»Du hast ein echtes Problem«, sagte Rodenstock heiter.

»Das kann man so sehen«, murmelte ich. »Alle drei Söhne waren zuletzt offenkundig zu dem Zeitpunkt bei ihrem Vater, als er entweder gerade schon tot war oder gerade noch lebte. Vielleicht waren es alle drei? Oder einer war es, und er benachrichtigte seine Brüder, und sie kamen, um sich das Ergebnis anzusehen? Geliebt haben sie ihn wohl nicht.«

Kischkewitz schnaufte unwillig. »Das bringt mich nicht weiter. Alle drei sagen: Ich war es nicht. Alle drei sind mindestens einmal aufgekreuzt, als der Vater schon tot in der Küche lag. Habgier ist auszuschließen, das Geld geht sowieso an sie. Sie ist auch auszuschließen, weil keiner der drei Söhne angespannt lebt. Sie sind nicht reich, aber satt, sie können warten. Es gab sehr viel Bargeld im Haus, aber niemand rührte es an. Einen Riesenstreit hat es auch nicht gegeben.«

»Das ist richtig«, murmelte Rodenstock. »Eine bemerkenswert leise Sache, niemand hat einen wüsten Streit gehört. So lautlos!« Er legte die rechte Hand an sein Kinn und fragte: »Was, zum Teufel, sind eigentlich langstielige Vergissmeinnicht?«

»Habe ich auch gefragt«, antwortete Kischkewitz. »Es sind Vergissmeinnicht, deren Samen du in jedem Supermarkt kaufen kannst. Eine zähe Sorte. Manche wuchern im Garten mehr als einen halben Meter hoch. Und in der Kirche brauchst du was Langstieliges.«

»Ich gehe davon aus, dass jeder der Söhne den Vater tot gesehen hat.« Rodenstock starrte auf den Boden zwischen seinen Füßen. »Warum? Warum diese Besichtigung?«

»Diese Söhne könnten gehasst haben«, sagte ich. »Sie wollten ihn tot sehen.«

»Das ist möglich«, nickte Rodenstock mit ganz schmalen Augen. »Wo ist dieser Küster? Dieser Mattes?«

»Da drüben steht er, bei den Frauen«, sagte Kischkewitz und rief dann laut: »Mattes!«

Mattes war ein alter, gebückter Mann mit einem von vielen Falten durchzogenen, von Wind und Wetter gegerbten

Gesicht. Er trug einen einfachen, blauen Pullover zu Jeans und schwere, schwarze Arbeitsschuhe. Seine wenigen Haare waren weiß und flatterten leicht im Wind. Er war sicher über achtzig Jahre alt.

»Sie sind Mattes, der Küster«, begann Rodenstock sehr freundlich. »Helfen Sie mir mal, ich kannte den Toten nicht. Wie war er denn so?«

»Ein Wüterich war der«, sagte Mattes. »Immer aufgeregt. Hatte immer Angst, dass irgendeiner was von ihm wollte. Sein Geld zum Beispiel.« Dann lachte er ganz hohl und hoch. »Nein, im Ernst, er war irgendwie wie jeder von uns. Alt, halt.«

»Und Sie wollten Vergissmeinnicht von ihm?«

»Ja, so war das.«

»Und jetzt stehen seine Vergissmeinnicht auf dem Altar, wenn seine Totenmesse gefeiert wird.«

»So isses. Hätte auch keiner gedacht.«

»Sie haben doch eine lange Lebenserfahrung, Mattes. Wer hat es denn Ihrer Ansicht nach getan?«

»Das weiß ich nicht, Herr Präsident, das weiß ich wirklich nicht.«

»Und er war ganz normal, als Sie bei ihm waren?«

»Na ja, bullerich war er eben. Wie immer. Immer schroff, sage ich mal.«

»Und dann gab es Krach, nicht wahr?«

»Wie?«

»Dann gab es Krach, habe ich gesagt. Zwischen Ihnen gab es Krach. Wie sah das denn genau aus?«

»Er hat gesagt, er will die Vergissmeinnicht bezahlt haben.«

»Hat er das etwa ernst gemeint?«

»Doch, das meinte er ganz ernst.« Das Gesicht des Alten war voller Kummer.

»Aber Blumen für die Kirche werden im Dorf doch nicht bezahlt, oder?«

»Nie. Da gibt jeder, was er hat.«

»Und Ihnen hat es die Sprache verschlagen, was?«

»Ich dachte, ich krieg keine Luft mehr.«

»Und dann war da das Holzscheit, nicht wahr?«

»Ich hatte es in der Hand, ich weiß nicht wie, ich hatte es in der Hand.«

»Jetzt bist du dran«, sagte Rodenstock zu Kischkewitz. Er vermied es, in unsere weit geöffneten Augen zu sehen, sondern zündete sich stattdessen betont konzentriert einen neuen Zigarillo an.

** Wer liebt, geht über Leichen**

Es war ein toller Wirbel, und ein Unbeteiligter hätte glauben können, er sei unter eine Horde Verrückter geraten. In der Ecke des Raumes stand Kommissar Hartmann und brüllte: »Geht mir nicht an die Leiche! Fasst um Himmels Willen nichts von den Aufzeichnungen an! Hahnemann, Sie Idiot, ich brauche Tatortbilder. Fotografieren Sie endlich!«

Professor Drummond war ermordet worden. Nach dem Zustand der Leiche zu urteilen, war es am Samstagmorgen passiert.

Es war zum Kotzen. Da lag er nun, der Sechzigjährige, der das Leben so geliebt hatte. Irgend etwas hatte seinen Kopf zerschmettert, aber bisher hatte man die Tatwaffe nicht gefunden.

Die großen Aquarien, die der Professor für seine Forschungen brauchte, waren zerschlagen, alle bis auf eines. Das Wasser stand zentimeterhoch im Raum, tote Fische lagen umher, als habe jemand ein gefülltes Fischnetz ausgeleert.

Das kleinste Aquarium allerdings stand noch heil und unversehrt in der hintersten Ecke des Raumes. Scalare segelten ruhig zwischen den Pflanzen umher. Scalare haben keinen Sinn für Mord und Trauer, für Anstand und Gerechtigkeit.

Kommissar Hartmann hatte den Professor gekannt, hatte mit ihm getrunken und Sexfilme angesehen. Sie waren so etwas wie Freunde gewesen.

Drummond war aus den USA gekommen. Er hatte sich in Bremerhaven diese Wohnung gemietet – zwei Zimmer mit einem Durchgang zu der ausgebauten Doppelgarage. Es gab einen größeren Raum mit einem Fernseher, dann das Schlafzimmer, in das der Professor manchmal Mädchen mitgenommen hatte, und die ehemalige Garage mit den fünfzig Aquarien für See- und Süßwasserfische, deren Lebensweise Drummond untersuchte. Von der Garagendecke herab baumelte ein Flaschenzug, der bei gelegentlichen Umgruppierungen der Wasserbecken nützlich sein konnte.

Hartmann stakte mit seinen langen Beinen durch das Wasser hinaus auf den Hof und wartete geduldig fünf Stunden lang, bis seine Mitarbeiter alles abgesucht hatten und somit klar war, dass es hier keine Tatwaffe gab, mit der man das Loch in Drummonds Schädel hätte schlagen können. Und es schien auch klar, dass die Aquarien von keinem anderen umgestürzt worden waren als von Drummond selbst. Das war beinahe unheimlich. Kein fremder Fingerabdruck, nur die von Drummond.

Als der Wirbel sich gelegt hatte und die Leiche aus dem Haus getragen wurde, verließ Hartmann nachdenklich den Tatort.

Es war kaum zu glauben, dass jemand mit einem Hammer gekommen war, den friedfertigen, immer freundlichen Professor erschlagen und den Hammer mitgenommen hatte. Außerdem sah das Loch in Drummonds Schädel nicht nach Hammer aus. Und selbst wenn es so gewesen wäre, konnte man sich doch kaum vorstellen, dass der tödlich Getroffene im Raum herumgeirrt war, das Gesicht voller Blut, um alle Aquarien umzuschmeißen.

Hartmann war an einem toten Punkt angelangt. Nun mussten erst einmal die Mediziner feststellen, mit welchem Instrument Drummond getötet worden war. Der Kommissar fuhr nach Hause und legte sich ins Bett. Er war zum Sterben müde.

Der nächste Tag brachte das Ergebnis, das er erwartet hatte: Die Mediziner erklärten einstimmig, dass sie kein Instrument kannten, das solch eine Verletzung hervorrufen könnte. So nannte man es im Protokoll »eine Tatwaffe unbekannter Art, weder aus Metall noch aus Stein, noch aus Holz.«

Hartmann übertrug die anderen laufenden Fälle seinem Vertreter, nahm zum ersten Mal in seinem Leben mehrere Ladestreifen für seine Walther-PPK mit und fuhr wieder zu dem ehemaligen Domizil des Professors.

Der Raum mit den Aquarien war noch im gleichen Zustand. Die Zerstörungswut, die der Professor entwickelt hatte, um am Leben zu bleiben oder das Telefon zu erreichen, war erschreckend.

Von der Decke der Garage hing der Flaschenzug. Drummond hatte einmal gesagt: »Wenn ich mal impotent bin, hänge ich mich an dem Ding auf.«

Dieser Satz fiel Hartmann jetzt ein – und brachte ihn endlich auf eine Idee: Sollte die Furcht vor sexuellem Versagen, sollte ein Sex-Abenteuer des Professors im Spiel gewesen sein?

Zwanzig Minuten später stand der Kommissar bereits im Sekretariat des *Instituts für Meeresbiologie*, an dem Drummond einen Lehrauftrag gehabt hatte. Hartmann hielt sich nie mit langen Vorreden auf. Ohne Umschweife sagte er zu der Vorzimmerdame:

»Ich weiß, dass Drummond oft Mädchen bei sich hatte. Welches Mädchen war das letzte?«

»Das weiß ich doch nicht«, antwortete die Sekretärin pikiert.

»Also schön«, sagte Hartmann, »wer war seine Favoritin?«

»Das weiß ich nicht.«

»Das wissen Sie genau!« Der Kommissar beherrschte sich nur mühsam. »Drummond war mein Freund. Wenn Sie es mir nicht sagen, beschwere ich mich bei der Institutsleitung!«

»Also, es war die Biene«, sagte die Sekretärin.

»Wer ist die Biene?«

»Sabine Garth, eine Engländerin. Wohnt Alte Kerkstraße 15, gleich um die Ecke.«

Hartmann murmelte ein Dankeschön und ging.

Sabine wohnte in einem hübschen großen Zimmer mit Balkon. Sie sank schluchzend auf die Couch, nachdem sie dem Kommissar geöffnet hatte. Er starrte sie eine Weile an und fragte dann:

»Haben Sie ihn geliebt?«

»Ja, Sir. Er war zwar fast ein alter Mann. Aber er war ein Mann.«

»Weinen Sie, weil er tot ist?«

»Ja, Sir.«

»Lassen Sie das verdammte Sir. Ich bin nicht Sir, ich heiße Alex. Drummond war ein Freund von mir. Wie haben Sie erfahren, dass er tot ist?«

»Ich war am Samstagabend mit ihm verabredet. In einem Lokal. Als er nicht kam, ging ich zu ihm. Ich habe ihn gesehen.« Sie begann wieder hemmungslos zu schluchzen.

»Sieh mal an«, sagte Hartmann zornig. »Warum haben Sie uns nicht benachrichtigt?«

»Ich konnte nicht. Ich war total fertig. Ich fuhr hierher, heulte drei Stunden und nahm dann doppelt so viel Schlaftabletten wie sonst. Das reichte bis vorhin...«

»Schon gut. Und wer könnte es gewesen sein?«

Die »Biene« – sie war schlank, rotblond und tatsächlich »titelbildreif« – überlegte angestrengt. Dann sagte sie: »Ich weiß nicht. Es waren ja alle hinter mir her. Ich meine, alle Studenten. Sie lachten mich aus, weil ich Drummond fast hörig war.«

»Sie meinen also, es war einer Ihrer Mitstudenten?«

»Ja«, murmelte sie. »Dass es ein Student war, liegt doch nahe.«

»Und wer ist der klügste von all denen, die hinter Ihnen her waren?«

»Sven Hansen«, sagte das Mädchen, »ein Däne.«

»Und wo findet man den jungen Mann?«

»Jetzt wahrscheinlich nur über die Fabrik. In den Semesterferien arbeitet er immer als Ausfahrer für eine Eisfabrik.«

Eis, dicke Eisstangen, zum Kühlen von Fässern zum Beispiel – das war's! Wie ein Blitz durchzuckte die zweite, die entscheidende Idee das Gehirn des Kommissars.

Das Tatwerkzeug, das man nicht finden kann ... Nicht aus Metall, nicht aus Holz, nicht aus Stein ...

»Schon gut«, sagte Hartmann, »heul dich aus, Kleine! Wir werden Sven fragen.«

Er ging in die nächste Telefonzelle, rief die Zentrale an und sagte: »Nehmt einen dänischen Studenten fest, heißt Sven, fährt Stangeneis aus. Sagt ihm nicht, weshalb er festgenommen wird. Sagt meinetwegen, er hätte in einer Einbahnstraße geraucht.«

Dann fuhr Hartmann zu Drummonds Garage und starrte hinauf an die Decke. Er zog sein Jackett aus, ließ den Haken des Flaschenzugs herunterkommen und zog sich dann selbst in das Zwielicht unter der Decke. Er fand sehr rasch, was er suchte: Der U-Träger, auf dem der Flaschenzug lief, war frisch geölt.

»Das ist das Raffinierteste, was ich je gesehen habe«, murmelte Hartmann.

Gegen Abend wurde ihm im Präsidium der gerade festgenommene Sven Hansen vorgeführt. Hartmann war ganz freundlich und leutselig, als er fragte: »Hören Sie, Sven, was für Öl haben Sie benutzt, um den Flaschenzug lautlos verschieben zu können?«

»Etwas schweres Maschinenöl«, sagte Sven und begriff sofort, dass er in eine Falle gelaufen war. Eine Viertelstunde später war sein Geständnis protokolliert.

Dann rief Hartmann seinen Assistenten an und sagte: »Wir Dussel haben nach einem Tatwerkzeug gesucht und sind dauernd darin herumgelatscht. Es war das Wasser.«

»Das Wasser?«

»Sven hat einen Eisblock an den Flaschenzug gehängt und ihn Drummond auf den Kopf fallen lassen. Und das alles, weil Drummond mit sechzig sexuell besser war als er.«

»Und wer hat die Aquarien zerschlagen?«

»Auch Sven. Je mehr Wasser auf dem Boden, desto schneller schmolz die Tatwaffe. Und desto verwirrender sah alles aus ...«

Rache

... für all diejenigen, die an solchen Tatorten zu arbeiten haben.

Schondorf kam am Tatort an, als das meiste von den Spurenspezialisten längst erledigt war. Nur die Leiche lag noch so, wie sie entdeckt worden war. Oder besser formuliert: Teile der Leiche.

»Wir wollten dir das mal zeigen«, sagte einer der jungen Kollegen mit einer gehörigen Portion Ironie. »Nur, damit du weißt, was heutzutage alles läuft.«

Schondorf nickte, ging auf seinen Tonfall ein und erwiderte: »Ich bin euch jungen Leuten ernsthaft dankbar, dass ihr so an mich denkt. Habt ihr denn eine Ahnung, wie viele Täter wir annehmen müssen?«

»Mindestens drei«, erwiderte der junge Kollege. »Wir wünschen dir viel Erfolg. Wir sind dann weg.«

»Moment, Moment«, sagte Schondorf scharf. »Es war die Rede von einer Tochter des Opfers, die auch beteiligt sein soll. Wo ist die denn?«

»Die sitzt in der Küche, ist totenblass und schweigt vor sich hin.«

»Und sie ist einer der drei Täter?«

»Glauben wir nicht. Wahrscheinlich duldete sie das alles, möglicherweise wollte sie den Tod ihres Vaters, aber mitgemacht hat sie bestimmt nicht. Was du da auf dem billigen Teppich siehst, ist ein Teil des Vaters. Genau genommen sein rechter Arm, Teile des Schulterblatts, Teile des Brustkorbs und das, was von seinem Schädel blieb.«

»Sieh einer an«, murmelte Schondorf. »Und wo sind die übrigen Reste?«

»Auf dem Balkon«, sagte der Kollege. »Und das ist gut so, denn es stinkt. Und du wirst keinen Sitzplatz finden, auf dem dein Arsch nicht blutig wird.«

»Habt ihr schon die Tatzeit?«

»Ja. Es muss gestern am frühen Abend gewesen sein, sagt der Doc. So gegen achtzehn Uhr. Und Freddie und Jonny und Karl-August waren hier. Sie wollen es nicht zugeben, aber sie waren hier. Und wir haben sie längst kassiert, damit du es nicht so schwer hast. Jede Menge Prints, jede Menge komplette Handabdrücke, na ja, du wirst sehen. Und jetzt muss ich gehen, ich habe meiner Frau FLUCH DER KARIBIK 3 versprochen.«

»Ja, ja«, nickte Schondorf. »Und warum habt ihr die Tochter bei der Gelegenheit nicht auch gleich mitgenommen?«

»Damit etwas Arbeit für dich bleibt«, sagte der Kollege und ging hinaus. In der Tür blieb er stehen und drehte sich um zu Schondorf. »Sie war dabei oder auch nicht, sie hat es auch gewollt oder auch nicht. Und sie hat bisher kein Wort gesprochen.«

»Und wenn sie diese Reste da sieht?«, fragte Schondorf verärgert.

»Vielleicht hilft ihr das, wieder zu sprechen«, sagte der Mann und ging diesmal wirklich hinaus.

Der Doktor arbeitete auf dem Balkon, manchmal kam sein Kopf hoch, wenn er irgendetwas ans Licht hielt, oder eine Probe in einem Reagenzglas versenkte.

Schondorf ging zu ihm hinaus und räusperte sich. »Kannst du mir irgendetwas sagen?«

Der Arzt hob nicht einmal den Kopf. »Ich habe so etwas noch nie im Leben gesehen. Da muss jemand mit aller Gewalt zugeschlagen haben. Und zwar mit Messer und Hammer.

Und sieh dir mal diese Machete an, da in der Ecke. Die ist eigentlich was für Fetischisten, die sich so was übers Sofa hängen. Aber: Sie ist rasiermesserscharf geschliffen. Wer macht so was?« Er schüttelte den Kopf, war am Ende mit seinem Latein. »Wie soll ich so etwas vor Gericht klarlegen? Was sage ich meinen Kindern, wenn sie in zehn Jahren fragen? Ach so, du hast ja auch einen Sohn.«

»Eine Tochter«, verbesserte Schondorf. »Was ist mit der Tochter in der Küche?«

»Der habe ich intravenös Valium verpasst. Musste sein, ging nicht anders. Jetzt sitzt sie da in einer Art Schreckstarre, und wenn du mich fragst, ist das auch gut so.«

»Das heißt wohl, dass sie das alles mitgekriegt hat?«

»Hat sie«, nickte der Arzt. Dann kam er mühsam hoch und fragte: »Hast du eine Zigarette?«

»Keine Zigarette, aber einen Zigarillo.«

»Egal was«, sagte der Arzt müde. Dann streifte er die Einweghandschuhe ab und warf sie auf den Fleischhaufen, der einmal ein Mensch gewesen war.

Sie rauchten eine Weile und schwiegen.

»Diese drei, die angeblich hier waren, was sind das für Typen?«, fragte Schondorf.

»Das sind Typen aus demselben Block hier. Sie sind zusammen groß geworden, oder sie haben es jedenfalls versucht. Sie haben einfach in den Wohnungen darauf gewartet, dass die Kollegen sie abholten. Irgendwann werden sie anfangen zu reden, und die Tageszeitung danach möchte ich nicht lesen. Machst du das hier?«

»Ich mache das hier«, nickte Schondorf. »Wann kannst du die Reste abtransportieren?«

»In zwanzig Minuten ist alles gegessen, die Wannen sind schon da.«

Also ging Schondorf zurück in das Wohnzimmer und fand hinter der Tür zum Flur eine Stelle, an der kein Blut war. Da ließ er sich mit dem Rücken an der Wand hinuntergleiten und streckte die Beine aus. Nach einer Weile wurde sein Mund trocken, und er ging ins Bad, um sich einen Schluck Wasser zu besorgen.

Er saß kaum, als sein Handy vibrierte.

Es war sein Chef, er sagte ungeduldig: »Wann kann ich die Pressekonferenz ansetzen?«

»Auf keinen Fall vor morgen früh«, sagte Schondorf entsetzt. »Ich habe noch kein Wort mit der wichtigsten Zeugin reden können.«

»Und, was sagt sie?«

Es war eine der idiotischen Fragen, die der Chef dauernd stellte. »Ich habe noch kein Wort mit ihr geredet«, wiederholte Schondorf.

Dann gingen vier Männer an ihm vorbei. Sie trugen drei große Zinkwannen.

»Beeilen Sie sich«, sagte der Chef. »Wir müssen damit rechnen, dass das Fernsehen kommt.«

»Ach ja«, murmelte Schondorf. »Ich melde mich, sobald ich etwas erfahren habe.«

»Ich bin heute Abend bei der Eröffnung des neuen Museums. Ich bin aber auf dem Handy erreichbar.«

»Ist ja gut«, sagte Schondorf müde. Dann schloss er die Augen, es war schon schlimm genug, den Geruch ertragen zu müssen.

Die Männer mit den Wannen zogen an ihm vorbei und lächelten auf ihn herunter. Dann kam der Arzt und murmelte: »Ich brauche eine Dusche. Mach es gut, mein Alter. Und hier sind ein paar zwanziger Valium für den Fall, dass die Kleine das braucht. Sie wird es brauchen.«

»Danke«, sagte er.

Er stand auf und wollte in die Küche gehen. Das ging nicht, jemand hatte den Schlüssel herumgedreht. Sehr clever, dachte er automatisch. Er schloss auf und ging hinein. Dann zog er den Schlüssel ab, steckte ihn innen auf das Schloss und drehte ihn herum. Für den Fall, dass sie durchdreht, dachte er. Dann erst wandte er sich der Frau zu.

Sie saß an einem winzigen Klapptisch. Die Küche war sehr klein. Sie starrte gegen eine Wand, die mit Sonnenblumenfolie beklebt war. Das Erste, was Schondorf registrierte, war, dass sie keinerlei Blut an sich hatte, weder an der Kleidung noch an den Händen noch sonst wo an ihrem Körper. Er hatte anderes erwartet.

»Mein Name ist Schondorf«, sagte Schondorf und nahm auf dem Stuhl neben ihr Platz.

Er wusste, dass sie einundzwanzig Jahre alt war, aber er war verblüfft über ihre Kindlichkeit. Sie war schmal und zierlich wie ein Mädchen, sie hatte große braune Augen, stark betonte Augenbrauen, die wie eine Bahn über den Augen hingen und wie aufgeklebt wirkten. Sie trug ein schneeweißes T-Shirt und einfache Jeans über Tennisschuhen aus Leinen. Ihre Haare waren blauschwarz und sehr lang. Schondorf schätzte ihr Gewicht auf etwa fünfzig Kilo.

»Sie stammen aus einer türkischen Familie, nicht wahr?«, begann er locker.

»Ja«, sagte sie. Und dann: »Nein.«

»Darf ich hier rauchen?«

»Natürlich.« Sie griff nach der Schachtel vor ihr, nahm eine Zigarette und reichte sie ihm.

»Danke«, sagte er leicht verwirrt. Dann gab er sich den Befehl: Nicht drüber reden! Mit keinem Wort! Manchmal wirkten diese Befehle, aber nicht immer. Er zog zweimal an der Zigarette und drückte sie dann in einem kleinen Aschenbecher aus, weil sein Mund aus irgendeinem Grund sehr trocken war.

»Sie sind einundzwanzig Jahre alt, wenn ich das richtig verstanden habe.«

»Ja.« Sie bewegte kaum die Lippen, wenn sie sprach. Sie war sehr blass, aber vielleicht war sie das immer.

»Ist das hier Ihre Wohnung?«

»Ja. Ja, klar.«

»Wie lange wohnen Sie hier?«

»Seit zwei Jahren, nein, seit drei Jahren.« Sie sprach ein sehr weiches, fließendes Deutsch, keine Unsicherheiten. Und: Sie wirkte klug, ein wenig altklug, dachte er.

Sein Handy vibrierte. Er murmelte: »Entschuldigung«, und sagte dann: »Ja?«

Es war der Chef. Knapp und triumphierend sagte er: »Bringen Sie die Frau direkt in U-Haft. Die drei hier haben gestanden. Wir machen die Pressekonferenz morgen früh um neun. Drei Fernsehsender kommen.«

»Ich sitze in einem Gespräch«, sagte Schondorf melancholisch.

»Sie machen jetzt schnell!«, befahl der Chef scharf.

»Von mir aus«, sagte Schondorf. Dann musste es weitergehen, aber er hatte keine Frage, die im Augenblick logisch erschien.

Er sah die junge Frau an. Dann fragte er: »Wieso antworten Sie auf meine Frage, Sie seien türkisch, erst ja und dann nein?«

»Weil es so ist«, sagte sie. Sie machte eine kleine Pause. Fügte dann hinzu: »Ich fühle mich so schwammig, dieser Arzt hat irgendwas gespritzt. Was war das?«

»Ein Beruhigungsmittel«, erklärte Schondorf. Gleichzeitig war er irritiert, dass die Frau nicht im Geringsten zitterte.

Sie zündete sich eine Zigarette an. Auch dabei zitterte sie nicht. Sie fragte höflich: »Soll ich uns einen Kaffee machen?«

»Das wäre toll«, nickte er, und er meinte das so.

Sie stand auf, um einen Kaffee anzusetzen. Dabei wirkte sie kühl und strikt.

»Das hier ist Ihre Wohnung, nicht wahr?«

»Ja, das ist meine. Aber das haben Sie schon gefragt.«

Schondorf lächelte ein schnelles Lächeln. »Ich weiß. Und Ihre Freunde Freddy, Jonny und Karl-August wohnen hier auch, nicht wahr?«

»Ja, das stimmt. Wir wohnen alle hier.«

»Und Ihr Vater? Wohnte der auch hier?«

»Ja, klar. Der auch.«

»Und Sie sind arbeitslos?«

»Ja. Niemand nimmt mich, ich habe keinen Schulabschluss. Jetzt ist das alles sowieso egal.«

»Warum denn das?«

»Na ja, ich bin im dritten Monat, wir wollten in eine WG gehen. Die Jungens wollten arbeiten und für das Kind sorgen.«

»Von wem ist das Kind?«, fragte Schondorf.

»Freddy und Jonny haben gesagt, sie sind die Väter, und sie wollen sich kümmern.«

Gegen seinen Willen murmelte Schondorf: »Das ist aber schön.«

»Ja, das ist es«, meinte sie knapp.

»Sind Freddy, Jonny und Karl-August auch arbeitslos?«

»Ja klar. Wenn wir sagen, dass wir aus dieser Straße kommen, nimmt uns keiner. Es ist eine Assi-Straße und du kannst nichts machen.« Sie goss ihm Kaffee in einen Becher.

»Wo ist Ihre Mutter?«, fragte er.

»In Potsdam«, sagte sie. »Aber ich weiß nicht genau, wo in Potsdam. Ich habe keine Adresse.«

»Ihre Mutter hat die Familie also verlassen?«

»Ja. Vor siebzehn Jahren schon. Niemand kann mit meinem Vater leben, und ich weiß nicht mal, wie meine Mutter aussieht.«

»Sie werden jetzt vom Sozialamt unterstützt.«

»Ja, aber ein bisschen auch vom Jugendamt, weil die Leute dort waren immer für mich da. Und jetzt, wo das mit dem Kind ist, wollten wir hier weg.«

»Ihr Vater wusste das mit dem Kind?«

»Ja. Ja, natürlich. Er hat immer gebrüllt: Bring mir ein Baby! Ich weiß nicht, was das sollte, aber einmal hat er gesagt: Unsere Familie wird niemals untergehen, wir sind sehr stark. Aber dafür hat er eigentlich immer zu viel gesoffen.«

»Wer hat denn Ihren Vater unterhalten?«

»Das Ausländeramt«, sagte sie. »Dann kriegte er noch mein Kindergeld. Er hat alles immer gleich versoffen. Manchmal habe ich mit irgendwem gefickt, damit ich die Wohnung hier halten konnte. Freddy und Jonny und Karl-August wussten das auch, aber sie haben gesagt, es wäre okay so.«

Großer Gott!, dachte Schondorf verwirrt.

»Wo in der Türkei hat Ihre Familie ursprünglich gelebt?« Er war etwas fiebrig, dachte: Und meine Tochter braucht ein Kleid für die Show. Er wusste, dass das nicht fair war, aber er dachte es trotzdem wütend.

»Also, nicht die Türkei«, sagte sie. »Also, es ist so, dass die Familie aus dem Irak kommt. Mein Vater hat dann die Papiere eines Toten gekauft und ist aus dem Nordirak in die Türkei rüber, dann nach Süden. Wir sind aus dem Kurdengebiet.«

»Woher wissen Sie das?«

»Weil die im Jugendamt das wissen. Deshalb kann mein Vater nicht ausgewiesen werden. Sie wissen, dass er die Papiere eines Toten benutzt hat und dass er Iraker ist. Aber ausweisen können sie ihn nicht, weil er praktisch heimatlos ist, und sie wissen nicht, wohin sie ihn ausweisen könnten.

Und manchmal hat er gesagt, er bringt sich um, und dann haben sie ihn sicherheitshalber in die Psychiatrie eingewiesen. In unseren Pässen steht, dass unsere Nationalität ungeklärt ist. Irgendwie gibt es uns gar nicht.«

»Und er hat nicht gearbeitet, ich meine, er hat gar nichts getan?«

»Meistens nicht. Ich war sechzehn, da hat er gesagt, ich müsse mit ein paar Kumpels von ihm schlafen. Weil das gut funktionierte, hat er sich immer krankschreiben lassen.«

»Wusste das Jugendamt das?«, fragte Schondorf.

»Ich habe es ihnen gesagt. Anfangs haben sie es nicht geglaubt, später dann schon. Aber machen konnten die auch nichts.«

Ich muss es einfach riskieren, dachte Schondorf in einem Anfall von Hektik.

»Deswegen haben die drei Freunde gesagt, sie wollen Ihren Vater hinrichten. Ist das so abgelaufen?«

»Na ja, wir haben oft darüber geredet. Weil das Baby unterwegs war, haben wir gedacht, wir müssten es tun. Karl-August hat ganz klar gesagt, dass er es macht. Dann wollte Freddy es auch machen und Jonny auch.«

»Sagen Sie, wer ist denn der Vater?«

»Das weiß ich nicht. Kann Freddy sein, kann Jonny sein, aber denen ist das egal.«

»Und die drei haben gestern Ihren Vater hingerichtet. So um achtzehn Uhr waren sie hier und dann passierte das.«

»Nein«, sagte sie energisch. »So war das nicht. Ich habe entschieden, dass ich es allein tue. Und das habe ich auch. Die drei haben nur zugeguckt.«

»Aber Sie sind sauber, nicht mal Blut an den Händen.«

»Ich habe mich hinterher geduscht und umgezogen. Dann habe ich die Polizei gerufen. Es ist einfach so, dass alles auf der Welt besser ist als mein Vater.«

»Ja«, sagte Schondorf knapp.

Im Morddezernat erwischte er den dicken Olbert. Er fragte: »Wie weit seid ihr mit den dreien?«

»Oh«, murmelte Olbert beglückt. »Keine Fragen mehr. Sie haben gestanden, sie haben keine Schwierigkeiten mehr gemacht, sie sind ganz brav.«

»Das ist alles falsch«, sagte Schondorf. »Es war die Tochter. Ganz allein.«

Er unterbrach sofort wieder die Verbindung, weil er wusste, dass Olbert anfangen würde zu schreien. Das tat Olbert immer, wenn er auf etwas stieß, das er nicht verstand.

Ein liebenswertes Paar

Um 9.30 Uhr kam ein etwa fünfzigjähriger Mann in einem sehr eleganten und offensichtlitch maßgeschneiderten Sommeranzug, mit einem gepflegten englischen Schnauzbart und einem markanten Gesicht in das Büro des Chefs der Mordkommission und erklärte unglücklich: »Ich habe soeben einen Einbrecher erschossen. Es war Notwehr.«

Der dicke, träge wirkende Schröter bekam diesen Fall übertragen. Schröter war Junggeselle und sah stets aus wie ein Hochwassergeschädigter. Aber er hatte ein unheimliches Gespür für Menschen, ihre Nöte, ihre Ängste und ihre Motive.

»Ihr Name bitte.«

»Ruhmann. Bernd Ruhmann.«

»Und wann haben Sie den Mann erschossen?«

»Vor einer halben Stunde in meinem Penthouse.«

»Haben Sie eine Waffe, einen Waffenschein? Ist die Waffe registriert?«

Schröter sah den Mann genau an, während der in seinen Papieren wühlte. Der Mann schien reich und kultiviert zu sein. Jetzt war er nichts als verstört.

»Hier sind die Papiere.«

Schröter prüfte sie. Sie waren in Ordnung. »Und nun erzählen Sie mal. Kennen Sie diesen Einbrecher?«

»Ja«, sagte Ruhmann. »Es ist Dr. Clement. Der von der Zementfabrik.«

Schröter spielte mit einem Bleistift. »Der Mann ist doch wohl kaum ein Einbrecher. Und Sie kannten ihn. Also erzählen Sie genau, wie es geschah.« Die Sache war oberfaul, aber Schröter war zu bequem, von seinem Stuhl aufzustehen und in dieses Penthouse zu gehen. Er wollte erst einmal wissen, was der Mann für eine Geschichte bereithielt.

»Es ist so«, sagte Ruhmann, »meine Frau und ich verbringen in jedem Jahr einen Monat in Nizza. In diesem Jahr musste ich den Urlaub abbrechen. Wichtige Geschäfte, Sie verstehen. Ich flog also heute Morgen mit einer Linienmaschine nach München, ließ mich in einem Taxi nach Hause fahren, um mich umzuziehen. Ich fuhr mit dem Lift nach oben, betrat meine Wohnung und stand in der Diele. Da öffnete sich ganz langsam die Wohnungstür. Ich huschte ins Schlafzimmer, nahm meine Waffe aus der Schublade und ging vorsichtig an die Tür. Da stand mitten in der Diele ein Mann. Hände hoch! sagte ich. Da drehte er sich blitzschnell herum und schoss sofort. Aber er traf nicht. In der Diele ist es halbdunkel, wissen Sie. Ich schoss also zurück. Er fiel um. Und dann machte ich Licht und entdeckte, dass es Dr. Clement war.«

»Waren Sie befreundet mit Dr. Clement?«

»Ja, wir verstanden uns gut.«

Schröter spielte noch immer mit dem Bleistift. »Wo haben Sie in Nizza gewohnt?«

»Im *Negresco*.«

»Schön, dann wollen wir mal. Lassen Sie mich bitte noch einen Augenblick allein«, bat Schröter.

Ruhrnann ging hinaus, und Schröter war jetzt sehr schnell. Er glaubte kein Wort von Ruhmanns Geschichte. Das Schwierige war nur, es zu beweisen. Er ließ sich mit dem Hotel *Negresco* in Nizza verbinden und verlangte Frau Ruhmann.

»Ruhmann.« Die Stimme kam warm und sehr erotisch. Für so etwas hatte Schröter einen sechsten Sinn. »Bist du es, mein Liebling?«

»Schröter, Kriminalpolizei«, sagte Schröter. »Leider ist ein Zwischenfall passiert, gnädige Frau. Nein, nein, regen Sie sich nicht auf. Ihrem Mann geht es gut. Er hat nur einen Einbrecher erschossen. Den Dr. Clement, den Sie ja kennen.«

»Wie furchtbar!«, sagte sie. Und tatsächlich brachte sie es fertig, es auch so klingen zu lassen.

Schröter grinste. »Na ja, dieser Dr. Clement war doch ein Bekannter Ihres Mannes und doch sicher Ihr Geliebter.«

Sie schien zu überlegen. »Ja«, sagte sie dann. »Muss ich nach München kommen?«

»Ich wäre Ihnen verbunden, gnädige Frau!«, sagte Schröter und hängte ein.

Die Szene entsprach genau der Schilderung Ruhmanns. Der Erschossene musste mit einem Schlüssel die Tür geöffnet haben. Er hatte mit einer spanischen Beretta zweimal auf die Tür des Schlafzimmers geschossen, aber nur den Rahmen getroffen. Er selbst hatte einen Schuss aus der belgischen FN, Kal. 7,65, seines Freundes Ruhmann erwischt. Die Kugel war durch eine Kunststoffschachtel gedrungen und direkt in das Herz des jetzt toten Liebhabers.

Schröter marschierte um die Leiche herum und sagte dauernd: »Hm«, ein auf die Nerven gehendes »Hm.« Dann starrte er Ruhmann fest in die Augen. »Warum haben Sie mir nicht gesagt, dass Dr. Clement der Geliebte Ihrer Frau war?«

»Weil es keine Rolle spielt«, erwiderte Ruhmann seelenruhig. »Ich habe Dr. Clement nicht erkannt.«

»Sehprobe!«, ordnete Schröter an. Das dauerte ein bisschen und das Ergebnis war niederschmetternd. Der Optiker sagte: »Der Mann kann wirklich miserabel sehen. Der hätte den Dr. Clement unter den gegebenen Lichtverhältnissen auch für einen Elefanten halten können. Dass der Schuss exakt ins Herz ging, ist reiner Zufall.«

»Moment«, sagte Schröter. »Und wenn er eine Brille trägt?«

»Selbst dann sieht er nicht genau genug, um einen solchen Mann im Halbdunkel zu erkennen, geschweige denn, einen Herzschuss anzubringen.«

»Wieso? Ist seine Brille schlecht?«

»Entschieden zu schwach. Er will aber keine stärkeren Gläser tragen. Er gibt zu, dass er zu eitel dazu ist.«

Schröter fragte sich, an welchem Punkt er einen Denkfehler gemacht hatte. Er fragte Ruhmann: »War Ihre Ehe schlecht?«

Rühmann nickte. »Meine Frau ist zu jung, wissen Sie. Ich glaube, ich werde mich scheiden lassen, damit ihr die Möglichkeit gegeben ist, ihren eigenen Weg zu gehen. Ich habe den Verdacht, dass Dr. Clement nicht der einzige ist, mit dem sie ein Verhältnis hatte. Ein älterer Mann sollte eben keine blutjunge Frau heiraten.« Er sagte das alles in einem tief melancholischen Ton.

Schröter hatte unendliche Geduld, eben jene Eigenschaft, die seinen Kollegen zuweilen auf die Nerven ging. Er nahm Ruhmann bei den Schultern und sagte freundlich: »Nehmen Sie es nicht so tragisch. So etwas kann ja jedem mal passieren. Und jetzt warten wir auf Ihre Frau.«

»Ach, die kommt?«

»Ja«, sagte Schröter. Er dachte: Das ist doch zu einfach. Da kommt der Hausherr nach Hause, der Geliebte öffnet die Tür, der Hausherr erschießt ihn. Der Geliebte hat die Frau erwartet, nicht den Mann, das ist klar. Aber das ist zu einfach. Reiche Leute pflegen sich doch zu arrangieren, aber nicht gleich zu schießen. »Also hat Dr. Clement erwartet, dass Ihre Frau in der Wohnung war.«

»Natürlich«, sagte Ruhmann ruhig. »Was denn sonst?«

»Bestand denn überhaupt die Möglichkeit, dass Ihre Frau kommen würde und nicht Sie?«

»Aber sicher«, sagte Ruhmann. »Sehen Sie, wir sind Antiquitätenhändler. Und meine Frau ist auf diesem Gebiet genauso gut wie ich. Und tatsächlich war auch abgemacht, dass sie für einen Tag nach München fliegt. Aber dann flog ich, weil sie sich unwohl fühlte. Wenn Sie jetzt glauben, sie hätte das Unwohlsein vorgetäuscht und mich fliegen lassen, damit ich den Dr. Clement töten könne, irren Sie sich. Ich kann auf dreißig Schritte keinen Elefanten von einer Straßenbahn unterscheiden.«

Du lieber Himmel! Diese Sicherheit ist geradezu unmenschlich, dachte Schröter.

Um Punkt neunzehn Uhr kam die vierundzwanzigjährige Frau Ruhmann wie ein Wirbelwind in Schröters Büro gefegt, beachtete Schröter nicht, sondern fuhr auf ihren Mann los wie eine Katze.

»Du hast ihn umgebracht!«, schrie sie. »Du hast gewusst, dass ich ihn liebte!«

»Nein«, sagte Schröter. »Gestatten, Schröter. Ihr Mann hat Dr. Clement versehentlich getötet. Sie wissen doch, wie schlecht er sehen kann. Und Ihr Dr. Clement hat zweimal auf Ihren Mann geschossen und nicht getroffen.«

Sie trommelte mit beiden Fäusten auf die Brust. des unglücklich aussehenden Ruhmann und schrie: »Du hast es getan!«

Schröter schüttelte den Kopf. Dann sagte er unvermittelt. »Sie können nach Hause gehen. Vielleicht ist es wirklich besser, Sie lassen sich scheiden.«

Er sah hinter ihnen her, wie sie sich – gegenseitig beschimpfend – aus dem Raum gingen. Und dann wurde er ungeheuer schnell. Er forderte einen Einsatzwagen an, fuhr mit dem Lift nach unten, stieg ein und ließ sich in die Wohnung der Ruhmanns fahren. Er hatte den Wohnungsschlüssel des Dr. Clement in der Tasche und versteckte sich dort, wo es ihm am sichersten erschien: in der Toilette.

Zehn Minuten später kam das Ehepaar herein und lachte und alberte wie ein Pärchen, das von einer feuchtfröhlichen Party kommt.

»Eine richtige Liebestragödie«, trällerte Ruhmann. »Sag mal, hast du die Kopie von Clements Testament da? Setz dich hin und lies sie vor. Los, lies sie vor!«

»Ja doch, Liebling, ja. Ich muss immerzu an diesen dicken, trägen Bullen denken, der überhaupt nicht kapiert hat, was gespielt wurde.«

Schröter seufzte und dachte: Ich muss wirklich abnehmen. Dabei ess' ich doch wirklich nicht viel.

»Also, hör zu«, sprach die Dame des Hauses. ›Ich, der Fabrikant Dr. Hubert Clement, wohnhaft in München und so weiter und so weiter, bestimme hiermit in Gegenwart meines Notars und zweier Zeugen und so weiter und so weiter, dass ich mein gesamtes liegendes Vermögen, das im Wesentlichen in festverzinslichen Werten in Aktien und Kommunalobligationen angelegt ist, Frau Gabriele Ruhmann, geboren und so weiter und so weiter, vermache. Ich bin ohne Erben. Frau Ruhmann soll für die Fabrik den jetzigen Prokuristen und so weiter und so weiter als Direktor einsetzen. Da ich Frau Ruhmann nach der von ihr selbst gewünschten Scheidung heiraten werde, ist dies kraft Gesetz sofort gültig. Es gilt auch dann, wenn ich eines unnatürlichen Todes sterbe.‹ »Siehst du, mein Liebling, so macht man das!« Ihre Stimme klang jubilierend. »Und wir haben nicht mehr als ein Jahr gebraucht. Und jetzt erzähl mir, wie du ihn mit einem einzigen Schuss erwischt hast.«

Ruhmann lachte. »Das war ganz einfach. Ich habe meine Waffe in den Gewehrrahmen gesetzt, das Zielfernrohr aufgeschoßen, die Brille aufgesetzt und konnte sehen wie ein junger Gott. Clement schoss daneben.«

Schröter in der Toilette dachte, dass das wirklich raffiniert gemacht worden sei, und schaltete das Tonband auf die zweite Spur um.

»Du bist wirklich ein Genie«, sagte Frau Ruhmann. »Aber ich denke, wir setzen uns noch nicht zur Ruhe. Da ist in Nizza doch der englische Lord, dieser Trottel, weißt du. Der sieht mich immer an, als wolle er mich ausziehen. Er wohnt in London. Wir müssen also eine Wohnung in London haben, in Kensington, genau gesagt. Da herrscht er über eine ganze Serie von echten Picassos ...«

»Und dann«, sagte Schröter in der offenen Toilettentür, »wird sich der Lord immer mit einem Picasso in Ihr Bettchen kuscheln.«

Der Gast von Zimmer 316

Ganske war Erster Kriminalhauptkommissar und machte den Eindruck, als ob er nicht bis drei zählen könne. Er konnte so gut den Verlegenen spielen, dass er den Leuten, die er verhören musste, oftmals leid tat – und dass sie dann mehr sagten, als sie eigentlich wollten.

»Sie müssen fahren«, sagte sein Vorgesetzter Kischkewitz in seinem Eckbüro im Polizeipräsidium. »Nach Ribnitz-Damgarten, morgen früh. Wir müssen den Mann überführen und hierherbringen – ohne dass wir mit den Kollegen in Meck-Pomm erst groß über Amtshilfe und Unterstützung verhandeln müssen. Sie verstehen?«

»Schon recht«, murmelte Ganske unglücklich.

Vierundzwanzig Stunden später stand er in einem ziemlich zerknitterten Anzug und mit einer Kunstlederaktentasche vor der efeubewachsenen Fassade eines Gesundheitshotels in der Bernsteinstadt. »Mehr als Wellness« gab es hier, wie die Prospekte versprachen, hier konnte man Geist und Körper reinigen, Energie schöpfen und die Batterien wieder aufladen. Mit optimierter Ernährung und betreut von ausgebildeten Heilpraktikern. Zehn Minuten entfernt schlugen die Ostseewellen an den Strand, und über allem strahlte ein postkartenblauer Himmel. Was wollte man mehr?

Ganske betrat das Hotel und erkundigte sich an der Rezeption bescheiden: »Kann ich bitte Herrn Moormann sprechen?«

Das Mädchen hinter dem Counter sah ihn etwas mitleidig an, wie er es gewohnt war, und erwiderte mit mecklenburgischem Zungenschlag: »Sind Sie ... ich meine, sind Sie ...«

»Ich bin von einer rheinland-pfälzischen Behörde«, sagte Ganske sehr bescheiden.

»Ich melde Sie an«, erklärte das Mädchen, war aber offensichtlich noch immer nicht sicher, ob Ganske vielleicht ein Schnorrer war: »Zimmer 316.«

Er fuhr mit dem Lift in den dritten Stock und klopfte betont leise an die Tür Nummer 316.

»Herein!«, brüllte Moormann.

Moormann brüllte, wie Reiche so brüllen, wenn sie sich sehr wohl fühlen und die Umwelt ihnen zu Füßen liegt.

»Mein Name ist Ganske«, sagte Ganske. »Ich muss Ihnen leider eine traurige Nachricht überbringen.«

»Woher kommen Sie denn?«, fragte Moormann. »Und wieso traurige Nachricht?«

»Aus Trier. Ich bin Kriminalkommissar und habe die Pflicht, Ihnen mitzuteilen, dass Ihre Frau verstorben ist.«

»Meine Frau ... verstorben?«, wiederholte Moormann fast tonlos. »Tot?« Sein Gesicht war starr. »Wie ist das passiert? Autounfall?«

Ganske schüttelte den Kopf.

Sie waren an den Strand gegangen. Luft, hatte Moormann gemeint, als nach Ganskes Mitteilung die Farbe langsam in sein aschfahles Gesicht zurückgekehrt war, er brauche jetzt Luft.

Also waren sie jetzt an der Luft, an der gesunden Ostseeluft. Der Himmel strahlte immer noch postkartenblau. Ein paar Strandwanderer waren unterwegs. Und Moormann und Ganske. Der Mann bewegte sich seltsam geduckt, den Blick auf den Boden geheftet.

»Was ist passiert? Erzählen Sie schon!«

»Vor vier Tagen wurde sie leblos in ihrem Bett aufgefunden.«

»Herz? Infarkt? Mann, sagen Sie doch was!«

»Herz«, sagte Ganske. Das war ein schwieriger Punkt. Er blieb stehen und malte mit der Spitze seines Schuhs ein unbestimmtes Muster in den feuchten Sand. »Sie hat wohl zu viel geraucht. Nikotinvergiftung, verstehen Sie? So eine kleine, schlanke Person ...« Ganske ließ den Rest des Satzes in der Luft hängen.

Moormann sagte laut: »Ha!« Dann zerrte er einen kleinen silbernen Flachmann aus der Brusttasche seiner Sportjacke und genehmigte sich einen großen Schluck. Ganske roch Rum. »Wollen Sie auch?«

»Ich trinke nie«, sagte Ganske. »Warum haben Sie eben ›Ha!‹ gesagt?«

Moormann trank den Rum wie Wasser, verstaute den Flachmann wieder und erklärte dann: »Sie hat wie eine Verrückte geraucht. Ich habe ihr immer gesagt, sie soll den Unsinn lassen. Gesundheit ist etwas Wertvolles. Man muss es bewahren.« Für einen Moment versank er im Anblick der Wellen, die sich über den Sand kräuselten. »Deshalb komme ich mindestens einmal im Jahr hierher. Die Seele baumeln lassen. Mich um mich kümmern. Die Batterien aufladen. Wie oft habe ich ihr gesagt, sie soll mitkommen. Doch sie wollte nicht. Hat sich stattdessen selbst immer weiter ruiniert. Was habe ich auf sie eingeredet ...«

»Ich kann es mir lebhaft vorstellen«, sagte Ganske unglücklich. »Ihre Leber war ja auch schon stark angegriffen. Sie nahm doch diese Leberkapseln.«

»Seit Jahren!«, nuschelte Moormann. Er schritt kurz aus, den Strand empor, sodass Ganske fast Mühe hatte, ihm zu folgen. Oben setzte Moormann sich ins Gras. Ganske blieb nichts anderes übrig, als sich neben ihn zu setzen. »Früher oder später wäre es ohnehin geschehen«, sagte Moormann. »Wir beide werden zusammen nach Trier zurückfahren.«

»Das werden wir«, sagte Ganske zuversichtlich. Der Wind ließ ihn in seiner Jacke nun doch ein wenig frösteln. »Wissen Sie eigentlich, wie viele Gifte eine Zigarette enthält?«

Moormann hob den Kopf. »Nein, wieso?«, murmelte er. »Ich weiß es nicht.«

»Es sind viele Gifte.« Ganske nahm einen Zettel aus der Tasche und las ab: »Zigarettenrauch enthält sechshundert Bestandteile, Kohlenmonoxid, Arsen, Phenole, Ammoniak und sogar Polonium. Würde der menschliche Körper die meisten dieser Gifte nicht ausscheiden, wäre jeder Raucher sehr schnell tot.«

Moormann hatte draußen auf der See ein Segelboot erspäht und verfolgte es mit seinen Blicken: »Was nutzt das alles?«, fragte er. »Wahrscheinlich war sie die ganzen letzten Wochen zu faul, sich ordentlich zu ernähren. Was hätte sie hier alles an Spezialitäten haben können, wenn sie nur einmal mitgekommen wäre. Boddenkieker Aalsuppe. Scholle. Mecklenburger Rippenbraten. Aber nein ... Was hat sie gewogen? Fünfzig Kilo? Sie war anorexisch, dazu das Leberleiden. Wahrscheinlich hat sie nichts anderes getan als im Bett zu liegen und sich ihre DVDs mit alten Filmen anzusehen. Und überhaupt nichts gegessen ... und nur geraucht – das muss ja mit der Zeit den stärksten Mann umbringen.«

»Oh, nein, nein«, widersprach Ganske. »Sie hat gegessen. Sie hat sogar ausreichend gegessen. Was glauben Sie, wie viel Nikotin notwendig ist, um einen Menschen zu töten?«

»Sie gehen mir auf die Nerven«, rief Moormann und sprang unbeherrscht auf. Seine Augen waren schmal.

»Hat die rheinland-pfälzische Polizei eigentlich so viel Geld, dass sie extra einen Kommissar herschicken kann, nur um mir den Tod meiner Frau mitzuteilen?«

Ganske war ebenfalls aufgestanden. Er strich sich den Sand vom Hosenboden und schüttelte den Kopf. »Eigentlich nicht. Aber da Sie Ihre Frau getötet haben, muss der Steuerzahler für die Reise aufkommen.«

»Wie bitte?« Moormann sah Ganske an, als habe er einen Irren vor sich, einen Träumer, einen Clown. »Ich soll sie ... ermordet haben? Werter Herr, ich bin seit vier Wochen hier in diesem Hotel, um auszuspannen. Zu regenerieren. Man muss auf sich achtgeben, gerade in diesen Zeiten, wo immer voller Einsatz gefragt ist. Meine Frau ist ein paar Hundert Kilometer von mir entfernt in Trier.«

»Sie haben doch eine Freundin, nicht wahr?«, fragte Ganske. »Sie arbeitet in einem chemischen Labor, in Trier.«

»Ja«, sagte Moormann, »unsere Ehe war seit einiger Zeit nicht mehr die beste.«

Ganske lüftete die Tarnung ein wenig. »Es ist ausgesprochen geschickt von Ihnen, wenigstens das zuzugeben. Warum haben Sie ausgerechnet Ihre Freundin in Trier die Spritze besorgen lassen?«

»Welche Spritze?« Moormann schien ganz konfus.

»Die Wegwerfspritze, in die Sie eine tödliche Dosis Nikotin aufgezogen haben.« Das war ein Bluff, das hatte die Freundin noch gar nicht zugegeben.

Moormann war nahe daran zu explodieren. Er stieß mit dem Fuß ein Stück Schwemmholz weg, ballte die Fäuste, riss sich aber zusammen und sagte höhnisch. »Aha, dann bin ich also nach Ihrer Meinung vor vier Tagen heimlich nach Trier gefahren und habe meiner Frau Nikotin gespritzt?«

Ganske lächelte sanft. »Nein, nein, das war ein Langzeitzünder. Schon vor Wochen haben Sie mit Hilfe Ihrer netten kleinen Freundin das Gift besorgt und mit der Spritze in eine der Leberkapseln Ihrer Frau gefüllt. Dann fuhren Sie hierher. Wie üblich. Ihr Gesundheitsurlaub. Und irgendwann musste Ihre Frau dann mal die Kapsel nehmen. Und sie nahm sie ja auch.«

Moormann vergrub die Hände in den Taschen. Zog die Schultern hoch. War auf einmal mit jeder Faser die reine Abwehr. Der Wind zerstrubbelte sein schütteres Haar. Die Wellen verliefen sich im Sand.

Ganske war wieder ganz der Schüchterne, Verlegene, als er murmelte: »Ich habe einen ziemlich strengen Vorgesetzten. Wären Sie bereit, Herr Moormann, mir zu helfen?«

»Wie bitte?« Moormann war überrascht.

»Na ja, er will mich vorzeitig pensionieren, weil er meint, ich sei altmodisch in meinen Methoden. Aber Sie können mir doch bestätigen, dass ich noch ganz auf der Höhe bin.«

»Hat meine Freundin das mit der Spritze und dem Nikotin wirklich zugegeben?«, fragte Moormann.

Er war leichenblass, und Ganske sagte hastig: »Mensch, gehen Sie mir bloß nicht ins Wasser!«

Moormann schüttelte den Kopf. Seine Schultern sackten herunter. »Ich habe gar nicht den Mut dazu. – Ich dachte, es sei wirklich eine todsichere Sache. Wie sind Sie nur drauf gekommen?«

Ganske lächelte. »Für Sie war ein bisschen der Teufel im Spiel, wissen Sie. An dem Tag vor vier Wochen, als Sie zu Ihrem Wellness-Urlaub hierher aufbrachen, da ging Ihre Frau zum Arzt. Und der sagte, sie stehe dicht vor einem Infarkt. Sie müsse das Rauchen aufgeben, aber natürlich ihre Leberkapseln unbedingt weiternehmen. Und es war doch merkwürdig für uns, dass jemand an einer Nikotinvergiftung gestorben sein sollte, der seit vier Wochen nicht mehr rauchte.« Ganske warf noch einen Blick aufs Meer. »Ich werde im Hotel Bescheid sagen, dass Sie auschecken und mit mir nach Trier zurückfahren, ja?«

Opherdicker Totenlegung

ODER:

Mutmaßungen über Hermann

Ob es ein sorgfältig geplanter Mord war, wird man nie wissen. Vieles deutet darauf hin, denn Heimtücke in Verbindung mit ausgeklügelter Planung war eindeutig zu erkennen. Egal, er ist tot und begraben.

Er hieß Dr. Hermann-Josef Brinkbäumer, war Lehrer für Geschichte und Deutsch an einem Gymnasium in Unna, lebte in Opherdicke, hatte sich dort in ländlicher Idylle unter einer Gruppe dicker Eichen ein hübsches, geräumiges Haus gebaut und hätte mit seiner Frau steinalt werden können. Doch Hermann der Cherusker war dagegen, bestimmte hartnäckig das Leben des Hermann-Josef, brachte es nachhaltig in Unordnung bis zu seinem jähen Tod. Und dieser Tod war wahrhaft gigantisch. Wirklich wahrhaft gigantisch.

Seine nun verwitwete Frau Gisela äußerte nachdenklich: »Ein anderer Tod hätte eigentlich auch nicht zu ihm gepasst.«

Der Leiter der Mordkommission, ein gewisser Kriminalrat Paulsen, überlegte das und nickte dann sanft, ehe er die Leiche zur Beerdigung freigab. Er wusste, dass man dem Abiturienten Markus Steinbrecher absolut nichts nachweisen konnte.

Der Junge war geradezu genial vorgegangen, hatte keine Lücke gelassen, hatte leicht ironisch bemerkt: »Ja, natürlich haben wir uns nicht immer gemocht. Aber ich kann Ihnen versichern, dass er es mir nicht wert gewesen wäre, ihn mit einer komplizierten Planung ins Jenseits zu befördern. Dazu hatte der Mann nicht genügend Format.«

Paulsen hatte bemerkt: »Na ja, es kann schließlich eine bestimmte Freude bereiten, einen verhassten Lehrer aus der Welt zu schaffen.«

Darauf hatte Steinbrecher mit einem dünnen Lächeln geantwortet.

Letztlich hatte Paulsen nur erfahren wollen, wie weit denn der Junge mit der Wahrheit zu gehen bereit war. Er hatte gefragt: »Sie geben aber zu, mit seiner Frau geschlafen zu haben?«

Das Lächeln war breiter geworden: »Aber ja. Und es hat Spaß gemacht, sehr viel Spaß.«

Begonnen hatte es wohl mit dem Plan des Brinkbäumer, seine Doktorarbeit in Geschichte über den berühmten Arminius zu verfassen, der der Forschung nach im Jahre 9 nach Christus die Schlacht im Teutoburger Wald gegen Publius Quinctilius Varus gewann. Varus beging daraufhin Selbstmord, weil sein Kaiser in Rom stinksauer war und ihn sowieso aus dem Weg geschafft hätte. Arminius, den man hier zu Lande auch Hermann den Cherusker nennt, hatte Brinkbäumer mit feinen Tentakeln umfasst und für ewig gefangen.

Zunächst hatte der Studienrat einfach zu dem Heer derer gehört, die das Schlachtfeld entdecken wollten, das bis heute nicht eindeutig identifiziert ist. Aber dann hatte er eine Eingebung – wie er später zu jeder passenden und unpassenden Gelegenheit beteuerte. So jedenfalls der junge Steinbrecher in einer seiner Aussagen.

Durch Steinbrecher wurde auch bekannt, dass Brinkbäumer seine damals blutjunge Frau mit auf die Suche nach dem Schlachtfeld genommen hatte. Und wenn in den Sommerferien die Sonne heiß brannte und Brinkbäumer mitsamt Frau durch Wälder streifte, konnte es geschehen, dass ihn Begierde überfiel und er die junge Frau zur Liebe im frischen Grün überredete. Bei einer derartigen Kopulation in freier Wildbahn geschah es, dass Brinkbäumer Sekunden nach dem letzten Grunzer von seiner Ehefrau herunterrutschte und in hellem

Entzücken sagte: »Mit Sicherheit! Hermann der Cherusker muss ein Heiliger für sein Volk gewesen sein. Er hatte die unbesiegbaren Römer besiegt, ihn umgab die Aura des Unbesiegbaren. Wir wissen, dass er 17 vor Christus geboren wurde. Wir wissen, dass er im Jahre 21 nach Christi Geburt ermordet wurde. Wir wissen nicht exakt, warum, doch Nachfolgekämpfe werden der Hauptgrund gewesen sein. Aber, so frage ich mich: Was geschah mit seinen sterblichen Überresten? Die waren todsicher eine Reliquie, heiliger als alles, was sein Volk sonst besaß – wo sind sie? Sie müssen einfach noch existieren!«

Seine junge Frau ahnte zu diesem Zeitpunkt nicht, dass ihr in Hermann dem Cherusker eine übermächtige Konkurrenz erwuchs. Also antwortete sie unbefriedigt, schlecht gelaunt und muffig mit einem matten »Ja, natürlich!« und wischte sich dabei ein paar Ameisen vom Hintern.

Von diesem Zeitpunkt an verfiel der junge Studienrat vollkommen der Idee, er könne die sterblichen Überreste des Cheruskers irgendwo entdecken. Und so tönte er in den Klassen, die er zu unterrichten hatte: »Die Gebeine des toten Helden liegen irgendwo in unserer Heimaterde und irgendwann werde ich sie entdecken!«

Hier und da fragte ein ketzerischer Schüler, wie zum Teufel er die Skelettreste eigentlich identifizieren wolle, denn schließlich könne es sich um irgendeinen unbedeutenden Menschen handeln, aber doch nicht ausgerechnet um Hermann den Cherusker. Dann wurde Brinkbäumer unsachlich, schrie herum, verwies nur noch auf seine Doktorarbeit, mit der er schließlich bewiesen habe, dass der tote Germanenheld segensreich, ja kulturstiftend auf den Weg zu einem deutschen Reich geführt habe.

Und als Brinkbäumer etwa fünfunddreißig Jahre alt war, brach er während eines solchen Wortschwalls plötzlich zusammen, schluchzte haltlos über seinen Tisch gebeugt, brabbelte

Unverständliches vor sich hin und wurde von seiner Frau Gisela in die Praxis eines Psychiaters gebracht. Der Facharzt stellte fest, dass Hermann-Josef Brinkbäumer haarscharf an einer Psychose vorbeigeschrammt sei und dass die Familie um Gottes willen darauf zu achten habe, dass er zumindest einen Tag in der Woche ohne Hermann den Cherusker verbringe.

Ungefähr zu diesem Zeitpunkt tauchte im Leben Hermann Josef Brinkbäumers der Schüler Markus Steinbrecher auf, Sohn eines Bauunternehmers mit viel Geld. Steinbrecher saß in der letzten Bank hinten rechts, wirkte engelsgleich mit seiner langen blonden Mähne, betörte die Mädchen in der Klasse auf unnachahmliche Art und Weise und war eindeutig hochintelligent. Er schien vollkommen mühelos zu lernen, saß während Brinkbäumers Redseligkeiten mit ganz schmalen Augen und nachdenklich wirkend da und betrachtete diesen Studienrat wie ein sehr seltenes Insekt. Er war es, der Brinkbäumer den Spottnamen ›Der Schluchzer‹ gab.

Und dieser Schluchzer brachte es fertig, bei einer Schilderung der militärischen Taten von Heinrich II. die Schlacht von Salerno im Jahre 1022 zu beschreiben, um dann flugs zu betonen: »Wir hatten so eine Schlacht gegen eine Übermacht bereits im Jahre 9, als Hermann der Cherusker ...«

»Nicht schon wieder!«, sagte Markus Steinbrecher laut.

Brinkbäumer ließ sich nicht stören und fuhr fort: »Als Heinrich II., auch der Heilige genannt, im Jahre 1023 starb ...«

»Er war überhaupt nicht heilig, er war im Gegenteil äußerst brutal«, äußerte Steinbrecher. »Und er starb auch nicht 1023, sondern 1024.«

Mit Brinkbäumer ging eine starke Veränderung vor sich. Er wurde blass und fuhr sich mit zitternden Händen unter den Hemdkragen, riss an der Krawatte herum, setzte sich knallend auf den Stuhl hinter seinem Tisch, sammelte Luft, wurde rot im Gesicht, seine Hände fuhren fahrig und unkontrolliert über die Tischplatte, dann öffnete und schloss sich sein Mund in schnellem Rhythmus. Er schrie: »Wagen Sie es niemals mehr, mich auf eine so unqualifizierte Weise zu unterbrechen.« Dann hielt er plötzlich inne und wurde ganz ruhig.

In die Pause hinein wiederholte Steinbrecher gelangweilt: »Er starb tatsächlich 1024.«

Brinkbäumer hauchte: »Sie werden mich nicht zwingen können, einen der wichtigsten Männer unserer Geschichte unerwähnt zu lassen!« Dann stand er auf, stellte sich breitbeinig vor die Klasse und donnerte: »Wir sind die Erben des Cheruskers, ich übernahm sein Schwert. Das Schwert wird Römerblut trinken. Noch und noch!« Dann brach er zusammen.

Rund fünfundzwanzig entsetzte Schüler fuhren sich mit der Hand an den Mund, rissen die Augen auf, waren zutiefst erschrocken und hilflos, bewegten sich nicht.

Nur Markus Steinbrecher reagierte sofort, er rannte nach vorn. Brinkbäumer war wie ein schlaffer Sack auf den Boden gesunken, fahl im Gesicht, bewegte sich zuckend, schien vollkommen desorientiert und sabberte.

Steinbrecher durchsuchte die Hosentaschen Brinkbäumers, förderte einen Autoschlüssel zutage und sagte knapp: »Ruft seine Frau an. Ich fahre ihn nach Hause.«

Sie schleppten den Mann zu seinem Wagen und Steinbrecher fuhr mit ihm davon, direkt nach Opherdicke. Als er Brinkbäumers Haus erreichte, empfingen ihn Frau Gisela und der Psychiater.

Zu diesem Zeitpunkt war Brinkbäumer bereits zu sich gekommen und schämte sich offensichtlich.

»Es ist schon okay«, nickte Steinbrecher einfühlsam. »Sie sind einfach überarbeitet, Sie müssen mehr auf sich achten.«

»Es tut mir leid«, murmelte Brinkbäumer mit schmalen Lippen.

Niemand weiß genau, ob an diesem Mittag die Geschichte ihre entscheidende Wendung nahm. Mit Sicherheit erhielt sie an diesem Tag einen neuen Impuls.

Brinkbäumer wurde von dem Psychiater versorgt, ruhiggestellt, zum Schlaf gezwungen.

Hermann-Josef Brinkbäumer schlief also tief und fest. Markus Steinbrecher saß mit Gisela Brinkbäumer auf der Terrasse, das Wetter war hochsommerlich warm und heiter. Sie tranken irgendetwas, wahrscheinlich sprachen sie zunächst über Belanglosigkeiten, wahrscheinlich waren sie beide verlegen und es ist anzunehmen, dass die Frau als Erste einen vorsichtigen Versuch machte, ihr Leben zu erklären.

Wahrscheinlich benutzte sie einen einfachen Satz wie: »Er wird immer verrückter. Der Psychiater sagt, mein Mann rutscht ab, rutscht von dieser Welt in seine eigene. Und eines Tages wird er in seiner bleiben und nicht mehr zurückfinden. Das geht seit Jahren so, es wird immer schlimmer. Ich lasse mich gerade scheiden, die Kinder sind schon ausgezogen. Zu einem Bruder von mir nach Herdecke.«

Markus Steinbrecher war achtzehn Jahre alt und er war höflich und zuvorkommend. Aber er wusste auch, dass Höflichkeit dieser Frau nicht im Geringsten helfen würde. Er wird gesagt haben: »Das kann so nicht weitergehen. Kann er nicht irgendwie in Rente geschickt werden? Ich meine, er darf einfach nicht mehr unterrichten. Egal, was für ein Fach er hat, egal, was das Tagesthema ist: Er kommt mit Sicherheit immer wieder auf Hermann den Cherusker zurück. Und wenn jemand widerspricht, wird er verrückt ... ja, richtig verrückt.«

Sie werden Kaffee getrunken haben oder vielleicht eine Limonade, und die Frau wird lange geschwiegen haben, weil es eigentlich nichts mehr zu sagen gab.

Die Frau wirkte jugendlich und hübsch, wenngleich sich unter ihren Augen tiefschwarze Ränder gebildet hatten, wenngleich in diesen Augen Tränen standen. Es ist mit an Gewissheit grenzender Wahrscheinlichkeit so gewesen, dass sie schon an diesem Tag Markus Steinbrecher das große Geheimnis ihres Mannes anvertraute. Sie wird nicht geschwiegen haben, denn schweigen konnte sie nicht mehr. Sie musste reden, der Drang zum Reden überwältigte sie. Und da war dieser hübsche, blonde, sanfte Engel, der ihren Mann nach Hause gebracht hatte …

»Ich habe noch nie darüber gesprochen, aber Hermann-Josef, also mein Mann, glaubt fest daran, dass das Skelett von Hermann dem Cherusker hier nebenan im Haus Opherdicke liegt.«

Steinbrecher sah sie an, ohne eine Miene zu verziehen. Sein Blick forderte sie auf, weiterzuerzählen.

»Es ist hier so schön ruhig, so ländlich, so wie ich es mag, und die Kinder hatten hier auf dem Lande alles, was sie brauchten. Und Dortmund ist auch nicht weit. Hier oben auf dem Haarstrang, die wunderschönen Aussichten. Nach Norden bis zur Lippe hin und nach Süden ins Sauerland hinein … Du kennst das ja … «

Sie stockte, als sei sie erschrocken über ihre plötzliche Vertraulichkeit. Steinbrecher nickte auffordernd.

»Er hat alles kaputtgemacht.« Sie wedelte hilflos mit den Händen: »Also, ich weiß natürlich, dass das alles sehr … naja, sehr verrückt wirkt. Aber er hat die Reise des Skelettes – oh Gott, ist das alles peinlich – also, er nimmt an, dass das Skelett mehrere Stationen durchlaufen hat. Zuerst war es irgendwo auf einer Burg bei Hemer, dann auf einer anderen Burg in

Ostwestfalen, dann in Bad Lippspringe und Bad Oeynhausen. Er ist, wie er sagt, langsam gewandert, dieser Cherusker ... Du lieber Himmel, ist das furchtbar – von treuen, reichsdeutschen Menschen verehrt wie eine Reliquie. Nein, ich kann nicht weitererzählen, es ist einfach zu verrückt.«

Markus Steinbrecher stellte sanft fest: »Sie müssen aber darüber reden. Wie wollen Sie sonst weiterleben?«

Eine Weile herrschte Schweigen.

Dann murmelte sie unvermittelt: »Es ist so schwer, das alles mitzuerleben und niemanden zu haben, dem man sich anvertrauen kann.«

»Haben Sie keine Freunde?«

»Ja, schon. Ein paar Kolleginnen und Kollegen meines Mannes. Aber wirkliche Freunde? Eher nein.«

Dann gab sie sich einen Ruck, setzte sich gerade auf den Stuhl, nahm gewissermaßen Anlauf. »Es wurde immer irrer. Schließlich sagte er eines Nachts: Es ist hier, hier im Haus Opherdicke! Ich hatte wirklich keine Lust mehr, ihm zu widersprechen, ich sagte nur noch Ja, sonst nichts. Unsere Ehe war längst tot, seit vielen Jahren tot. Ich habe ihn streckenweise gehasst, weil er alles kaputtmachte, was ich hier für meine Kinder aufbaute. Er war wie ein Fremder, und als ich ihm dann sagte, ich ließe mich scheiden, starrte er mich nur an und erwiderte kein Wort. Es war, als hätte er mich überhaupt nicht wahrgenommen.«

»Wieso ausgerechnet Haus Opherdicke?«, fragte Steinbrecher. »Da wird doch Kunst ausgestellt. Und ich war dort auf einem Jazzkonzert. Die Bläck Fööss waren auch schon mal zu Gast. Wieso gerade dieses Haus?«

Sie zuckte mit den Schultern.

»Das Herrenhaus kann man doch auch für Hochzeiten und so was mieten, oder?«

Ihre Augen wurden feucht. Sie schaute wie durch einen Nebel und langsam formten sich ihre Worte: »Na ja, es musste dieses Haus sein, weil es praktisch neben unserem Haus liegt. Es ist für ihn wie ein Zwang.«

Sie räusperte sich, ihre Augen waren jetzt ohne Tränen.

»Das Herrenhaus muss schon 1182 hier gestanden haben, eine Urkunde besagt das. Es ist ja sehr beeindruckend und man kann sich gut vorstellen, dass das ein wichtiger Flecken an der Ruhr war. Hermann-Josef reagiert seit langem nur noch zwanghaft und spricht mit sich selbst, redet mit Hermann dem Cherusker. Ich bin fast selbst verrückt geworden. Und eines Tages hatte er einen Schlüssel zum Haus Opherdicke. Frag mich nicht, wie er daran gekommen ist, er hatte ihn einfach. Selbst die Sicherungsanlage konnte er irgendwie umgehen. Dabei ist es ziemlich schwierig, nicht gesehen zu werden. Man muss über den großen Innenhof, wo die Openairkonzerte stattfinden. Und Opherdicke ist ein Wasserschloss mit großer Gräfte, einziger Zugang zum Herrenhaus ist die rekonstruierte Brückenanlage.«

»Aber er hat es geschafft?«, fragte Steinbrecher leise. »Immer wieder?«

»Ja, mitten in der Nacht zog er sich einen dunklen Trainingsanzug an und tigerte mit einer Taschenlampe rüber zum Herrenhaus. Irgendwann bin ich ihm gefolgt. Wie ein Gespenst sah er aus, als er durch das Untergeschoss streifte. Im Herrenhaus gibt es vier alte Gewölberäume, die hatten es ihm angetan. Ich wusste nicht, was er da tat. Aber ich hörte ihn. Er redete mit sich selbst: ›Sie haben ihn gerettet, sie haben seine sterblichen Überreste im Gewölberaum II in der Mauer verborgen.‹ Und schließlich schrie er: ›Ich werde dich befreien, ich werde sagen, wer du bist, ich werde dir deine Ehre wiedergeben!‹ Es war einfach schrecklich und ich wusste nicht, was ich machen sollte. Als er zurückkam, benahm er sich wieder ganz normal.«

Was der Junge darauf erwiderte, wurde niemals irgendwo zu Protokoll genommen. Er kann mit zwei Überlegungen gekommen sein. Er kann gesagt haben: »Kann ich den Schlüssel mal sehen?« Oder er wird ihr den Trost gewährt haben, den sie verdiente. Er könnte gemurmelt haben: »Sie sind eine Frau. Wann fangen Sie an, das Leben zu mögen?«
Wahrscheinlich hat er beide Gedanken zugleich formuliert, wahrscheinlich haben seine Sätze sie alarmiert, wahrscheinlich waren es Sätze, auf die sie nie mehr gehofft hatte. Wahrscheinlich machte sie ihm ein Brot mit Schinken, wie Mütter es tun, wahrscheinlich berührte er sie einfach, weil er mit ihr fühlte und sie bedauerte. Es muss über sie gekommen sein wie eine Explosion und wahrscheinlich haben sie es nicht weiter geschafft als bis in den Wohnraum mit seinen übergroßen Sofas.
Tatsache ist, dass Hermann-Josef Brinkbäumer am nächsten Tag mit einer Ambulanz in eine psychiatrische Klinik geschafft wurde, weil man begriffen hatte, dass die Ehefrau nicht mit ihm fertig werden konnte. Von diesem Tag an besuchte sie ihren Mann mindestens zweimal die Woche. Von diesem Tag an bekam sie an mindestens drei Tagen Besuch von Markus Steinbrecher. Und es war beiden vollkommen gleichgültig, was die Nachbarn denken oder sagen mochten.
Die Schulklasse des Markus Steinbrecher wusste genau, was da vor sich ging. Doch wenn sie ihn darauf ansprachen, reagierte er freundlich und brachte sie durch ironische Distanz zum Schweigen. Als eine seiner Schulfreundinnen ihn einmal giftig anging und eifersüchtig brüllte, es sei doch wohl der Hammer, dass er mit der Frau herumficke, während ihr Ehemann in der Irrenanstalt vor sich hin dämmere,

entgegnete Steinbrecher: »Meine liebe Natalie, du solltest dich etwas zurückhaltender benehmen. Wenn du den Film *Die Reifeprüfung* aufmerksam anschaust, wirst du feststellen, dass Frauen um die vierzig fantastische Lehrmeisterinnen sind. Und ich bin im ersten Lehrjahr. Also, halt die Klappe.«

Dr. Hermann-Josef Brinkbäumer blieb acht Monate in der Klinik und sein Geist schien weitgehend beruhigt und normalisiert. Es war Frühsommer und es herrschte blauer Himmel, als er heimkehrte. Er sagte: »Ich werde diesen Blödsinn von Hermann dem Cherusker nicht wieder aufnehmen. Ich habe es begriffen.« Dann versuchte er, mit seiner Frau zu schlafen, aber er war durch Tabletten und Infusionen vollkommen impotent geworden. Er murmelte verlegen: »Das wird wieder!«

Aber es wurde nicht wieder.

Im Gegenteil nahmen die grüblerischen Stunden zu, im Gegenteil begann er erneut, Bücher über Hermann den Cherusker zu lesen, im Gegenteil begann er wieder, nächtliche Streifzüge durchs Haus Opherdicke zu unternehmen. Was in dieser Phase aus dem Liebespaar Gisela und Markus wurde, ist sehr genau nachvollziehbar. Sie trafen sich an neutralen Orten, zum Beispiel in einem kleinen Hotel in Fröndenberg, zum Beispiel in Gasthäusern in Kamen und Werl. Und mehrere Male kam Markus auch in das Haus der Brinkbäumers. Und immer wirkte es so, als wolle er die Szene aufmerksam prüfen, um rechtzeitig eingreifen zu können. Er schien ein feines Gespür für weitere Auftritte des Dr. Hermann-Josef Brinkbäumer zu entwickeln. Er sagte eines Abends auf der Terrasse, als der Studienrat schon schlief: »Du musst aufpassen, er läuft wieder aus dem Ruder!«

Das passierte drei Tage später in einer sehr dunklen, stürmischen Nacht. Da die Mordkommission mit hoher Akribie

Brinkbäumers Weg zum Haus Opherdicke zurückverfolgt und peinlich genau seine Schritte im Untergeschoss des ehemaligen Herrschaftssitzes rekonstruiert hat, kann es über diese Nacht keine Zweifel geben. Und zweifelsfrei ist es eine höllische Nacht gewesen.

Hermann-Josef Brinkbäumer verließ sein Haus um 1.30 Uhr. Er war ausgerüstet mit einem schweren Hammer und einem scharf geschliffenen schweren Meißel. Seine Frau hielt ihn nicht zurück. Sie war es müde geworden, ihn zu beaufsichtigen, wie sie dem Leiter der Mordkommission glaubhaft versicherte. Sie sagte auch, sie habe sich in dieser Nacht nicht telefonisch mit Markus Steinbrecher in Verbindung gesetzt, obwohl das ihr erster Gedanke gewesen sei. Und Markus – das ist hinlänglich bewiesen – war zu Hause und schlief einen gesunden Schlaf. Zeugen dafür: eine Klassenkameradin namens Elise, die er gelegentlich mit nach Hause nahm, sowie eine Hausangestellte des Vaters, die den jungen Leuten heimlich eine Flasche teuren Rotwein vor die Tür stellte.

Brinkbäumer brauchte wie üblich etwa elf bis dreizehn Minuten zum Haus Opherdicke. Er nahm einen Seiteneingang, ging direkt zum Hauptportal und benutzte seinen Schlüssel. Er lief mit traumwandlerischer Sicherheit in das Tiefgeschoss hinunter, durchquerte den ersten kleinen Gewölberaum und stand dann im zweiten Gewölberaum, wo er die sterblichen Überreste seines Helden vermutete – in der sehr dicken Außenmauer, unmittelbar zum Wassergraben hin. Um der Fairness willen muss erwähnt sein, dass diese Außenmauer im Schnitt einen Meter dick ist, an der Stelle jedoch, an der Hermann-Josef Brinkbäumer das Geheimnis seines Lebens vermutete, beträgt die Dicke der Mauer sicher sogar eineinhalb Meter.

Er stand dort unten in dem unmöblierten, kahlen Gewölberaum und verließ sich ausschließlich auf seine Taschenlampe, das Licht schaltete er nicht ein.

Er tastete die Wand ab, versuchte irgendwie, seinen Lebenstraum zu ertasten. Seine Fingerspitzen glitten unendlich sanft über den weißen Rauputz. So weit war er noch nie gegangen und er wollte das seinem Helden erklären.

Er sagte wohl Sätze wie: »Ich erlöse dich aus deinem Versteck, ich werde dir Platz schaffen im Deutschland von heute!« Markige Sätze, die einem Mann wie Brinkbäumer ganz leicht über die Lippen kamen.

Dann entdeckte er etwas Entscheidendes.

Er fand vier Stecknadeln, einfache, normale Stecknadeln. Sie steckten in der Wand. Sie rahmten ein Geviert von etwa einem Meter Breite mal einem Meter siebzig Höhe ein. Brinkbäumer strahlte, er hatte derartige Zeichen erwartet, für ihn war das Geviert wie ein Tor in eine geliebte ferne Vergangenheit. Und er zögerte nicht, er setzte frohgemut seinen scharfen Meißel an und schlug mit dem Hammer zu.

Unter der dicken Schicht Verputz traf er auf Holz und er war nicht im Geringsten erstaunt. Langsam löste er ein Brett, dann ein zweites, ein drittes. Es waren rohe, ungehobelte Bretter.

Brinkbäumer geriet in Rage, hörte auf, die Bretter zu stemmen, leuchtete mit der Taschenlampe in den entstandenen Hohlraum. Dann wurde er hysterisch, riss mit den Händen am nächsten Brett, das sich locker herausnehmen ließ, schrie vor Begeisterung, begann, in Kreisen zu tanzen, und fiel endlich auf die Knie.

Er hatte das Skelett Hermann des Cheruskers gefunden, er weinte wie ein Kind und ließ seinen Tränen freien Lauf.

Dann hielt er eine bewegende Rede, kniend, den Kopf stets ehrerbietig zu Boden gesenkt. Zum Schluss brüllte er in tiefer Ergebenheit: »Fürst meines Lebens!«

In dieser Haltung fand ihn der Hausmeister der Anlage, der ängstlich in das Gewölbe lugte. Auf der Rückkehr von seinem Skatabend war er durch einen Lichtschein aufmerksam geworden. Dann hatte er einen Schrei aus dem Keller gehört. Er hatte nicht glauben wollen, dass irgendjemand außer ihm einen Schlüssel besaß, bis er die offenen Türen entdeckte und nun vollkommen starr vor Schrecken feststellen musste, dass offensichtlich ein Irrer ein Wahnsinnsloch in die Mauer geschlagen hatte. Wer, um Gottes willen, war dieser Irre?

Der Mann in dem Gewölbe hob seinen Kopf und stierte auf etwas in der Wand. Dann senkte er unvermittelt den Kopf wieder und streckte sich flach auf dem Boden aus, als sei er tödlich erschöpft.

In diesem Moment holte der Hausmeister sein Handy aus der Tasche, um die Polizei zu rufen. Aber erst oben im Hof klappte es mit der Funkverbindung. Er tippte die Notrufnummer ein und gab seine Meldung durch. Und nein, unter keinen Umständen wollte er noch einmal allein in das Haus gehen. Niemand konnte wissen, wer außer diesem jetzt absolut bewegungslosen Mann noch in diesem Schmuckstück der Kreisverwaltung Unna herumtobte. Da war Vorsicht geboten.

Was dann passierte, ist genau überliefert. Die Polizisten hatten Kriminalbeamte im Schlepptau, unter anderem den Kriminalrat Paulsen, der den Anblick nie im Leben vergessen wird.

Das Licht der Taschenlampe warf einen gelben Streifen an die Wand hoch über das Loch, in dem Hermann-Josef Brinkbäumer Hermann den Cherusker gefunden hatte. Brinkbäumer war tot, das zu konstatieren war nicht schwierig. Seine Leiche lag auf dem Gesicht vor dem Loch in der Wand.

In diesem Loch saß auf einem alten Küchenstuhl ein komplettes Skelett. Plastik. Es hatte einen alten, verbeulten Blechtopf auf dem Kopf. Und in seinen Händen hielt es ein DIN-A4-großes Pappschild, auf dem in klaren Großbuchstaben mit einem schwarzen Filzstift die Worte gemalt waren:

HERMANN DER CHERUSKER
GRÜSST
SEINEN LIEBEN
DR. HERMANN-JOSEF BRINKBÄUMER!

PS: Ich weiß, was meine Leserinnen und Leser jetzt denken: Da hat ein raffiniertes, eiskaltes Liebespaar dem Oberstudienrat das Herz stillstehen lassen. Aber so einfach ist das nicht. Es fehlen Beweise.

Das große Loch in der Wand im Gewölbekeller von Haus Opherdicke ist mittlerweile wieder zugemauert und die neue Mauer sauber verputzt und angestrichen. Wer genau hinsieht, wird die Stelle jedoch entdecken können. Den Hausmeister sollte man besser nicht fragen, denn der ist auf diesen Fall nicht gut zu sprechen.

Tatort Eifel

Das Krimifestival im Landkreis Vulkaneifel
11.-20. September 2015

Die heißeste Spur im Herbst 2015

Das Krimifestival in der Vulkaneifel wird zum 8. Mal ausgerichtet – Der Branchentreff für die Krimi-, Film- und Fernsehszene!

Spannung, Stars, Spektakel im Land der Maare und Vulkane und ein starkes Programm für Fans und Fachwelt: Zum achten Mal richten der Landkreis Vulkaneifel und das Land Rheinland-Pfalz das zweijährliche Krimifestival **TATORT EIFEL VOM 11. BIS 20. SEPTEMBER 2015** aus.

Kern des Festivals ist das Fachprogramm bei dem sich Autoren und andere Schreibtischtäter, Redakteure, Produzenten, Agenten und Schauspieler aus der ersten Reihe der deutschen Szene zum konspirativen Austausch treffen. Sie handeln mit Stoffen, besprechen Ideen und Konzepte und unterstütze[n] den Nachwuchs. Bei **TATORT EIF[EL]** wurde bereits manche Autorenka[r]riere gestartet.

TATORT EIFEL ist aber auch e[in] Fest für das große Publikum: K[ri]mifans können dabei namhafte A[u]torinnen und Autoren bei Lesung[en] kennen lernen. Sie erleben exklu[si]ve Filmpremieren, Veranstaltung[en] mit bekannten Krimi-Schauspi[e]lern und viele andere spannen[de] Termine rund um den Krimi.

Die Planungen für 2015 haben b[e]reits begonnen. Krimifans sollt[en] sich den Termin von **TATORT EIF[EL] 2015** bereits jetzt notieren. Alle I[n]fos zum Krimifestival **TATORT [EI]FEL** – vor allem Einblicke aus d[en] bisherigen Festivals – finden Sie [im] Internet unter **www.tatort-eifel.[de]** oder bei Facebook.